は　し　が　き

「志望校に合格するためにはどのような勉強をすればよいのでしょうか」　これは，受験を間近にひかえているだれもが気にしていることの１つだと思います。しかし，残念ながら「合格の秘訣」などというものはありませんから，この質問に対して正確に回答することはできません。ただ，最低限これだけはやっておかなければならないことはあります。それは「学力をつけること」，言い換えれば，「不得意分野・単元をなくすこと」と「志望校の入試問題の傾向をつかむこと」です。

後者については，弊社の『中学校別入試対策シリーズ』をひもとき，過去の入試問題を解いたり，参考記事を読むことで十分対処できるでしょう。

前者は，絶対的な学力を身につけるということですから，応分の努力を必要とします。これを効果的に進めるための書として本書を編集しました。

本書は，長年にわたり『中学校別入試対策シリーズ』を手がけてきた経験をもとに，近畿の国立・私立中学校で2023年・2024年度に行われた入試問題の必修すべき問題を厳選し，単元別に収録したものです。本書を十分に活用することで，自分の不得意とする分野・単元がどこかを発見し，また，そこに重点を置いて学習し，苦手意識をなくせるよう頑張ってください。別冊解答には，できる限り多くの問題に解き方をつけてあります。問題を解くための手がかりとして，あわせて活用してください。

本書を手にされたみなさんが，来春の中学受験を突破し，さらなる未来に向かって大きく羽ばたかれることを祈っております。

も　く　じ

【地形図】 本書に掲載した地形図は，国土地理院発行の地形図・地勢図を使用したものです。

1 ≪気候と暮らし≫ 日本の各地の気候と人々のくらしについて，あとの問いに答えなさい。

(関西創価中)

(1) A〜Cの名前を答えなさい。A（　　　山脈） B（　　　平野） C（　　　川）

(2) 次の問いに答えなさい。

① 夏に太平洋側から大陸側へ吹き，冬に大陸側から太平洋側へ吹く風のことを何といいますか。

（　　　　）

② 上越市の雨温図を次のア〜ウから1つ選び，記号で答えなさい。（　　　　）

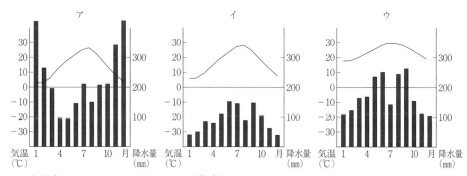

(3) 次の資料1は日本のおもな食料の自給率のうつり変わりを表しており，資料2は日本における外国からの総輸入金額の変化を表しています。2つの資料よりよみとれることから，日本の食料自給率が下がっている理由を答えなさい。

（　　　　　　　　　　　　　　　　　　　　　　　　　　　　　）

資料1

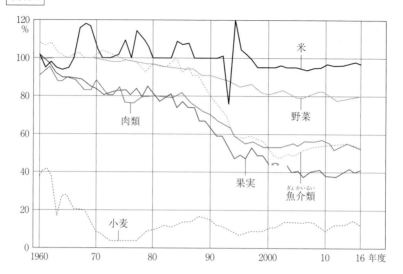

資料2

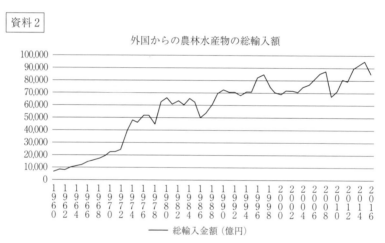

(4) Cについて，次の問いに答えなさい。

① この河川の下流付近にみられ，水害から集落や田畑を守るために堤防で囲まれた地域のことを何といいますか。（　　　）

② 水害からくらしを守るくふうについて，適切でないものを次のア～エから1つ選び，記号で答えなさい。（　　　）

ア．水害に備え，水防訓練を行っている。

イ．こう水が起こらないように，川のながれや水路などを改良する治水を行っている。

ウ．水害の起こる地域に建物を立て，被害が広がるのを防いでいる。

エ．排水する設備により堤防の内側の水を大きな川へ流せるようにしている。

③ 日本の国土の特徴の1つに「山が多いこと」があげられます。そのことをふまえながら，日本の河川の特徴を簡単に答えなさい。

（　　）

2 ≪気候≫　次の表は，金沢市・高松市・高知市・那覇市の1月と8月の気温と降水量の平年値（1991～2020年の平均）を示したもの（『日本国勢図会2021／22』より作成）である。表を見て，あとの問いに答えなさい。　　　　　　　　　　　　　　　　　　　　　　（開明中）

	気温（℃）		降水量（mm）	
	1月	8月	1月	8月
①	6.7	27.9	59.1	284.1
②	4.0	27.3	256.0	179.3
③	5.9	28.6	39.4	106.0
④	17.3	29.0	101.6	240.0

(1)　表中の①～④にあてはまる都市を次から1つずつ選び，記号で答えなさい。

　　①（　　　　）②（　　　　）③（　　　　）④（　　　　）

　　ア．金沢市　　　イ．高松市　　　ウ．高知市　　　エ．那覇市

(2)　日本の気候について述べた文として正しいものを次から1つ選び，記号で答えなさい。

　　　　　　　　　　　　　　　　　　　　　　　　　　　　　　　　　（　　　　）

　　ア．海流が日本の気候に影響を与えており，千島海流のような暖流が代表例である。

　　イ．季節風が日本の気候に影響を与えており，夏は大陸側からの北西の風が吹く。

　　ウ．日本の地域の多くは温帯に属しているが，亜熱帯や亜寒帯に属する地域もある。

　　エ．日本列島は緯度の差が60度以上あり，緯度の差が気候に影響を与えている。

3 ≪国土と気候≫　日本の様子を説明した次の文を読んで，あとの各問いに答えなさい。　（京都文教中）

・①北半球に位置し，まわりを太平洋や日本海などの②海に囲まれている島国です。

・北海道，本州，四国，九州の四つの大きな島と，沖縄島や③択捉島をはじめとする④多くの島々が南北に弓のように連なっています。

・⑤国土の中心にせぼねのような高い山脈が連なり，日本の屋根ともいわれています。国土のおよそ ⑥ は山地で，平地は少ないです。また，⑦森林資源も豊かです。

・多くの川や湖があり，⑧日本の川は，世界の川と比べると ⑨ です。

・南北に細長いので，北と南で大きく気候がことなります。また，⑩太平洋側と日本海側でも気候がことなっています。

問1．下線部①に位置していない国の国旗を次のア～エから1つ選び，記号で答えなさい。

　　　　　　　　　　　　　　　　　　　　　　　　　　　　　　　　　（　　　　）

　　　　ア　　　　　　　　イ　　　　　　　　ウ　　　　　　　　エ

問2．下線部②について，日本は海をへだてて外国と接しています。領土の海岸から200海里までのはん囲から，領海をのぞいた海で漁業や海底にある資源の開発を自由に行えます。このはん囲を何といいますか。（　　　　）

問3．下線部③を含む北方領土はある国が不法に占領しています。ある国とはどこですか。

（　　　　　）

問4．下線部④について，日本の東西南北のはしの島の組み合わせとして正しいものを次のア～エから1つ選び，記号で答えなさい。（　　　　）

　　ア．北：択捉島　　　南：沖ノ鳥島　　　東：南鳥島　　　西：与那国島

　　イ．北：択捉島　　　南：南鳥島　　　　東：沖ノ鳥島　　　西：与那国島

　　ウ．北：沖ノ鳥島　　南：南鳥島　　　　東：与那国島　　　西：択捉島

　　エ．北：沖ノ鳥島　　南：与那国島　　　東：南鳥島　　　　西：択捉島

問5．下線部⑤の山脈の組み合わせとして正しいものを次のア～エから1つ選び，記号で答えなさい。（　　　　）

　　ア．鈴鹿山脈　　　木曽山脈　　　赤石山脈

　　イ．飛驒山脈　　　木曽山脈　　　赤石山脈

　　ウ．飛驒山脈　　　鈴鹿山脈　　　越後山脈

　　エ．越後山脈　　　木曽山脈　　　鈴鹿山脈

問6．　⑥　にあてはまる文を次のア～エから1つ選び，記号で答えなさい。（　　　　）

　　ア．10分の1　　イ．2分の1　　ウ．3分の1　　エ．4分の3

問7．下線部⑦について，右のグラフ中ア～エのうち日本にあてはまるものを1つ選び，記号で答えなさい。（　　　　）

問8．下線部⑧について，日本で一番長い川を次のア～エから1つ選び，記号で答えなさい。（　　　　）

　　ア．信濃川　　イ．利根川　　ウ．北上川　　エ．吉野川

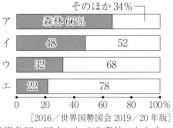

[2016／世界国勢図会 2019／20 年版]

世界各国の国土にしめる森林のわりあい

問9．　⑨　にあてはまる文を次のア～エから1つ選び，記号で答えなさい。（　　　　）

　　ア．低いところを流れ，流れが遅く長い　　　イ．高いところから流れ，流れが急で短い

　　ウ．低いところを流れ，流れが遅く短い　　　エ．高いところから流れ，流れが急で長い

問10．下線部⑩について，次のAは太平洋側の静岡市の雨温図で，Bは日本海側の上越市の雨温図です。この2つの地域の夏と冬の降水量の違いに最も影響を与えているものをあとのア～エから1つ選び，記号で答えなさい。（　　　　）

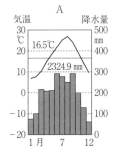

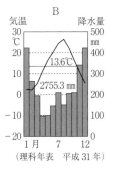

（理科年表　平成31年）

　　ア．台風　　イ．季節風　　ウ．地球温暖化　　エ．つゆ

4 《日本の国土》　ふみかさんは，日本の国土と産業について，タブレット端末を使って調べました。あとの問いに答えなさい。

(聖心学園中)

資料1

資料2

2022 年 12 月 22 日 日の入り時刻	
南鳥島	午後 4 時 2 分
与那国島	（　　　　）

(国立天文台)

地図　日本の国土のはん囲

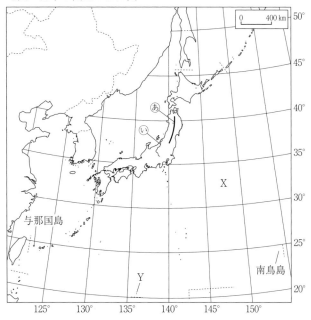

(1)　地図は，日本の国土のはん囲を示したものです。日本列島の東側に広がる，地図中の X の海洋名を答えなさい。（　　　）

(2)　日本列島の地球の正反対側には，どのような大陸があるかを地図ソフトで調べて，資料1の画面を保存しました。■■の大陸名を答えなさい。（　　　大陸）

(3)　地図中の南鳥島と与那国島について，資料2は，2022 年 12 月 22 日の日の入り時刻を示したものです。（　　　）にあてはまる時刻を，次のア～オから1つ選んで，記号で答えなさい。（　　　）

ア　午後2時5分　　イ　午後3時5分　　ウ　午後4時5分　　エ　午後5時5分

オ　午後6時5分

(4)　日本の最南端である，地図中の Y について，次の問いに答えなさい。

①　Y の島名を答えなさい。また，Y の島が属している都道府県名を答えなさい。

島名（　　　）　都道府県名（　　　）

②　Y の島は，海にしずまないように，まわりをコンクリートブロックで囲む工事が行われました。この工事が行われた理由を，「排他的経済水域」の語句を使って，簡単に説明しなさい。

（　　　　　　　　　　　　　　　　　　　　　　　　　　　　　　　　　　　　）

(5)　地図中の㋐の山地・山脈名と㋑の河川名の正しい組み合わせを，次のア～オから1つ選んで，記号で答えなさい。（　　　）

ア　㋐ 奥羽山脈　　㋑ 利根川　　イ　㋐ 白神山地　　㋑ 利根川

ウ　㋐ 越後山脈　　㋑ 信濃川　　エ　㋐ 奥羽山脈　　㋑ 信濃川

オ　㋐ 白神山地　　㋑ 信濃川

5 ≪地形と気候≫　次の文章を読んで，あとの問1〜問3に答えなさい。　　　　（近大附和歌山中）

　日本列島は中央に高い山々がつらなり，そこから流れ出す河川は，外国の河川と比べて（　　X　　）となっています。河川の河口付近には①平野が形成され，そこでは，多くの人々が生活し，農業や工業が行われています。また，②日本の気候は，ほとんどが温帯に属していて，四季の変化がはっきりとしています。

問1　文章中の（　X　）には，外国の河川と比べた日本の河川の特徴を説明する文章が入ります。
　　　図1を参考に20字以内で説明しなさい。　

【図1】

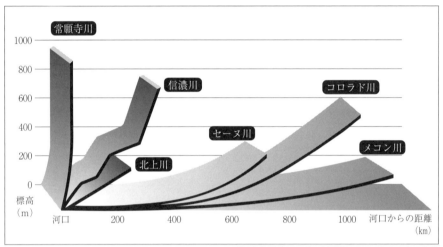

※『国土交通省HP　河川事業概要2006』をもとに作成

問2　下線部①について，図2のA〜Dの平野について説明した文として正しいものを，あとのア
　　　〜エのうちから一つ選びなさい。（　　　　）

【図2】

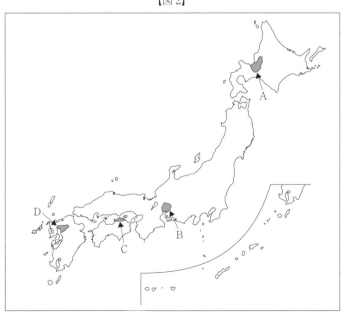

ア　Aの平野には，夏に雨が少なく，かんがい設備としての，ため池が多くみられる。

イ　Bの平野には，洪水から家や田畑を守るため，まわりを堤防（ていぼう）で囲んだ輪中（わじゅう）がある。

ウ　Cの平野には，クリークとよばれる水路がみられる。

エ　Dの平野では，泥炭地（でいたんち）が多く排水と客土（きゃくど）による土地改良が行われた。

問3　下線部②について，日本の気候について説明した文として**誤っているもの**を，次のア〜エのうちから一つ選びなさい。（　　　　）

ア　夏は南東から，冬は北西からの季節風が吹くため，夏は日本海側で雨が多く，冬は太平洋側で雪が多い。

イ　北海道は，亜寒帯に属し，冬の寒さが厳しく，梅雨はみられない。

ウ　長野県などの中央高地の気候は，夏と冬の寒暖差（かんだんさ）が大きく，降水量が比較的（ひかくてき）少ない。

エ　7月から10月にかけて，熱帯低気圧が発達した台風の影響を大きく受ける地域がある。

6　《自然災害》　次の文章を読み，あとの問いに答えなさい。　　　　　　　　　（金蘭千里中）

日本の周辺には，4つの（　A　）とよばれる岩盤（がんばん）が集まっている。このため，①火山や地震（じしん）による被害（ひがい）を受けてきた。近年，南海（　B　）付近で巨大地震が発生する可能性が指摘（してき）されており，太平洋側の広い範囲（はんい）に多くの影響（えいきょう）があると想定されている。

このほか，日本は台風や②降雪でも被害を受けるが，③災害を完全に防ぐことは難しく，少しでも被害が軽くなるように努力している。

(1)　文中の空らん（　A　）と（　B　）にあてはまる語をカタカナで答えなさい。

A（　　　　）　B（　　　　）

(2)　下線部①に関して，活火山は被害をもたらすと同時に，恩恵（おんけい）ももたらす。それについて，次の問いｉ）とｉｉ）に答えなさい。

ｉ）1991年，噴火（ふんか）によって火砕流の被害を出した長崎県にある火山はどれか，正しいものを次のア〜エから1つ選び，記号で答えなさい。（　　　　）

ア．有珠山　　イ．御岳山　　ウ．阿蘇山　　エ．雲仙岳

ｉｉ）火山の恩恵について述べた次の文C・Dの正誤の組み合わせとして正しいものを，あとのア〜エから1つ選び，記号で答えなさい。（　　　　）

C．火山の熱を利用した火力発電がおこなわれている。

D．大分県では，温泉を活用した観光地が発達している。

ア．C＝正，D＝正　　イ．C＝正，D＝誤　　ウ．C＝誤，D＝正　　エ．C＝誤，D＝誤

(3)　下線部②について，次の4つの都市のうち，1月の降水量（降雪量を含（ふく）む）が最も多い都市はどれか。正しいものを次のア〜エから1つ選び，記号で答えなさい。（　　　　）

ア．札幌　　イ．上越　　ウ．仙台　　エ．松本

(4)　下線部③について，このような考え方を何というか。漢字2字で答えなさい。

⑦ ≪地形図≫　次の地図をよく見て，あとの問いに答えなさい。　　　　　　　　（京都聖母学院中）

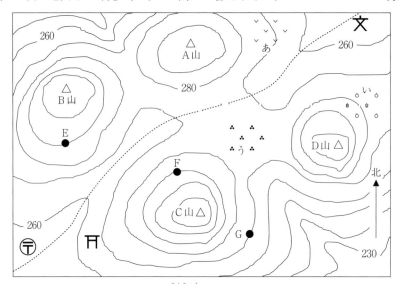

問1．地図に示された A〜D の山のうち，山頂の標高（土地の高さ）が最も低い山を1つ選び，記号で答えなさい。（　　　山）

問2．B 山から見た C 山の方位を，8方位で答えなさい。（　　　　）

問3．E〜G 各地点の標高をそれぞれ答えなさい。E（　　　m）F（　　　m）G（　　　m）

問4．あ〜う に示された地図記号の意味をそれぞれ答えなさい。

　　　あ（　　　　）　い（　　　　）　う（　　　　）

問5．小中学校から郵便局へ地図中の ……… の道を進んだときのようすを正しく説明している文を，次のア〜エから1つ選び，記号で答えなさい。（　　　　）

　　ア．登り坂になっている。　　　　　　　　イ．下り坂になっている。

　　ウ．登り坂のあと，下り坂になっている。　　エ．下り坂のあと，登り坂になっている。

⑧ ≪最新の入試問題から≫　次の会話文を読み，あとの問いに答えなさい。　　　（同志社香里中）

父　　：春休みも家族で淡路島に行こうか！

しんや：やったー。去年10月の「第1回ゆるバース」はゆるキャラに直接ふれあえてすごくおもしろかったね。

母　　：大好きな讃岐うどんをテーマにした【 Ⅰ 】の「うどん脳」が優勝したのを覚えているわ。

父　　：お父さんはふるさとの佐田岬半島をテーマにした愛媛県の「サダンディー」に投票したけど4位だったよ。お母さんの推しにおしくも負けちゃったな。

しんや：ぼくは明治日本の産業革命遺産である〈 ア 〉の「ガンショーくん」に投票したけど全然だめだったー。

ゆうき：ぼくは浜名湖のうなぎが大好きだから（ 1 ）の「うなぽん」を応援して9位だったよ。

父　　：ちなみに〈 ア 〉は正式には端島と呼ぶよ。2015年に世界遺産に登録されたね。

ゆうき：世界遺産に登録されている島は他にもあるの？

父　　：登録の古い方だと，縄文杉で有名な（ 2 ）の屋久島，広島県の〈 イ 〉などが代表的だね。令和になってから登録されたものだと〈 ウ 〉だよ。

ゆうき：淡路島は大きな島だけど，面積の広さだと日本で何番目なのかなぁ。

しんや：えーと，広い方から，本州，〈 エ 〉，〈 オ 〉，四国,〈 カ 〉，〈 キ 〉，沖縄島，佐渡島，奄美大島，対馬の次だから11番目だね。

ゆうき：しんやは物知りだね。じゃあ日本にはいくつ島があるの？

しんや：国土地理院が去年2月に発表した情報だと，〈 ク 〉島だよ。

ゆうき：じゃあ日本で一番島の数が多いのはどこ？

しんや：（ 3 ）だよ。ちなみに島の数が0の都道府県が〈 ケ 〉個あるんだよ。その中の意外な例が，【 Ⅱ 】と滋賀県だよ。

母　　：【 Ⅱ 】にある空港が建つ人工島や，琵琶湖などの湖沼にある陸地は島として数えないそうね。

父　　：日本の国土面積は約〈 コ 〉万km²だけど，領海と排他的経済水域を合わせた海域は，その約〈 サ 〉倍の面積になるんだ。おいしい魚介類がたくさん水あげされるのはそういった海域のおかげだね。

問1　文中【 Ⅰ 】【 Ⅱ 】にあてはまる都道府県名を漢字で書きなさい。Ⅰ（　　　　）Ⅱ（　　　　）

問2　文中（ 1 ）〜（ 3 ）にあてはまるものを下よりそれぞれ選び，記号で答えなさい。

　　　1（　　）2（　　）3（　　）

　あ．沖縄県　　い．鹿児島県　　う．東京都　　え．長崎県　　お．静岡県

問3　文中〈 ア 〉〜〈 ウ 〉にあてはまるものを下よりそれぞれ選び，記号で答えなさい。

　　　ア（　　）イ（　　）ウ（　　）

　あ．宗像・沖ノ島　　い．厳島神社　　う．佐渡島　　え．軍艦島

　お．奄美大島，徳之島，沖縄島北部及び西表島

問4　文中〈 エ 〉〜〈 キ 〉にあてはまる語の組み合わせとして正しいものを下より選び，記号で答えなさい。（　　　　）

　あ．エ　北海道　　オ　九州　　カ　国後島　　キ　択捉島

　い．エ　北海道　　オ　九州　　カ　択捉島　　キ　国後島

　う．エ　九州　　オ　北海道　　カ　国後島　　キ　択捉島

　え．エ　九州　　オ　北海道　　カ　択捉島　　キ　国後島

問5　文中〈 ク 〉にあてはまるものを下より選び，記号で答えなさい。（　　　　）

　あ．1412　　い．6852　　う．14125　　え．68520

問6　文中〈 ケ 〉にあてはまるものを下より選び，記号で答えなさい。（　　　　）

　あ．6　　い．7　　う．8　　え．9

問7　文中〈 コ 〉にあてはまるものを下より選び，記号で答えなさい。（　　　　）

　あ．18　　い．28　　う．38　　え．48

問8　文中〈 サ 〉にあてはまるものを下より選び，記号で答えなさい。（　　　　）

　あ．3　　い．6　　う．9　　え．12

2 日本の産業

きんきの中入 標準編

1 ≪水産業≫　次の新聞記事を読み，あとの問いに答えなさい。 （同志社香里中）

> 　不漁が続いていたサンマの群れがようやく根室海峡の羅臼町沖などへと入り込み，① 北海道 ② 根室市の（ 1 ）側の根室港，③ 太平洋側の花咲港は 7 日，計 700 トンを超える通称「海峡さんま」の豊漁に活気づいた。〈中略〉
>
> 　同町沖で ④ 秋サケの定置網漁をしていた漁師は「定置網の周りのあちこちにサンマが現れて，思わず網ですくおうかと思ったほどだ」と驚く。
>
> 　今年は（ 2 ）のウクライナ侵略の影響で，日本のサンマ漁船は主漁場の ⑤ 北方 4 島や千島沖（ 3 ）カイリの海域での漁ができず，（ 4 ）での操業を余儀なくされていた。全国さんま棒受網漁業協同組合によると，10 月末までの ⑥ 花咲港での水揚げ量は，10 年前の 7 万 2508 トンに比べて 10 分の 1 にも満たない 6210 トンにとどまった。

※余儀なく…しかたなく

読売新聞オンライン　2022 年 11 月 8 日付（作問のため一部改）

問1　文中（ 1 ）～（ 4 ）にあてはまるものを次よりそれぞれ選び，記号で答えなさい。

　　(1)(　　　)　(2)(　　　)　(3)(　　　)　(4)(　　　)

（ 1 ）　あ．オホーツク海　　い．日本海　　う．ベーリング海　　え．北極海

（ 2 ）　あ．ポーランド　　い．イラン　　う．トルコ　　え．ロシア

（ 3 ）　あ．200　　い．300　　う．400　　え．500

（ 4 ）　あ．地中海　　い．内海　　う．公海　　え．中海

問2　文中____①～⑥について，次の問いに答えなさい。

①　北海道が収かく量（2020 年）全国 1 位ではないものを次より選び，記号で答えなさい。（『日本国勢図会 2022／23』より）（　　　）

　　あ．にんじん　　い．ピーマン　　う．たまねぎ　　え．ばれいしょ

②　根室市にある本土最東端の岬を次より選び，記号で答えなさい。（　　　）

　　あ．潮岬　　い．宗谷岬　　う．納沙布岬　　え．襟裳岬

③　太平洋の北の方から流れる寒流を次より選び，記号で答えなさい。（　　　）

　　あ．千島海流　　い．対馬海流　　う．日本海流　　え．リマン海流

④　サケのように栽培漁業が進んでいるものを次より選び，記号で答えなさい。（　　　）

　　あ．サンマ　　い．イワシ　　う．ヒラメ　　え．スルメイカ

⑤〔1〕　択捉島の読みを解答欄に合うようにひらがな 4 字で書きなさい。□□□□とう

　〔2〕　北方 4 島（北方領土）にふくまれるものを次より選び，記号で答えなさい。（　　　）

　　　あ．竹島　　い．歯舞群島　　う．尖閣諸島　　え．沖ノ鳥島

⑥　サンマの水揚げの多い港を北から順に並べたものとして正しいものを次より選び，記号で答

えなさい。（　　　）

あ．釧路／女川／銚子　　　い．女川／銚子／釧路　　　う．銚子／女川／釧路

え．釧路／銚子／女川　　　お．女川／釧路／銚子　　　か．銚子／釧路／女川

問3　次のグラフ【X】【Y】について，あとの問いに答えなさい。

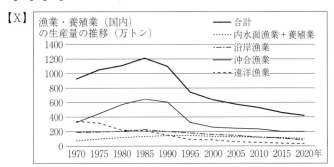

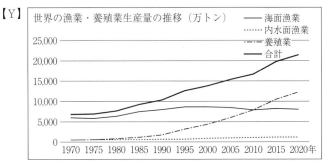

※内水面漁業…湖沼や河川など淡水面における漁業

（令和3年度『水産白書』より作成）

〔1〕【X】【Y】について述べた文a）・b）について，正誤の組み合わせとして正しいものをあとより選び，記号で答えなさい。（　　　）

a）日本の漁業生産量合計は1980年代にピークに達し，最近はその半分にも満たない。

b）世界の海面漁業の生産量は，最近20年間でいちじるしく増加してきている。

あ．a　正　　b　正　　い．a　正　　b　誤　　う．a　誤　　b　正

え．a　誤　　b　誤

〔2〕【X】【Y】を参考に，日本の漁業生産量を増やすのに有効な対策についてまとめた次の文中（　Ⅰ　）・（　Ⅱ　）にあてはまる語をあとよりそれぞれ選び，記号で答えなさい。また，〈　Ⅲ　〉にあてはまる語を漢字2字で書きなさい。(I)（　　　）　(II)（　　　）　Ⅲ（　　　）

　　【X】からは日本の漁業生産量の合計が1980年代をさかいにしだいに減少していることがわかる。一方，【Y】を見ると，海面漁業や（　Ⅰ　）の生産量はそれほど増えていないが，（　Ⅱ　）の生産量が増えているため，合計の生産量が増えている。したがって，日本の漁業生産量を増やすためには，（　Ⅱ　）を増やしたり，とりすぎないように水産〈　Ⅲ　〉の管理に取り組んで魚の減少を防いだりすることが重要である。

あ．養殖業　　い．内水面漁業　　う．沖合漁業　　え．遠洋漁業

2　≪工業など≫　次の地図やグラフを見て，問いに答えなさい。　　　　　　　　（武庫川女子大附中）

〈工業出荷額が上位5位の都道府県〉

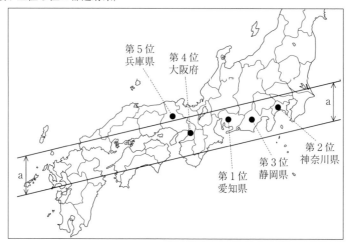

〈上位5位の都道府県工業出荷額のうちわけ〉

ア

c 輸送用機械 21.0%	b 石油・石炭製品 13.1	化学 11.0	d 食料品 9.4	生産用機械 6.7	その他 38.8

イ

輸送用機械 24.8%	電気機械 14.5	化学 11.0	食料品 8.0	飲料・飼料 5.7	その他 36.0

ウ

輸送用機械 55.4%	電気機械 5.8	鉄鋼 5.0	生産用機械 4.9 / 食料品 3.6	その他 25.3

エ

金属製品 9.6%	化学 9.6	輸送用機械 9.1	生産用機械 9.0	鉄鋼 8.5	その他 54.2

オ

化学 13.2%	鉄鋼 12.0	輸送用機械 10.7	食料品 10.4	電気機械 9.3	その他 44.4

〔「データでみる県勢2022」より作成〕

問1　工業出荷額が上位5位の府県について。

(1)　愛知県の工業出荷額のうちわけにあてはまるものを上のグラフから1つ選び，記号で答えなさい。（　　　）

(2)　次の文章X・Yは，上位5位の府県のうちどれについて説明したものですか。府県名をそれぞれ答えなさい。X（　　　）　Y（　　　）

　　X　日本海と瀬戸内海に面しており，日本の時刻を定める基準線が通っています。瀬戸内海ぞいには，昔からしょう油やお酒の生産がさかんな地域が見られます。

　Y　牧ノ原を中心に，台地では茶の栽培がさかんです。山梨県との境に位置する富士山は，信仰など文化的な価値が認められ，世界文化遺産の登録地となっています。

(3)　上位5位の府県のうち，府県名と府県庁所在地名が同じものはいくつありますか。その数を答えなさい。（　　　　つ）

問2　地図中のaの地域は，工業地域や工業地帯が連なり，工業がさかんなところです。この地域名を答えなさい。（　　　　）

問3　下線bの石油・石炭製品について。

(1)　次の円グラフは，日本の原油，石炭，液化天然ガスの輸入相手先（2020年）の割合を表しています。原油，石炭のグラフとして正しいものを次からそれぞれ1つ選び，記号で答えなさい。

　　　　原油（　　　）　石炭（　　　　）

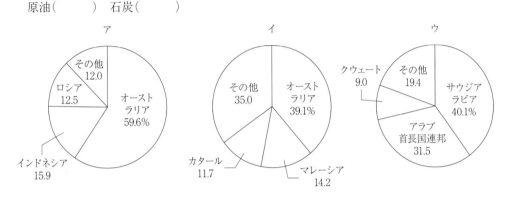

〔「日本国勢図会 2022／23」より作成〕

(2)　石油製品には，プラスチックなどの原料もふくまれます。この原料の名前を次から1つ選び，記号で答えなさい。（　　　　）

　　ア　パルプ　　イ　ナフサ　　ウ　コークス　　エ　フロン

問4　下線cについて。輸送用機械には，自動車の他に航空機，船舶，鉄道などがあります。次のグラフは，日本の輸送用機械別の輸送量の割合を表したものです。グラフ中のA～Cの輸送用機械の組み合わせとして正しいものをあとから1つ選び，記号で答えなさい。（　　　　）

〔「日本国勢図会 2022／23」より作成〕

　　ア　A―航空機　　B―船舶　　C―鉄道　　イ　A―航空機　　B―鉄道　　C―船舶

　　ウ　A―船舶　　B―航空機　　C―鉄道　　エ　A―船舶　　B―鉄道　　C―航空機

　　オ　A―鉄道　　B―航空機　　C―船舶　　カ　A―鉄道　　B―船舶　　C―航空機

問5　下線dの食料品のとりあつかいについて。食料が余らないように，現在多くの会社でフード

バンク活動が広がっています。フードバンク活動について説明した文章を次から1つ選び，記号で答えなさい。（　　　）

ア　毎日の生活で使う食料品を多く買っておき，それを消費しながら，もしものときに備える。

イ　安全に食べることができるのに，流通させることができない食料品を無料で提供する。

ウ　食料品の品質が変わらず，おいしく食べられる期間を設定する。

エ　インターネットを利用して，食料品などを探したり買ったりする。

3　≪農業≫　次の会話文を読んで，あとの各問いに答えなさい。　　　　　　　　（京都文教中）

文夫：日本は地域によって気候や地形が大きく違うね。だから，農業も地域の自然環境にてきした特色があるよね。

教子：高原では，すずしい気候をいかした農業が行われているよ。

文夫：すずしい気候を生かして①ほかの産地の生産が少ない時期に生産していて，キャベツなどの高原野菜がさいばいされているね。

教子：②北海道でもすずしい気候を生かし，暑さに弱い乳牛を育てて牛乳を生産する酪農が行われているよ。

文夫：このように地域の特色を生かして生産されているけれど，日本では最近③食料の生産が減ってきているね。

教子：④食料の輸入が増えている影響だね。⑤食料自給率も変化してきているよ。

文夫：輸入にたよらず，食料を安定して確保できるよう，新しい技術の研究や開発も進んでいるね。

教子：それぞれの地域で続けてきた食料生産を大事にして，地元でとれた食料を生かしていく「⑥□□□□」の取り組みも大切だね。

問1．下線部①のうち，しゅんの時期より早めてさいばいする方法を何といいますか。

（　　　　　　さいばい）

問2．下線部②で生産されていない農産物を次のア～エから1つ選び，記号で答えなさい。

（　　　）

ア．小麦　　イ．てんさい　　ウ．さとうきび　　エ．じゃがいも

問3．下線部③について，右のグラフ中ア～エのうち，野菜はどれか，記号で答えなさい。（　　　）

問4．下線部④について，次のア～エのうち，食料の輸入がもたらす影響として正しくないものを1つ選び，記号で答えなさい。（　　　）

ア．世界各地からの輸入によって，さまざまな食料を安い値段で確保することができる。

イ．輸入にたよりすぎると相手国で事故などがあった場合，食生活が不安定になる。

ウ．食料を輸入して外国産の安い食料が増えることで，国産の食料との競争がはげしくなる。

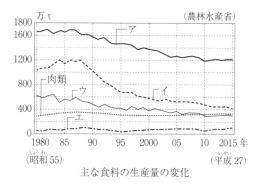

主な食料の生産量の変化

エ．輸入により大量の食料を運ぶときに，石油などの燃料が多く使われ，フードマイレージが低くなり，環境への負担を減らすことになる。

問5．下線部⑤について，右のグラフのA～Dにあてはまる品目の組み合わせとして正しいものを次のア～エから1つ選び，記号で答えなさい。（　　　）

ア．A：米　　　B：小麦　　C：肉　　　D：野菜

イ．A：米　　　B：小麦　　C：野菜　　D：肉

ウ．A：小麦　　B：米　　　C：肉　　　D：野菜

エ．A：小麦　　B：米　　　C：野菜　　D：肉

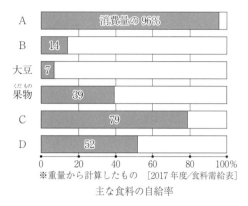

主な食料の自給率

問6．下線部⑥の□□□□にあてはまる語句を答えなさい。なお□には漢字1文字が入る。□□□□

4　≪産業と貿易≫　次の文章を読んで，あとの問いに答えなさい。　　　　　　　　　　　（関大第一中）

天然資源にめぐまれない日本では，①原料や燃料，②食料などの多くを輸入にたよっています。③輸入された原材料は，国内各地の工場で工業製品になり，世界各国に輸出されています。このように，外国との取り引きは，国内の産業や暮らしに欠かせない一方で，外国の工業製品や食料が④（　X　）と，国内産業がおとろえる心配もあります。ここ20年ほどは，自由な取り引きを進める動きが世界で広がりましたが，各国の利害が一致した取り決めが結ばれるには，多くの時間と努力が必要となります。

問1　文中下線部①について，答えなさい。

(1) 原料や燃料は，主に船で輸送されるため，日本沿岸には大きな港や石油基地などが整備され，多くの工場が集まっています。関東南部から九州北部に連なる工業地帯や工業地域のことを何と呼びますか。6文字で答えなさい。□□□□□□

(2) 次のグラフは，日本が輸入している輸入品の国別割合を示しています。この輸入品にあてはまるものを，あとのア～エから1つ選び，記号で答えなさい。（　　　）

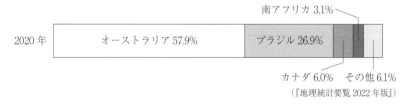

南アフリカ 3.1%

2020年　オーストラリア 57.9%　　ブラジル 26.9%

カナダ 6.0%　　その他 6.1%

（『地理統計要覧 2022 年版』）

ア　石油　　イ　石炭　　ウ　天然ガス　　エ　鉄鉱石

問2　文中下線部②について，答えなさい。

(1) 次の表中ア～オは，レタス・ぶどう・豚・乳牛・まぐろの都道府県別生産割合の上位5位までを示しています。レタスと豚にあてはまるものを，表中ア～オからそれぞれ1つずつ選び，記号で答えなさい。レタス（　　　）豚（　　　）

ア（2020 年）		イ（2020 年）		ウ（2021 年）		エ（2020 年）		オ（2021 年）	
山梨	21.4 %	長野	32.3 %	鹿児島	13.3 %	静岡	16.6 %	北海道	61.2 %
長野	19.8 %	茨城	16.3 %	宮崎	8.6 %	宮城	13.7 %	栃木	3.9 %
山形	9.5 %	群馬	9.7 %	北海道	7.8 %	高知	8.7 %	熊本	3.2 %
岡山	8.5 %	長崎	6.4 %	群馬	6.9 %	宮崎	8.4 %	岩手	3.0 %
北海道	4.2 %	兵庫	5.2 %	千葉	6.6 %	東京	8.1 %	群馬	2.5 %

（注）・農作物は，収穫（単位：トン）

　　　・魚は，漁獲量（単位：トン）

　　　・豚・乳牛は，飼育頭数（単位：万頭）

（『2022 データでみる県勢』『2022／2023 日本国勢図会』）

(2)　近年，私たちが利用できる機会が増えた「トレーサビリティ」とは，どのような仕組みのことですか。正しく説明しているものを，次のア～ウから 1 つ選び，記号で答えなさい。（　　　）

ア　売れ残りを減らすために，必要とされる商品を，必要な時に，必要な量だけ生産すること。

イ　店ごとに商品の在庫管理や売り上げ情報，消費者の購買行動を記録・分析すること。

ウ　商品の生産から出荷までの記録を知ることができる食の安全への取り組みのこと。

(3)　日本の食料自給率を上げるための取り組みの一つとして，地元でとれた農産物を地元で消費することを，漢字 4 文字で答えなさい。□□□□

問 3　文中下線部③について，答えなさい。

(1)　このような生産や取り引きを行う貿易のことを，解答欄にあわせて漢字 2 文字で答えなさい。

□□貿易

(2)　次の図あ・いは，石油化学工業・自動車工業・半導体工業のいずれかの工業別生産場所を示しています。図あ・いにあてはまる正しい組みあわせを，あとのア～エから 1 つ選び，記号で答えなさい。（　　　）

図あ（2021 年）　　　　　　　　　　　　図い（2021 年）

 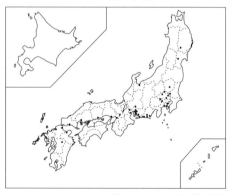

（『2022／2023 日本国勢図会』）

ア　あ　自動車工業　　　い　半導体工業

イ　あ　自動車工業　　　い　石油化学工業

ウ　あ　半導体工業　　　い　自動車工業

エ　あ　半導体工業　　　い　石油化学工業

問4　文中下線部④について、（ X ）に入るもっとも適当なものを、次のア～エから1つ選び、記号で答えなさい。（　　　）

ア　安く少量が輸入される　　イ　安く大量に輸入される　　ウ　高く少量が輸入される

エ　高く大量に輸入される

5　≪最新の入試問題から≫　現代の社会はインターネットなどが発達した情報社会です。そのことを考えながら、あとの問いに答えなさい。

（関西創価中）

(1)　「インターネットを使った犯罪に関する相談内容の内わけ」で、もっとも多いのはどれですか。次のア～エから選び、記号で答えなさい。

（　　　）

ア　さぎ・悪質商法　　　イ　めいわくメール

ウ　不正アクセスなど　　エ　法律いはん・有害情報

インターネットを使った犯罪に
関する相談内容の内わけ

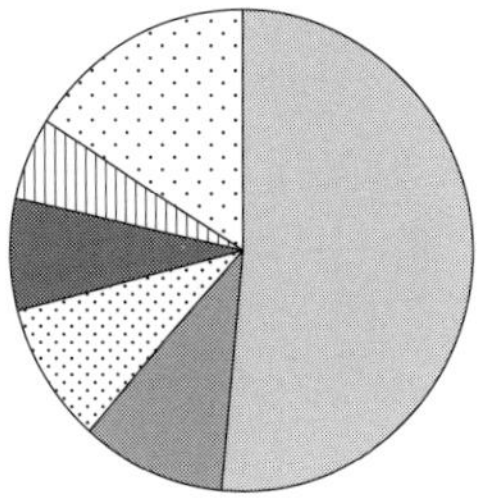

(2)　インターネットを利用するさいの情報のあつかい方の注意点を、①「情報を送る側」と②「情報を受け取る側」のそれぞれの立場で、1つずつ答えなさい。

①（　　　　　　　　　　　　　　　　　　　　　　　　　　　　　　　　　　）

②（　　　　　　　　　　　　　　　　　　　　　　　　　　　　　　　　　　）

1 ≪長崎市≫ ユリコさんは夏休みに長崎市を訪れた。美しい街並み，歴史，食文化などに興味を持ったユリコさんは，絵地図を作成し，長崎について調べた。次のまとめカードと絵地図を参考に，あとの問いに答えなさい。

(帝塚山学院中)

まとめカード ―地形―

・970以上の島があり，47都道府県のなかで，最も多くの島からなる県。

・主な島は壱岐(いき)，五島列島，① 大韓民国との国境近くに位置する島など。

・県の南東部に位置する　X　半島の雲仙普賢岳(うんぜんふげんだけ)は，1991年の噴火で多くの被害をもたらした。

まとめカード ―気候―

・② 南西からの暖流の影響により，年間を通じて寒暖差が小さく，温暖な③ 気候である。

・ユーラシア大陸からの寒波の影響で，厳冬になることもある。

まとめカード ―産業―

・びわ，じゃがいも，みかんの栽培がさかん。

・明治時代に日本の近代化を支えた施設(せんぷく)，潜伏キリシタンの歴史に関わる教会など，④ 世界文化遺産に登録されている史跡，文化財がある。観光業がさかん。

まとめカード ―歴史―

・江戸幕府により，ヨーロッパからの船の来航を長崎に限定。1636年，⑤ 出島を建設。

・厳しい年貢の取り立てや，キリスト教信者への取りしまりに対し，益田時貞を中心に　X　や天草（熊本県）で一揆が発生。

・1945年8月9日，アメリカ軍が原爆投下。

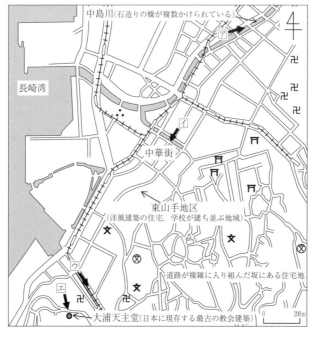

➡ 写真の撮影(さつえい)方向
╫ 路面電車の線路
∴ 史跡
卍 寺院
卄 神社
✕ 小中学校
⊗ 高等学校

問1　下線部①について，この島は下線部②の暖流の名称にもなっている。この島の名前を漢字2

字で答えなさい。（　　　）

問2　まとめカード中の空欄Xに入る最も適当な語句を漢字で答えなさい。（　　　）

問3　下線部③について，次のア〜エは長崎市，新潟市，仙台市，那覇市のいずれかの雨温図である。長崎市の雨温図として適当なものを，次のア〜エから一つ選び，記号で答えなさい。

（　　　）

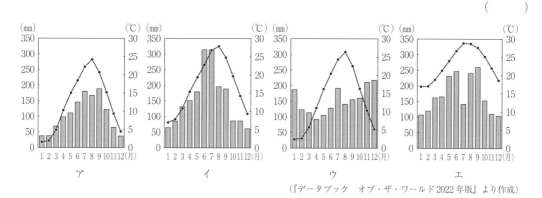

（『データブック　オブ・ザ・ワールド2022年版』より作成）

問4　下線部④について，九州地方にある世界文化遺産として適当なものを，次のア〜エから一つ選び，記号で答えなさい。（　　　）

ア　法隆寺　　イ　厳島神社　　ウ　首里城　　エ　富岡製糸場

問5　絵地図中の「∴」は，下線部⑤が建設された場所である。下線部⑤について述べた文として適当なものを，次のア〜エから一つ選び，記号で答えなさい。（　　　）

ア　明治時代には，長崎だけでなく，函館，横浜，神戸にも建設された。

イ　長崎湾内に建設された人工の島であり，オランダとの貿易で使用された。

ウ　ヨーロッパだけでなく，アメリカ，カナダの商人も自由に出入りした。

エ　スペイン，オランダの漁師が，長崎近海での漁業の拠点にしていた。

問6　絵地図から読み取れる内容として適当なものを，次のア〜エから一つ選び，記号で答えなさい。（　　　）

ア　原爆の被害により，戦前の建築物は存在しない。　　イ　路面電車の線路は1km以上ある。

ウ　南東部の住宅地は2000年以降に建設された。　　エ　宗教施設は北東部にのみ存在する。

問7　次の写真A〜Cは，絵地図中の⑦〜①のいずれかの場所で撮影したものである。撮影をしなかった場所を，地図中の⑦〜①から一つ選び，記号で答えなさい。（　　　）

A

B

C

2 ≪中・四国地方≫　次の地図を見て，中国・四国地方に関する各問いに答えなさい。（大阪女学院中）

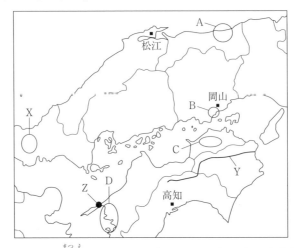

問1．次の表は地図中3都市（松江・岡山・高知）の月平均気温と月降水量を示しています。あてはまるものをそれぞれ選び，記号で答えなさい。松江（　　　）　岡山（　　　）　高知（　　　）

	1月	2月	3月	4月	5月	6月	7月	8月	9月	10月	11月	12月	全年
ア	4.6	5.2	8.7	14.1	19.1	22.7	27.0	28.1	23.9	18.0	11.6	6.6	15.8
	36.2	45.4	82.5	90.0	112.6	169.3	177.4	97.2	142.2	95.4	53.3	41.5	1143.1
イ	6.7	7.8	11.2	15.8	20.0	23.1	27.0	27.9	25.0	19.9	14.2	8.8	17.3
	59.1	107.8	174.8	225.3	280.4	359.5	357.3	284.1	398.1	207.5	129.6	83.1	2666.4
ウ	4.6	5.0	8.0	13.1	18.0	21.7	25.8	27.1	22.9	17.4	12.0	7.0	15.2
	153.3	118.4	134.0	113.0	130.3	173.0	234.1	129.6	204.1	126.1	121.6	154.5	1791.9

上段…月平均気温（℃）　　下段…月降水量（mm）

（気象庁資料より1991年～2020年の平年値）

問2．地図中X付近に見られる地形の説明として正しいものを次から選び，記号で答えなさい。

（　　　）

ア．噴火活動が活発な火山がある。　　　イ．石灰岩が水にとけてできた鍾乳洞がある。

ウ．氷河にけずられてできた険しい山がある。　　　エ．河川の中流域に連なる3つの盆地がある。

問3．地図中Yの河川として正しいものを次から選び，記号で答えなさい。（　　　）

ア．利根川　　　イ．筑後川　　　ウ．熊野川　　　エ．吉野川

問4．地図中A～Dの地域の農業の説明として誤っているものを次から選び，記号で答えなさい。

（　　　）

ア．Aの地域は，スプリンクラーによるかんがいでらっきょうの生産がさかんである。

イ．Bの地域は，昔から遠浅の海を干拓することで農地を広げてきた。

ウ．Cの地域は，降水量が比較的少ないため昔からため池を利用している。

エ．Dの地域は，温暖な気候を利用したさとうきびの生産がさかんである。

問5．日本の漁業の種類（遠洋漁業・沖合漁業・沿岸漁業・海面養殖業）別漁獲量を表している次のグラフで，瀬戸内海でさかんな海面養殖業にあたるものを次から選び，記号で答えなさい。

（　　　）

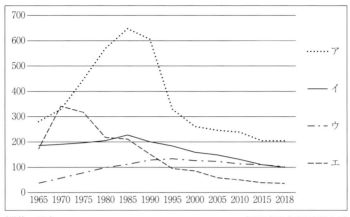

（単位：万 t）　　　　　　　　　　　　　　（2019 年度水産庁資料より）

問6．瀬戸内工業地域の代表的な工業都市について述べた文として誤っているものを次から選び，記号で答えなさい。（　　　）

ア．広島県広島市は中国地方最大の都市で，自動車工業がさかんである。

イ．山口県 周 南市は石油化学コンビナートが発展している。

ウ．愛媛県今治市はしまなみ海道によって広島県と結ばれ，タオル生産がさかんである。

エ．岡山県倉敷市は明石海 峡 大橋によって香川県と結ばれ，重化学工業がさかんである。

問7．地図中 Z は四国地方で唯一の原子力発電所である伊方発電所を示している。原子力発電にはどのような長所と短所があるか，それぞれ書きなさい。ただし，資源・環境・安全の面から説明すること。

長所（　　　　　　　　　　　　　　　　　　　　　　　　　　　　　　　　　）

短所（　　　　　　　　　　　　　　　　　　　　　　　　　　　　　　　　　）

3　≪近畿地方≫　近畿地方を中心とした地図を見て，次の問いに答えなさい。　（賢明女子学院中）

問1　地図中の X の経線は，明石市を通る日本の標準時子午線です。何度の経線ですか。次のア〜エのうちから最も適当なものを1つ選び，記号で答えなさい。（　　　）

ア　西経 75 度　　イ　東経 75 度

ウ　西経 135 度　　エ　東経 135 度

問2　地球は1日（24 時間）に1回転（360 度），西から東へ自転しているため，経度が 15 度違うと1時間の時差が生じます。本初子午線（経度0度）の通るイギリスのロンドンが1月 10 日午後 10 時の時，日本は何月何日の何時ですか。次のア〜エのうちから最も適当なものを1つ選び，記号で答えなさい。（　　　）

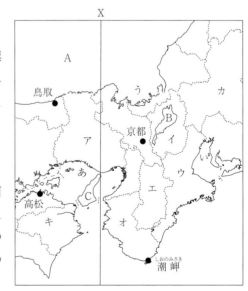

ア　1月10日午前10時　　イ　1月10日午後1時　　ウ　1月11日午前7時

エ　1月11日午前10時

問3　地図中のA～Cの海，湖，島の名前を，それぞれ解答らんに合うように書きなさい。

A（　　　海）B（　　　湖）C（　　　島）

問4　次のア～エの雨温図は，鳥取，高松，京都，潮岬のいずれかのものです。**京都にあてはまる**ものを，次のア～エのうちから1つ選び，記号で答えなさい。（　　　）

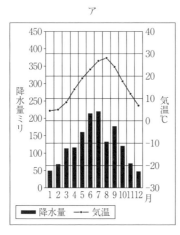

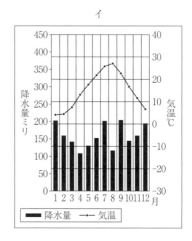

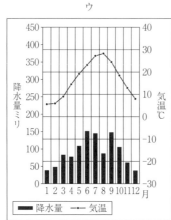

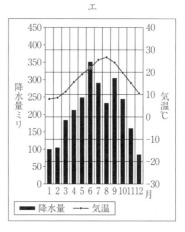

問5　次のA～Dの文章は，地図中のア～オのうちの4つの県の農業について説明しています。**A～Dで説明されていない県**をア～オのうちから1つ選び，記号で答えなさい。（　　　）

A　この県では，大都市への近さを生かし，いろいろな種類の農産物を生産しています。また，柿は全国2位，梅は3位の収穫量です。伝統的な大和野菜を特産品として栽培しています。

B　この県では，暖かく穏やかな気候と日本最大の湖の恩恵を生かした農業を行っています。地形や気候が稲作に適しており，米づくりを中心とする一方，麦や大豆などの生産もさかんです。

C　南北が海に面するこの県では，多様な農業が行われています。都市の近くでは，野菜，果実などの生産が行われています。また南部の地域では，温暖な気候を生かし，レタスやタマネギなどの野菜のほか，酪農，畜産なども行われています。

D　四季を通して気温の変化が小さく過ごしやすい気候を生かし，果実の生産がさかんなこの県

は，果実が農業生産額の6割前後をしめています。特に，みかんや柿，梅の収穫量は全国1位です。

問6　次の表は，日本の1日あたりのおもな食料の消費量の変化を示したものです。これを見て，あとの(1)・(2)の問いに答えなさい。

	米	小麦	果物	肉類	たまご	牛乳・乳製品	魚介類
1960年	345.7g	91.6g	81.0g	17.8g	19.3g	60.9g	129.0g
1990年	211.8g	111.4g	143.4g	108.7g	51.9g	228.0g	195.0g
2018年	162.7g	113.9g	133.5g	139.0g	56.3g	262.3g	123.3g

(1)　表から読み取ることができる内容として正しいものを，次のア～エのうちから1つ選び，記号で答えなさい。（　　　）

ア　米の消費量は，どの年もすべての食品の中で一番多い。

イ　消費量が増え続けているのは，肉類とたまごだけである。

ウ　魚介類の消費量は，どの年も肉類を上回っている。

エ　小麦の消費量は，どの年も米の消費量より少ない。

(2)　1960年に比べて2018年は，米の消費量が少なくなっています。その理由は何ですか。また，米の消費量を増やすためにはどのようなくふうが考えられますか。それぞれ文章で答えなさい。

理由（　　　　　　　　　　　）　くふう（　　　　　　　　　　　　　）

問7　地図中の あ・い の沿岸は工業が発達しています。工業に関する次の(1)～(3)の問いに答えなさい。

(1)　次の表は日本の工業地帯・地域の工業生産額とそのうちわけの上位3項目を示しています。表中のア～エは京浜・瀬戸内・中京・阪神の工業地帯・地域のいずれかです。地図中の あ の海の沿岸にある工業地帯・地域を，表中のア～エのうちから2つ選び，記号で答えなさい。

（　　　）（　　　）

	工業生産額(円)	1位(%)	2位(%)	3位(%)
ア	55兆1211億	機械(69.2)	金属(9.1)	化学(6.1)
イ	37兆3937億	機械(46.4)	化学(15.2)	食料品(12.6)
ウ	31兆4134億	機械(36.2)	金属(20.0)	化学(17.2)
エ	29兆989億	機械(36.8)	化学(20.6)	金属(17.3)
北関東	29兆336億	機械(44.9)	食料品(16.4)	金属(13.6)

(2)　日本の工業に関する記述として正しいものを，次のア～エのうちから1つ選び，記号で答えなさい。（　　　）

ア　工業のさかんな地域は海沿いに多く，工業地帯・地域が集中している地域を太平洋ベルトと呼ぶが，近年は高速道路や空港の整備によって内陸の工業地域も発展している。

イ　日本の工場のほとんどは中小工場で，すぐれた技術を持っている中小工場も多く，ユニークな製品を生み出しているため，生産額でも中小工場の生産額が大工場の生産額を大きく上回っている。

ウ　自動車の生産に必要な部品は，以前はたくさんの関連工場でつくられていたが，事故や災害で部品が届かなくなることを防ぐため，現在はすべての部品を1つの工場でつくっている。

エ　SDGsの観点から，最新の設備を備えた環境にやさしい工場や，新しい技術やアイデアを取り入れた製品が求められており，昔からの伝統技術はもはや必要とされていない。

(3)　地図中のいの湾の周辺で1960年ごろに発生した公害に関する記述として最も適当なものを，次のア〜エのうちから1つ選び，記号で答えなさい。（　　　　）

ア　亜硫酸ガスなどで汚染された空気を吸ったことで，息をするのが苦しく，のどが痛み，激しいぜんそくの発作が起こった。

イ　鉱山の排水に含まれるカドミウムで汚染された水や食物をとったことにより，骨がもろくなって折れやすくなり，激しい痛みで苦しんだ。

ウ　工場排水に含まれるメチル水銀で汚染された魚や貝を食べたことにより，手足がしびれたり，目や耳が不自由になったりして，死亡することもあった。

エ　空港を離陸・着陸する航空機が増えたことにより，空港周辺の騒音がはげしくなり，夜，ねむることができなくなったり，会話が聞こえなくなったりした。

問8　日本のエネルギー事情に関する次の(1)・(2)の問いに答えなさい。

(1)　地図中のうの湾の沿岸に集中して立地している発電所として最も適当なものを次のア〜エのうちから1つ選び，記号で答えなさい。（　　　　）

ア　火力発電所　　イ　水力発電所　　ウ　風力発電所　　エ　原子力発電所

(2)　次の表は，日本のおもなエネルギーの輸入先上位3か国と，全体にしめる割合を示したもので，表中のA〜Cは石炭，石油，天然ガスのいずれかです。A〜Cにあてはまるエネルギーの組み合わせとして正しいものを，あとのア〜カのうちから1つ選び，記号で答えなさい。

（　　　　）

統計は2019年

A		B		C	
オーストラリア	58.7 %	オーストラリア	38.9 %	サウジアラビア	35.8 %
インドネシア	15.1 %	マレーシア	12.1 %	アラブ首長国連邦	29.7 %
ロシア	10.8 %	カタール	11.3 %	カタール	8.8 %

	ア	イ	ウ	エ	オ	カ
石炭	A	A	B	B	C	C
石油	B	C	A	C	A	B
天然ガス	C	B	C	A	B	A

問9　地図中のアの県では大きな地震が起きた経験から防災教育が進んでいます。次のケンさんとメイさんの会話を読んで，あとの(1)・(2)の問いに答えなさい。

ケン：ついに災害に備えて防災リュックを用意したんだ。

メイ：へえ，どんな物を入れたの。

ケン：えーっと，非常食や着がえに懐中電灯，あと①ラジオも入れたな。

メイ：食品用の②ラップもいろいろ役に立つって聞いたよ。

ケン：他にも，豪雨災害で冠水したときの避難用に③長ぐつをいつでもはけるように置いてる
　　　んだ。

メイ：そう，すぐに避難できるように④ハザードマップを確認したり，避難場所を家族で話し
　　　あったりしておくことも大切だね。

ケン：うん，あとは用意した防災リュックをどこに置くのがいいか考えてるんだ。

(1)　下線部①～④のうち**適当でないもの**を１つ選び，記号で答えなさい。（　　　　）

(2)　波線部について，防災リュックはどんなところに置くのがいいか，理由も含めて文章で答え
　　　なさい。（　　　　　　　　　　　　　　　　　　　　　　　　　　　　　　　　　　）

問10　地図中のカ・キの県の県庁所在地の都市名を漢字で答えなさい。カ（　　　市）　キ（　　　市）

4　≪北海道・東北地方≫　次の図１をみて，後の問いに答えなさい。　　　　（関西大学北陽中）

図１

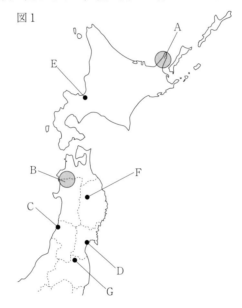

問１　A・Bは，ともに世界自然遺産です。次の各問いに答えなさい。

(1)　Aの半島およびBの山地の名を，それぞれ答えなさい。A（　　　半島）　B（　　　山地）

(2)　次のX～Zは，いずれも日本にある世界遺産です。それらについて述べた後の文(ア)～(オ)のう
　　　ち正しいものを，後から１つ選び記号で答えなさい。（　　　　）

　　　X―小笠原諸島　　Y―富士山　　Z―屋久島

　　　(ア)　Xのみが世界文化遺産である。　　(イ)　Yのみが世界文化遺産である。

　　　(ウ)　Zのみが世界文化遺産である。　　(エ)　X・Y・Zのいずれも世界自然遺産である。

　　　(オ)　X・Y・Zのいずれも世界文化遺産である。

問２　次の雨温図X～Zは，C～Eのいずれかの都市のものです。雨温図と都市との正しい組み合
　　　わせを，後の(ア)～(カ)から１つ選び記号で答えなさい。（　　　　）

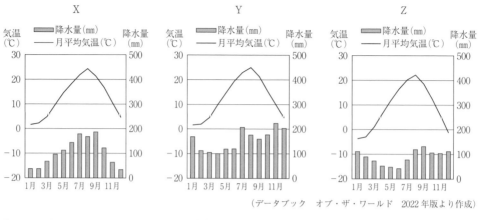

（データブック　オブ・ザ・ワールド　2022年版より作成）

(ア)	X—C	Y—D	Z—E	(イ)	X—C	Y—E	Z—D
(ウ)	X—D	Y—C	Z—E	(エ)	X—D	Y—E	Z—C
(オ)	X—E	Y—C	Z—D	(カ)	X—E	Y—D	Z—C

問3　D～Gは，各都道府県の都道府県庁所在地です。都道府県の名と都道府県庁所在地の名が異なる都市を，D～Gからすべて選び，記号で答えなさい。（　　　　）

問4　右の表1は，2020年の収かく量上位のうち北海道・東北地方が上位を占めているある農作物を示したものです。この農作物を，次の(ア)～(エ)から1つ選び，記号で答えなさい。（　　　　）

(ア)　さくらんぼ（おうとう）　　(イ)　みかん　　(ウ)　もも

(エ)　りんご

表1

都道府県	収穫量（トン）
山形県	13,000
北海道	1,310
山梨県	974
青森県	682
秋田県	366

（農林水産省ホームページより作成）

問5　次の表2は，肉用牛・豚・ブロイラー（肉用のにわとりの一種）のそれぞれの飼養頭数（ブロイラーは出荷羽数）における2020年の都道府県の上位5位を示したものです。表中の空欄に共通してあてはまる都府県の名を答えなさい。なお，東北地方の都府県とは限りません。（　　　　）

表2

順位	肉用牛	豚	ブロイラー
1	北海道	（　　）	（　　）
2	（　　）	宮崎県	宮崎県
3	宮崎県	北海道	岩手県
4	熊本県	群馬県	青森県
5	岩手県	千葉県	北海道

（データブック　オブ・ザ・ワールド　2022年版より作成）

問6　次の写真の行事が，2018年に「来訪神：仮面・仮装の神々」の1つとして，ユネスコ無形文化遺産に登録されました。これが行われている都道府県を，次の図2中(ア)～(キ)から1つ選び，記号で答えなさい。（　　　　）

図2

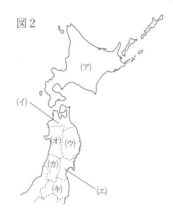

写真

問7　地震には大きく分けて2種類の地震があります。1つは，次の図Xのようなプレートの動き
　　で生じるもの，もう1つは，図Yのような断層の動きでおこるものです。東日本大震災を引き起
　　こしたと考えられる種類を示した図X・Yと，その被害の主な特徴を述べた文ⅰ・ⅱとの正しい
　　組み合わせを，後の(ア)〜(エ)から1つ選び，記号で答えなさい。（　　　　）

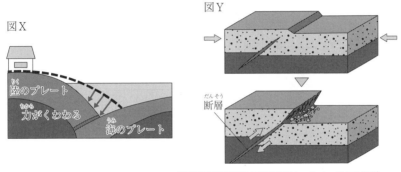

（地震調査研究推進本部事務局ホームページより作成）

　　ⅰ　建物や家具などの倒壊による被害が多い。
　　ⅱ　津波による被害が多い。
　　(ア)　X―ⅰ　　　(イ)　X―ⅱ　　　(ウ)　Y―ⅰ　　　(エ)　Y―ⅱ

5　≪都道府県の特徴≫　次の文A〜Eは，それぞれ都道府県の特徴を説明した文です。これを読んで，
問1〜問7の各問いに答えなさい。
　　（羽衣学園中）

A　対馬，壱岐など971の島がある日本一島の多い都道府県である。①複雑に入り組んだ海岸
　　線と②九十九島がつくりだす絶景は人気の観光地になっている。

B　にんにくやごぼうの生産がさかんな都道府県である。太平洋側の下北半島と，日本海側の津軽
　　半島に囲まれた③陸奥湾では養殖がさかんである。

C　海に面していない内陸の都道府県で，④甲府盆地では，ぶどうやももの栽培がさかんである。
　　また，リニアモーターカーの実験施設がある。

D　日本の標準時子午線が通過する都道府県で，⑤2つの大きな橋で四国と結ばれている。

E　この都道府県は瀬戸大橋で岡山県と結ばれている。降水量が少なく，川も短く急流なため，農
　　業用に多くの⑥ため池がつくられた。

問1．DとEの都道府県庁所在地を漢字で答えなさい。D（　　　）E（　　　）

問2．下線部①について，このような地形を何というか答えなさい。（　　　）

問3．下線部②について，この観光地がふくまれるものをア〜エから1つ選んで，記号で答えなさい。（　　　）

　　ア．三陸復興国立公園　　イ．伊勢志摩国立公園　　ウ．足摺宇和海国立公園

　　エ．西海国立公園

問4．下線部③について，陸奥湾でさかんに養殖されている水産物をア〜エから1つ選んで，記号で答えなさい。（　　　）

　　ア．あじ　　イ．ほたて貝　　ウ．うなぎ　　エ．ひらめ

問5．下線部④について，次の【資料】中の○で囲んでいるところの地形名を**漢字3文字**で答えなさい。（　　　）

【資料】

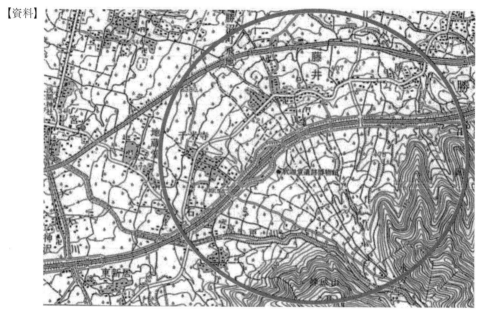

甲府盆地東部　25000分の1の地形図

問6．下線部⑤について，淡路島と四国を結ぶ橋を何というか答えなさい。（　　　）

問7．下線部⑥について，日本最大級のため池として正しいものをア〜エから1つ選んで，記号で答えなさい。（　　　）

　　ア．久米田池　　イ．猿沢池　　ウ．満濃池　　エ．広沢池

6　《最新の入試問題から》　金蘭千里中学校に通う千里子さんは，自分が暮らしている近畿地方の各府県について調べてみた。[図1] を見て，近畿地方（A〜Gの7府県）について，次の問いに答えなさい。

（金蘭千里中）

[図1]

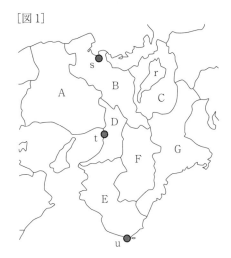

(1) AとCの県庁所在地の名前を，漢字で答えなさい。A（　　　市）C（　　　市）

(2) ［図1］の湖rについて，以下の問いi）とii）に答えなさい。

　i）この湖の名前を，漢字で答えなさい。（　　　　）

　ii）この湖から流れ出る河川は1つだけである。その河川が海へと流れ出るまでに通過する府県の順番として正しいものを，次のア～エから1つ選び，記号で答えなさい。（　　　）

　　ア．C→B→A　　イ．C→B→D　　ウ．C→B→D→A　　エ．C→B→F→D

(3) 次の①～③は，［図1］の地点s～uのいずれかにおける，月平均気温と月別降水量を示した雨温図である。雨温図と地点との正しい組み合わせを，あとのア～カから1つ選び，記号で答えなさい。（　　　）

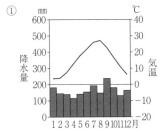

年平均気温：14.8℃　年降水量：1941.3mm

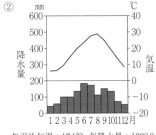

年平均気温：17.1℃　年降水量：1338.3mm

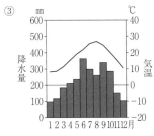

年平均気温：17.4℃　年降水量：2654.4mm

　ア．①＝s，②＝t，③＝u　　イ．①＝s，②＝u，③＝t　　ウ．①＝t，②＝s，③＝u

　エ．①＝t，②＝u，③＝s　　オ．①＝u，②＝s，③＝t　　カ．①＝u，②＝t，③＝s

(4) 各府県の自然環境と災害時に起こりうる被害について説明した文として適当でないものを，次のア～エから1つ選び，記号で答えなさい。（　　　）

　ア．Aは，南部に活断層が通っているため，人が多く住む地域で地震が発生しやすい。

　イ．Dは，標高の低い中心部に地下街が発達しているため，大雨の時に浸水する危険性がある。

　ウ．Eは，海沿いの平地に市街地が発達し，津波の被害を受けやすい。

　エ．Fは，火山に囲まれているため，火山が噴火した時の避難が難しい。

(5) 各府県について説明した文として正しいものを，次のア～エから1つ選び，記号で答えなさい。

（　　　）

ア．Bは，歴史的な寺社が多数残っており，府全域が世界遺産に認定されている。

イ．Eは，日当たりのよい斜面で果樹の栽培がさかんであり，ももの生産量が日本一である。

ウ．Fは，東海道新幹線の駅や国際空港があり，たくさんの外国人観光客が訪れる。

エ．Gは，複雑に入り組んだ海岸線が見られるので，漁業に適している。

(6)　近畿地方の各府県の人口と面積について調べた千里子さんは，同じく大都市が発達している関東地方の人口と面積を調べ，近畿地方と比べてみることにした。次の［表1］は，近畿地方と関東地方の各7都府県について，人口と面積の順位を示したものである。［表1］に関するあとの問いⅰ）～ⅲ）に答えなさい。なお，人口は表中の値が整数となるように四捨五入しており，各都府県の値の合計が総人口の値と一致するとは限らない。（各統計は2021年。『データでみる県勢2023』をもとに作成）

［表1］

	近畿地方				関東地方			
	人口(万人)		面積(km^2)		人口(万人)		面積(km^2)	
1位	D	881	A	8401	東京都	1401	Z	6408
2位	A	543	G	5774	W	924	Y	6362
3位	B	256	E	4725	埼玉県	734	茨城県	6097
4位	G	176	B	4612	X	628	X	5157
5位	C	141	C	4017	茨城県	285	埼玉県	3798
6位	F	132	F	3691	Y	193	W	2416
7位	E	91	D	1905	Z	192	東京都	2194
	総人口	2219	総面積	33125	総人口	4356	総面積	32432

ⅰ）Xに当てはまる県を次のア～エから1つ選び，記号で答えなさい。（　　　）

　ア．神奈川県　　イ．群馬県　　ウ．千葉県　　エ．栃木県

ⅱ）1km^{2}あたりの人口を「人口密度」といい，人口の密集度合いを示す指標として用いられる。［表1］をもとに大阪府の人口密度を求めた場合，おおよその値として最も適当なものを，次のア～エから1つ選び，記号で答えなさい。（　　　）

　ア．216.2　　イ．953.6　　ウ．1048.7　　エ．4624.7

ⅲ）表から読み取れることがらについて述べた次の文ⅠとⅡの正誤の組み合わせとして正しいものを，あとのア～エから1つ選び，記号で答えなさい。（　　　）

　Ⅰ．近畿地方と関東地方の人口密度を比べると，関東地方の方が値が大きい。

　Ⅱ．関東地方では，面積の小さい3都県に総人口の約70％が集中している。

　　ア．Ⅰ＝正，Ⅱ＝正　　イ．Ⅰ＝正，Ⅱ＝誤　　ウ．Ⅰ＝誤，Ⅱ＝正　　エ．Ⅰ＝誤，Ⅱ＝誤

1 ≪世界の国々①≫ 次の文章を読んで，あとの問に答えなさい。 (三田学園中)

　あいさんは，食品関係の会社で働いています。現在，世界に向け新製品の企画（きかく）を考える仕事についています。今回，①日本が発祥（はっしょう）である，ある即席（そくせき）（インスタント）食品の新製品を，世界市場（しじょう）に向けて開発することになりました。

　世界中に広まっているこの即席（インスタント）食品ですが，国によって異なる事情があるため，3つの国にしぼって商品企画を考えてみました。以下，A～Cの国での事情についての説明です。

A　ヨーロッパにあるこの国では，鶏（とり）・牛・えびのスープが主流です。味はトマトベースやスパイシーなものが人気です。都市ベルリンでは，ジャガイモとソーセージを使った伝統的な料理が有名です。

B　南アメリカ大陸にあるこの国では，塩味が濃いものが好まれます。スープなしのからめるタイプが人気です。濃厚（のうこう）な味が受け入れられており，それに合うように触感（しょっかん）は②パスタに似ています。

C　赤道が通っているこの国では，焼きそばに似たものが主流です。具材は野菜や鶏肉，えびが売れ筋ですが，③この国で多くの人々が信仰（しんこう）している宗教では豚肉（ぶた）や豚の油を使うことは禁じられています。

問1　下線部①にあたるものとして，もっとも適切なものを，次のア～エの中から1つ選び，記号で答えなさい。（　　　）

　ア．味噌汁（みそ）　　イ．ピザ　　ウ．ラーメン　　エ．チャーハン

問2　説明文A～Cのうち，B・Cの国の位置を次の地図中のア～クの中から，それぞれ1つずつ選び，記号で答えなさい。B（　　　）C（　　　）

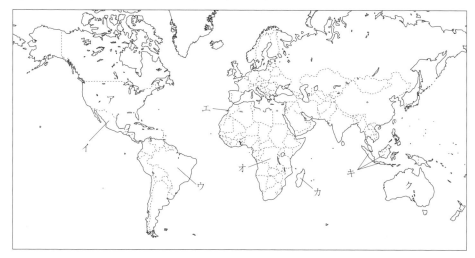

問3　下線部②について，次のⅰ）・ⅱ）の設問にそれぞれ答えなさい。

　ⅰ）この食品の主な原料としてもっとも適切なものを，次のア～エの中から1つ選び，記号で答えなさい。（　　　）

ア．米　　イ．ジャガイモ　　ウ．トウモロコシ　　エ．小麦

ⅱ）現在の日本における ⅰ）の 食 糧 自給率としてもっとも適切なものを，次のア～エの中から1
　　つ選び，記号で答えなさい。（　　　　）

ア．約5％　　イ．約15％　　ウ．約30％　　エ．約50％

問4　下線部③について，C国でもっとも多く信仰されている宗教として適切なものを，次のア～
　　エの中から1つ選び，記号で答えなさい。（　　　　）

ア．キリスト教　　イ．ヒンドゥー教　　ウ．仏教　　エ．イスラム教

問5　あいさんは会議をかさねた結果，A国と国境を接しているある国の市場をねらうことにしま
　　した。次の【商品企画書】を見て，売り出す国としてもっとも適切な国名を，空らん □□□ に入
　　れなさい。（　　　　）

【 商 品 企 画 書 】

■売り出す国

　国　名：□□□ 共和国
　その国の特徴：美食の国／世界三大料理のうちの1つ
　　　　　　　　一流シェフを多く 輩出
　　　　　　　　日本食が注目されている

■ターゲット層・
　コンセプト

　・一般消費者の中でも食文化への意識・好奇心の高い層をねらう
　・フォーク・ナイフ圏，食事マナーも厳しく，汁物になじみがない
　　分，すぐ食べられる便利さや，美味しさを強調する
　・繊細な「日本の味」でせめる

■商品内容・セールスポイント

〈商品内容〉
　使う食材：野菜・きのこ（ヘルシーさ）
　味 付 け：チャーシュー（濃い味付け）
　価格設定：10ユーロ／個（高めに設定）※日本円で1400円程度
　陳列場所：スーパーのアジア食品のコーナー

〈セールスポイント〉
　・代表的な5種を用意（味・日本の地名）
　・職人が仕込んだ上等スープを強調
　・パッケージに漢字と職人のイラスト

商品名『美味○○』

---

2 ≪世界の国々②≫　次の文章にあてはまる国名として正しいものを，あとのア～クの中から1つず
　つ選んで，記号で答えなさい。(1)(　　　)　(2)(　　　)　(3)(　　　)　　　　　　　　　　　　（浪速中）

(1) 北アメリカ大陸北部に位置し，面積はロシアに次ぎ世界で2番目に広い国です。首都のオタワ
　をはじめ，2010年にオリンピックが開催されたバンクーバーなどの都市があります。また，北極
　圏にかかるオーロラや，ロッキー山脈，ナイアガラの滝などの広大な自然が有名です。

(2) ヨーロッパ南西部のイベリア半島に位置する国で，地中海に面しています。フラメンコや闘牛

といった伝統文化が有名な国として，首都のマドリードなどが発展しています。

(3) 南アジアに位置する国で，インドやミャンマーと国境を接し，南はインド洋に面しています。国の中央部をガンジス川が流れ，国土の大部分はデルタ地帯であるため，サイクロンや洪水などの自然災害の被害を受けやすい国です。また，国民の多くがイスラム教を信仰しています。

ア．バングラデシュ　　イ．インドネシア　　ウ．フランス　　エ．ブラジル

オ．カナダ　　　　　　カ．ポルトガル　　　キ．スペイン　　ク．モンゴル

3 ≪地図で見る世界≫　次の図は，メルカトル図法であらわされた世界地図です。この図をみて，後の各問いに答えなさい。　　　　　　　　　　　　　　　　　　　　　　　　　（関西大学北陽中）

図

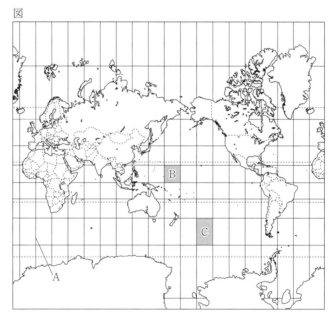

問1　Aは，経度0度の経線を示しています。この経線の名を答えなさい。（　　　　）

問2　B・Cは，一定区間で区切られた緯線と経線で囲まれた地域を示しています。これらの地域の地球上での実際の面積について述べた次の文のうち正しいものを，次の(ｱ)〜(ｳ)から1つ選び，記号で答えなさい。（　　　　）

(ｱ)　Bの方が，面積は広い。　　(ｲ)　Cの方が，面積は広い。　　(ｳ)　BとCは同じ面積である。

問3　日本の秋田県と同じ緯度にある国を次の(ｱ)〜(ｳ)から1つ選び，記号で答えなさい。なお，いずれもあてはまらない場合は(ｴ)で答えなさい。（　　　　）

(ｱ)　イギリス　　(ｲ)　オーストラリア　　(ｳ)　シンガポール

問4　この図法について述べた文として，正しいものを次の(ｱ)〜(ｳ)から1つ選び，記号で答えなさい。なお，正しい文がない場合は(ｴ)で答えなさい。（　　　　）

(ｱ)　この図は，航空図として広く利用されている。

(ｲ)　この図は，図の中心からのいずれの方角も正しく描かれている。

(ｳ)　この図は，図の中心からのいずれの距離も正しく描かれている。

4　≪WBCの参加国≫　次の表A〜Dは，3月8日（水）から3月21日（火）まで開催された第5回ワールド・ベースボール・クラシック（WBC）の1次ラウンドの組み合わせ表です。この表を見て，問1〜問5の各問いに答えなさい。　　　　　　　　　　　　　　　　　　　　　　　（羽衣学園中）

A

国（地域）
※チャイニーズ・タイペイ
オランダ
キューバ
イタリア
パナマ

※台湾

B

国（地域）
日本
韓国
オーストラリア
中国
チェコ

C

国（地域）
アメリカ
メキシコ
コロンビア
カナダ
イギリス

D

国（地域）
プエルトリコ
ベネズエラ
ドミニカ共和国
イスラエル
ニカラグア

△野球日本代表侍ジャパンオフィシャルサイトより作製

問1．表A〜Dの国（地域）について，正しいものをア〜エから1つ選んで，記号で答えなさい。

（　　　　）

ア．イタリアは，北回帰線が通過する国（地域）である

イ．アメリカは，赤道が通過する国（地域）である

ウ．オランダは，南回帰線が通過する国（地域）である

エ．イギリスは，本初子午線が通過する国（地域）である

問2．右の【資料1】は，イタリア（表A）の首都ローマにある世界最小の国の国旗です。この国の国名を答えなさい。（　　　　）

【資料1】

△ウィキペディアより転載

問3．次の統計資料は，日本の輸入品別輸入相手国（2019）を示したものです。資料中の①〜③にあてはまる国（地域）を，表A〜Dの中からそれぞれ選んで答えなさい。

①（　　　）②（　　　）③（　　　）

※とうもろこし	％
①	69.3
ブラジル	28.2
アルゼンチン	1.4
ロシア	0.6
フランス	0.2

※飼料用も含む

小麦	％
①	45.9
②	34.8
③	17.7
ロシア	0.8
ルーマニア	0.6

羊毛	％
中国	68.3
③	14.6
（台湾）	7.2
ニュージーランド	3.2
ウルグアイ	3.0

鉄鉱石	％
③	51.6
ブラジル	28.2
②	7.7
南アフリカ	3.2
①	2.2

△「データブック　オブ・ザ・ワールド」二宮書店　2021

問4．右の【資料2】は，イスラエル（表D）の首都（旧市街）の地図です。ユダヤ教・キリスト教・イスラム教の聖地となっている，この首都名を答えなさい。（　　　　）

問5．アメリカのマイアミで，3月21日（火）午後7:00から決勝の試合が始まります。試合開始時，日本（大阪）は，何月何日の何時ですか。（計算の都合上，マイアミの経度は西経75度とする）（　　月　　日　午前・午後　　時）

【資料2】

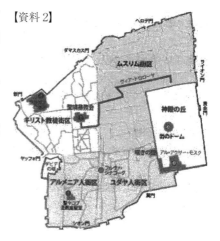

※ムスリム（地図中）…イスラム教徒

△ウィキペディアより転載

5　≪日本と関わりの深い国々≫　次のA〜Eのカードは世界の国を紹介したものです。これらのカードを見て，あとの問1〜問6に答えなさい。

(親和中)

A　フィリピン

首都はマニラ。東南アジアにあり，日本からみると（　1　）の方角に位置する島国。最大の島はルソン島。赤道から，北緯20度付近に国土が広がっている。バナナの輸出が多い。

B　（　2　）

首都はロンドン。ヨーロッパの島国で，長く続いている王国。エリザベス女王の時代が2022年まで70年間続いた。ロンドン市内を走る赤い2階建てのバスが有名。国旗はユニオンジャックという，十字を組み合わせたデザインである。

C　オーストラリア

首都はキャンベラ。世界最小の大陸が主な国土。オセアニアにある。南半球にあり，日本と季節が逆である。オーストラリアにしかいない動物が多く，とくにコアラが有名。日本と同じ（　3　）線が通過している。

D　トルコ

首都はアンカラ。アジアと（　4　）の両方にまたがっている国。黒海と地中海を結ぶ2つの海峡がある。イスラム教徒が多い。ケバブという，羊肉をかためて回しながら焼いた料理が有名である。

E　（　5　）

首都はワシントンD.C.で，経済の中心はニューヨーク。国土が広く，国内で3時間以上の時差がある。グーグル，ヤフー，アップル，マイクロソフトといったIT企業や，マクドナルド，スターバックスといった外食産業が始まった国である。

問1　（　1　）にあてはまる方角を次のア～エから1つ選び，記号で答えなさい。（　　　　）
　　ア　北東　　イ　北西　　ウ　南東　　エ　南西
問2　（　2　）にあてはまる国名を答えなさい。（　　　　）
問3　（　3　）にあてはまる語句を次のア～エから1つ選び，記号で答えなさい。（　　　　）
　　ア　緯　　イ　経　　ウ　本初子午　　エ　回帰
問4　（　4　）にあてはまる語句を次のア～エから1つ選び，記号で答えなさい。（　　　　）
　　ア　アフリカ　　イ　北アメリカ　　ウ　ヨーロッパ　　エ　オセアニア
問5　（　5　）にあてはまる国名を答えなさい。（　　　　）
問6　Dの国の国旗を次のア～エから1つ選び，記号で答えなさい。（　　　　）

　　　　　　　　　ア　　　　　　　イ 　　　　　　　ウ 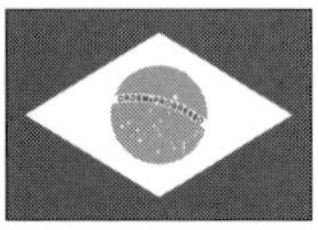　　　　　　　エ

6　≪最新の入試問題から①≫　右の地図を見て，後の問いに答えなさい。
（京都女中）

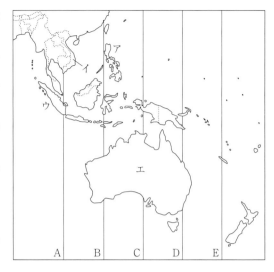

問1　日本の標準時の基準となる経線はどれですか，地図中のA～Eから1つ選び，記号で答えなさい。（　　　）

問2　次の①・②は，地図中のア～エのいずれかの国について述べた文です。①・②にあてはまる国はどれですか，地図中のア～エから1つずつ選び，記号で答えなさい。

　　①（　　　）　②（　　　）

　①　多文化主義が進んでおり，移民が増えている国です。国の半分以上が乾燥帯であり，また北東部には世界最大のさんご礁があります。

　②　大小多くの島々からなり，ア～エのうち最も人口の多い国です。くりかえし地震がおこっていますが，特に2004年におこった地震によって大きな津波が発生し被害を受けました。

問3　次の①～④は，地図中のア～エのいずれかの国から日本が輸入している品目のうち，輸入金額の多い上位5品目と金額による割合を示しています（2021年）。①にあてはまる国はどれですか，地図中のア～エから1つ選び，記号で答えなさい。（　　　）

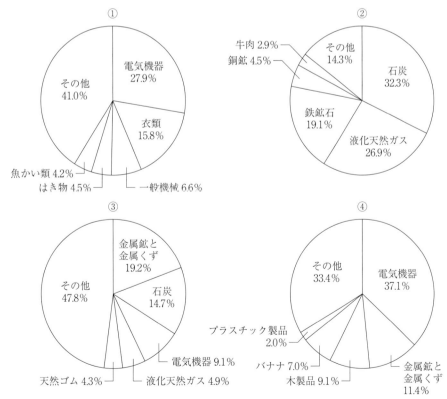

（『データブック　オブ・ザ・ワールド　2023年版』（二宮書店）により作成。

7 《最新の入試問題から②》　日本の貿易について，次の問いに答えなさい。　　　　　（立命館中）

　日本は，海上輸送や航空輸送などを利用して，諸外国と貿易を行っています。次の①〜④は，成田国際空港，東京港，名古屋港，千葉港のいずれかの輸出入額と上位３品目を示しています。また，あとのア〜キの文は，それらを含む日本のおもな空港・港について説明しています。①〜④にあてはまる空港・港の説明として適切なものを，ア〜キからそれぞれ一つ選び，記号で答えなさい。

①(　　　)　②(　　　)　③(　　　)　④(　　　)

		金額(億円)	品目(%)
①	輸出	52331	自動車部品（5.8），半導体等製造装置（5.2），コンピュータ部品（5.1）
	輸入	109947	衣類（8.3），コンピュータ（6.2），肉類（4.5）
②	輸出	5903	石油製品（20.8），鉄鋼（20.7），有機化合物（18.4）
	輸入	24782	石油（51.7），液化ガス（15.7），自動車（8.9）
③	輸出	101588	半導体等製造装置（8.4），金（非貨幣用）（7.6），科学光学機器（5.5）
	輸入	128030	通信機（14.1），医薬品（13.5），コンピュータ（9.8）
④	輸出	104137	自動車（24.6），自動車部品（16.6），内燃機関（4.1）
	輸入	43160	液化ガス（7.4），衣類（6.9），石油（5.8）

2020 年『日本国勢図会 2022／23』より作成

ア　かつては大輪田泊ともよばれ，大陸との交易の拠点であった。近年は，ポートアイランドなどとともにウォータフロント開発が進められている。

イ　昭和時代には，伊勢湾台風によって大きな被害を受けた。中京工業地帯に位置し，地域で製造された工業製品を輸出するための拠点となっている。

ウ　東京湾の湾奥部に位置する港の一つで，京葉工業地域に建設された。周辺には火力発電所が並び，首都圏に電力を供給している。

エ　セントレアの愛称でよばれる，知多半島の沖合にある人工島につくられた24時間運営可能な空港である。

オ　日本最大の国際空港であり，日本の空の玄関口ともよばれる。とくに北アメリカとアジアを強く結ぶ空港として世界各地と結ばれている。

カ　大陸に近いことから，遣隋使や遣唐使が出航する港の一つであった。現在もアジアとの貿易を多く担っている。

キ　国際貿易港として，諸外国からのコンテナ輸送数は日本一である。周辺では臨海副都心の開発が進められている。

1　≪近年の出来事と地理≫　次のⅠ～Ⅳの文章について，各問いに答えなさい。　　　　（京都橘中）

Ⅰ　2022年版の「観光白書」が閣議決定されました。2021年の宿泊を伴う国内旅行は延べ人数で新型コロナウイルス禍前の2019年比で54.5％減となりました。

Ⅱ　2022年6月の食品価格動向調査（野菜）では，タマネギの全国平均の小売価格は例年の2倍程度に高騰（こうとう）したと公表されました。主要産地での高温・干ばつによる不作や，降雨が続いたことによる収穫の遅れが主な原因とされています。

Ⅲ　2018年7月の西日本豪雨では，土砂災害や水害により全国で多くの被害が出ました。特に岡山県倉敷市真備町（まびちょう）で，高梁川（たかはし）支流・小田川とその支川が氾濫（はんらん）したことによる水害は多大な被害をもたらしました。

Ⅳ　国土地理院と海上保安庁は2019年5月，西之島の地形図と海図を改版しました。西之島の面積は噴火前 $0.29km^2$ だったものが，2017年には $2.73km^2$，さらに2019年に $2.89km^2$ と拡大しました。

(1)　文章Ⅰに関連して，文化財や記念物は重要な観光資源となっています。次の表は（ ① ）～（ ③ ）の道府県の国指定の文化財及び記念物の件数（2021年）を示したもので，（ ① ）～（ ③ ）は北海道・京都府・鹿児島県のいずれかです。各問いに答えなさい。

	国宝・重要文化財		史跡名勝天然記念物		
	美術工芸品	建造物	史跡	名勝	天然記念物
（ ① ）	1,901	298	85	46	10
（ ② ）	29	31	55	3	32
（ ③ ）	28	11	30	5	32

（「第71回　日本統計年鑑」より作成）

問1　国宝のうち，建造物に分類されるのは，神社，寺院，お城（城郭）のほか，住宅，民家や文化施設などがあげられます。お城（城跡）の地図記号としてもっとも適切なものを，次のア～エから1つ選び，記号で答えなさい。（　　　）

問2　京都府にあてはまるものとしてもっとも適切なものを，表中（ ① ）～（ ③ ）から1つ選び，番号で答えなさい。（　　　）

問3　次のア～エは，文化庁の国指定文化財等データベースにおいて，特別天然記念物として公表されているものです。鹿児島県の特別天然記念物としてもっとも適切なものを，次のア～エから1つ選び，記号で答えなさい。（　　　）

ア　阿寒湖のマリモ　　イ　秋吉台　　ウ　昭和新山　　エ　屋久島スギ原始林

(2)　文章Ⅱに関連して，右の表は4つの県の県庁所在市におけるいくつかの農産物の2020年度の平均小売価格について，4都市の中でもっとも価格が安い都市に○印をつけたものです。例えば，（　①　）の品目の場合，佐賀市の平均小売価格が他の3都市よりも安いことになります。各問いに答えなさい。

県庁所在市	（　①　）	（　②　）	（　③　）	（　④　）
秋田市	―	○	―	―
長野市	―	―	○	―
和歌山市	―	―	―	○
佐賀市	○	―	―	―

（「第71回　日本統計年鑑」より作成）

問1　農産物の平均小売価格はその農産物の生産が盛んな地域で安くなる傾向にあります。表中の（　①　）～（　④　）の品目は，うるち米，キャベツ，豚肉，みかんのいずれかです。豚肉とみかんにあてはまるものを，（　①　）～（　④　）からそれぞれ選び，番号で答えなさい。

豚肉（　　　）　みかん（　　　）

問2　地域ごとの気候は，農産物の生産に影響を与えます。次のア～ウの図は，秋田市，長野市，和歌山市のいずれかの都市の月ごとの降水量と気温の平均値を示したものです。秋田市にあてはまるものとしてもっとも適切なものを，ア～ウから1つ選び，記号で答えなさい。（　　　）

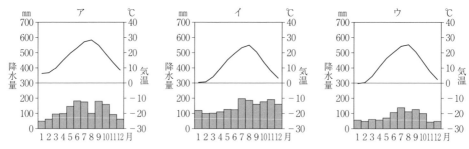

（雨温図作成サイト（谷謙二研究室）より引用）

(3)　文章Ⅲに関連して，次の表は高梁川を含む日本のいくつかの河川について流域面積や河川の長さと河川（支流を含む）が通過する都道府県の数についてまとめたものです。これについて，各問いに答えなさい。

河川名	流域面積（km²）	河川の長さ（km）	通過する都道府県数
（　①　）	（日本最大）16,840	322	茨城県を含む6都県
（　②　）	14,330	268	北海道
（　③　）	11,900	（日本最長）367	X
神通川	2,720	120	富山県を含む2県
高梁川	2,670	111	岡山県を含む2県

（国土交通省水管理・国土保全局ホームページより作成）

問1　石狩川にあてはまるものとしてもっとも適切なものを，表中（　①　）～（　③　）から1つ選び，番号で答えなさい。（　　　）

問2　表中　X　にあてはまるものとしてもっとも適切なものを，次のア～エから1つ選び，記号で答えなさい。（　　　）

ア　三重県を含む3県　　イ　群馬県を含む3県　　ウ　岐阜県を含む5県

エ　宮城県を含む3県

問3　河川は工業の発達に大きな影響を与えます。高度経済成長期に神通川上流の神岡鉱山の排

水に含まれたカドミウムが原因で発生した公害病を何といいますか。(　　　)

問4　高梁川の流れる岡山県倉敷市は，水害による被害を少しでも小さくするためにハザードマップを作成し，公開しています。次の図は，倉敷市が2020年6月に作成したハザードマップから一部を切り取ったものです。倉敷市ではそれぞれの警戒レベルに応じて適切な避難行動をとることを呼びかけています。あとのア～エの文章は，警戒レベル2～5のいずれかの段階における避難行動の内容について示したものです。警戒レベル4でとるべき避難行動としてもっとも適切なものを，あとのア～エから1つ選び，記号で答えなさい。(　　　)

避難に関する情報について

市では、災害により被害が発生するおそれがある場合、状況に応じて避難に関する情報を発令します。
周辺の様子により早めに避難するように心がけましょう。

■情報の種類とみなさんのとるべき行動

●5段階の警戒レベルと避難情報など

警戒レベル	避難行動など
警戒レベル5	警戒レベル5でとるべき避難行動
警戒レベル4	警戒レベル4でとるべき避難行動
警戒レベル3	警戒レベル3でとるべき避難行動
警戒レベル2	警戒レベル2でとるべき避難行動
警戒レベル1	災害への心構えを高める

※必ずしも、この順番で発令されるとは限りません。

(倉敷市内水ハザードマップ（真備・船穂地区）より作成)

ア　避難に備え，ハザードマップなどにより，自らの避難行動を確認する

イ　すでに災害が発生。命を守るための最善の行動を取る

ウ　避難に時間を要する人（高齢者・障がいのある人・乳幼児など）とその支援者は避難を開始する。その他の人は，避難の準備を整える

エ　速やかに避難場所へ避難する。避難場所までの移動が危険と思われる場合は，近くの安全な場所への避難や，自宅内のより安全な場所に避難する

(4)　文章Ⅳについて，西之島（東京都）が拡大したことにより，「管轄(かんかつ)海域」は2017年の改定で50km^2増，2019年の改定でさらに50km^2増，合わせて約100km^2増えたとされます。各問いに答えなさい。

問1　「管轄海域」とは領海と排他的経済水域からなります。日本は最南端の島が水没すれば約40万km^2の「管轄海域」を失うこととなるため，護岸工事を行うなどにより島の保全に取り組んでいます。この島の名前を漢字で答えなさい。(　　　)

問2　西之島が東京都に属するように，島はその位置やこれまでの経過によりいずれかの都道府県に属します。鹿児島県に属する島としてもっとも適切なものを，次のア～エから1つ選び，記号で答えなさい。(　　　)

ア　種子島　　イ　対馬島　　ウ　平戸島　　エ　佐渡島

2 ≪地図で見る世界と日本≫　次の地図1，2を見て，下の各問いに答えなさい。 (比叡山中)

地図1　　　　　　　　　　　　　　　　　　　　　　　地図2

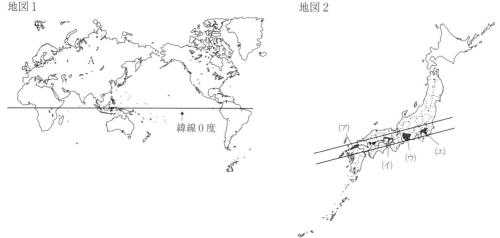

(1) 地図1を見て，地球上の陸地と海洋の割合はどのくらいですか。次の(ア)～(エ)から1つ選び，記号で答えなさい。（　　　）

(ア) 2：8　　(イ) 3：7　　(ウ) 4：6　　(エ) 5：5

(2) 地図1中のAは何という大陸ですか。（　　　大陸）

(3) 地図1中の緯線0度は赤道です。赤道上の距離はおおよそどれくらいですか。次の(ア)～(エ)から1つ選び，記号で答えなさい。（　　　）

(ア) 2万km　　(イ) 3万km　　(ウ) 4万km　　(エ) 5万km

(4) 地図2について，長野県はいくつの都道府県と接していますか。次の(ア)～(エ)から1つ選び，記号で答えなさい。（　　　）

(ア) 6つ　　(イ) 7つ　　(ウ) 8つ　　(エ) 9つ

(5) 地図2について，都道府県の中で一番面積の小さい都道府県名を答えなさい。（　　　）

(6) 地図2を見て，阪神工業地帯にあてはまるのはどれですか。地図2中の(ア)～(エ)から1つ選び，記号で答えなさい。（　　　）

(7) 地図2中の線と線の間には，工場が多く分布しています。工場がつらなって広がる地域のことを何といいますか。（　　　）

(8) 次のグラフA～Dは，地図2中の(ア)～(エ)の工業地帯の製造品出荷額を表しています。地図2中の(ウ)にあてはまるものをグラフA～Dから1つ選び，記号で答えなさい。（　　　）

工業地帯の製造品出荷額

〈日本国勢図会 2017〉

(9)　次の雨温図は，上越市，松本市，静岡市，那覇市のいずれかである。松本市の雨温図を(ア)～(エ)から1つ選び，記号で答えなさい。（　　　）

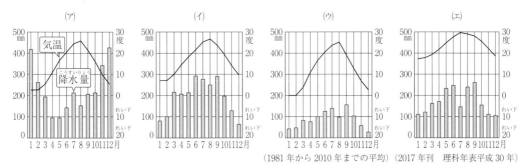

（1981年から2010年までの平均）（2017年刊　理科年表平成30年）

(10)　東北地方や中部地方の日本海側では冬の降水量が多くなります。その理由を「**季節風**」の語句を使って説明しなさい。

（　　　　　　　　　　　　　　　　　　　　　　　　　　　　　　　　）

3　≪世界地理と日本の国土≫　次の文章を読み，あとの問いに答えなさい。　　　　（大谷中－京都－）

　①世界地図を広げてみると，世界の国々の形や位置を知ることができます。日本は②世界で最も面積の広い海洋に浮かぶ島国で，およそ7000の③島々から成り立っており，海岸線は世界で6番目の長さとなっています。そのため，国土面積に比べ，海岸線から200海里の範囲内の，④水産資源や鉱産資源の開発を認められる水域である（　X　）が，かなり大きい国であるといえます。

問1　（　X　）に入る語句を，漢字7字で答えなさい。□□□□□□□

問2　下線部①について，次の(1)，(2)に答えなさい。

(1)　地図には地球を南北に90度ずつに分ける緯線が引いてあります。0度の緯線を何といいますか，答えなさい。（　　　）

(2)　(1)が通過する大陸にあたるものを，次のア～エから1つ選び，記号で答えなさい。（　　　）

　ア．ユーラシア大陸　　　イ．オーストラリア大陸　　　ウ．北アメリカ大陸

　エ．南アメリカ大陸

問3　下線部②について，この海洋に面している国としてまちがっているものを，次のア～エから1つ選び，記号で答えなさい。（　　　）

　ア．アメリカ　　　イ．フィリピン　　　ウ．ブラジル　　　エ．メキシコ

問4　下線部③について，日本の東，西，南のはしにある島の組み合わせとして正しいものを，次のア～カから1つ選び，記号で答えなさい。（　　　）

	ア	イ	ウ	エ	オ	カ
東のはし	与那国島	与那国島	沖ノ鳥島	沖ノ鳥島	南鳥島	南鳥島
西のはし	沖ノ鳥島	南鳥島	与那国島	南鳥島	与那国島	沖ノ鳥島
南のはし	南鳥島	沖ノ鳥島	南鳥島	与那国島	沖ノ鳥島	与那国島

問5　下線部④について，プランクトンが豊富で魚が多く集まる，水深が200mぐらいまでのゆるやかな斜面の海底を何といいますか，答えなさい。（　　　）

④ ≪環境問題と自然・産業≫　太郎くんが自主学習としてまとめたごみ問題に関するノートを見て，あとの問いに答えなさい。

(立命館宇治中)

ごみ問題について考える

① 日本のごみ排出量について

表Ⅰ　［一般廃棄物処理の概況（会計年度）（単位　千 t）］

	2005	2010	2015	2018	2019
ごみ総排出量	52,720	45,359	43,981	42,727	42,737
計画収集量	44,633	38,827	37,867	36,929	37,020
直接搬入量	5,090	3,803	3,720	3,743	3,808
集団回収量	2,996	2,729	2,394	2,056	1,909
1日1人あたり（g）	1,131	976	939	919	918
リサイクル率（%）	19.0	20.8	20.4	19.9	19.6

出典：環境省「一般廃棄物処理実態調査結果」より作成

② 3R の取り組みベスト3

	人口10万人未満	人口10万人以上 50万人未満	人口50万人以上
リデュース（1人1日あたりのゴミ排出量）全国：901g/人日	1．長野県　川上村　322.2g/人日　2．長野県　南牧村　333.2g/人日　3．徳島県　神山町　368.9g/人日	1．静岡県　掛川市　616.1g/人日　2．東京都　日野市　648.1g/人日　3．東京都　小金井市　655.2g/人日	1．京都府　京都市　758.9g/人日　2．愛媛県　松山市　763.2g/人日　3．東京都　八王子市　768.1g/人日
リサイクル（リサイクル率）	1．鹿児島県　大崎町　83.1 %　2．徳島県　上勝町　81.0 %　3．北海道　豊浦町　74.3 %	1．神奈川県　鎌倉市　52.7 %　2．東京都　小金井市　46.0 %　3．岡山県　倉敷市　44.3 %	1．千葉県　千葉市　28.5 %　2．東京都　八王子市　26.7 %　3．愛知県　名古屋市　26.5 %

出典：環境省「一般廃棄物の排出及び処理状況等（令和2年度）について」より作成

③ ごみの排出量を減らすことができる理由は？

(a)長野県川上村
・「混ぜればごみ・分ければ資源」が合い言葉
・生ごみ回収はせずコンポストを利用
・生ごみ処理機を導入し，水分量を減らし乾燥

　➡可燃ごみへ！

(b)京都市
・ごみの中でも割合が多いのが生ごみ
・「生ごみ3キリ運動」
　買った食材を使い切る「使いキリ」
(c)食べ残しをしない「食べキリ」
　ごみを出す前に水を切る「水キリ」

●わかったこと

・家庭から出る生ごみの量を減らすことができれば，ごみの排出量削減につながる。

・生ごみは水分量が多いため，水分量を減らす工夫が重要。

④　リサイクル率を高くするためにはどうすればいい？

(d) 徳島県上勝町

・大部分が(e) 標高700m以上の山地に覆われている

・2003 年自治体として日本で初めての「ゼロ・ウェイスト宣言」

・生ごみは各家庭で処理

・ごみ回収は行わず，瓶や缶などのさまざまな「資源」を住民各自が「ごみステーション」に持ち寄って 45 種類以上に分別

●わかったこと

　・ゼロ・ウェイスト＝無駄，浪費，ごみをなくすという意味。

　・上勝町ではごみをどう処理するかを考えるのではなく，ごみ自体を出さない社会を目指している。

●疑問点：現在，日本ではどのようにごみ処理されている？

1．(f) 焼却：日本では約 80 ％焼却処分。世界第 1 位。

2．リサイクル：20 ％弱。ごみの分別をして捨てているのにリサイクル率が低い。

3．埋め立て：1 ％程。日本では埋め立てる土地がない。

⑤　海洋プラスチックごみ問題

・海に流出するプラスチックごみの量は世界中で年間 800 万トン。

・2050 年には海洋中の魚の量を超える。

・海の生き物の生態系にも影響。

・日本にもたくさんの(g) 海洋ごみが漂着している。

⑥　まとめ

・ごみを減らすためには，ごみを出さない生活を意識していくことが必要。

・消費者としてエコバッグや量り売りを利用するなど，ごみを減らす工夫をすることも大切だが，販売をする側の企業もごみを減らす工夫が必要。

・ゴミを分別して捨てていても，その後リサイクルされているわけではなく焼却処理されているものが多い。ごみが最終どうなっているのかまで知ることが大切。

・自分 1 人だけで解決できる問題ではないが，地球で暮らす 1 人ひとりが意識しなければ解決できない問題。

(1)　表Ⅰから読み取れることとして正しいものを以下のア～エから一つ選び，記号で答えなさい。

（　　　）

ア　ごみ総排出量では，2005年と2019年を比較すると2019年には2005年の2割以上削減できている。

イ　計画収集量，集団回収量共に2018年よりも2019年の方が減少している。

ウ　1日1人あたりのごみの量は，2005年と2019年を比較すると2019年には2005年の2割以上削減できている。

エ　リサイクル率は2015年，2018年，2019年で比較するとだんだん下がってきている。

表Ⅱ　［2020年産収穫量］

	単位t	単位%
長野	182 200	32.3
茨城	91 700	16.3
群馬	54 800	9.7
長崎	35 900	6.4
兵庫	29 300	5.2
全国	563 900	100.0

出典：農林水産省「野菜生産出荷統計」
（2020年）より作成

(2)　下線部(a)について，長野県は冷涼な気候と高地であることを活かし，右の表Ⅱの野菜の生産量第一位です。この野菜の名称を答えなさい。（　　　）

(3)　下線部(b)について，ブランド京野菜として誤っているものを以下のア～エから一つ選び，記号で答えなさい。（　　　）

ア　九条ネギ　　　イ　賀茂なす　　　ウ　堀川ごぼう　　　エ　大和きくな

出典：JA京都

(4)　下線部(c)について，食べ残しも含め世界ではまだ食べられるのに廃棄されている食品が多くあると言われています。このような食品の名称を答えなさい。（　　　）

(5)　下線部(d)について，徳島県の一部地域では，都市部へ若者が流出することで人口が急激かつ大幅に減少したため，地域社会機能が低下し，住民が一定の生活水準を維持することが困難になる現象が起きています。このような現象の名称を答えなさい。（　　　）

(6)　下線部(e)について，写真Ⅰのように急な斜面を利用した水田の名称を答えなさい。（　　　）

［写真Ⅰ］

(7)　下線部(f)について，焼却処理は，温室効果ガスが排出されることが課題とされています。次の表Ⅲ中のAに当てはまる国として最も適当なものをあとのア～エから一つ選び，記号で答えな

さい。（　　　）

表Ⅲ　［主な国の温室効果ガス排出量（CO$_2$換算）］

	温室効果ガス総排出量（百万 t）	二酸化炭素（CO$_2$）排出量（2019）	
	2019 年	1 人あたり（ t ）	GDP あたり（kg）
A	10 619	7.07	0.69
B	5 246	14.44	0.24
C	2 730	5.92	0.18
D	2 422	1.69	0.85
ロシア	2 209	11.36	1.14
日本	1 071	8.37	0.23

出典：IEA "Greenhouse Gas Emissions from Energy"（2021 年版）より作成

ア　アメリカ　　イ　インド　　ウ　中国　　エ　EU 27 ヵ国

(8)　下線部(g)について，以下の地図Ⅰは日本に漂着する海洋ごみがどこからきたのかを調べたものです。九州の沿岸部で韓国，中国からのごみが多い理由として海流の影響が考えられます。韓国，中国などから太平洋側にごみを運んでくる九州と奄美大島の間から太平洋に入り，日本の南岸に沿って流れる海流の名称を答えなさい。（　　　）

［地図Ⅰ］

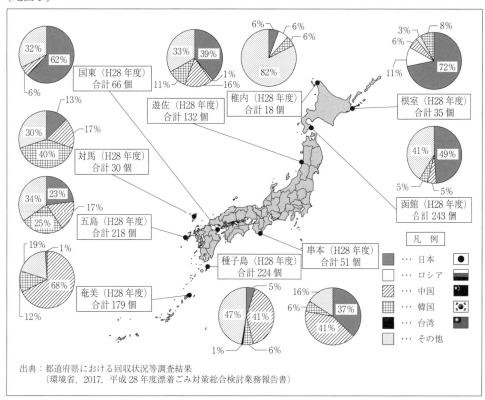

出典：都道府県における回収状況等調査結果
（環境省，2017，平成 28 年度漂着ごみ対策総合検討業務報告書）

5 ≪プラスチックと関連事項≫　次の文を読んで，あとの問に答えなさい。　　　（京都先端科学大附中）

　2022年4月1日に，「プラスチックに係る資源循環の促進等に関する法律案」（通称：プラスチック資源循環促進法）が施行されました。(a)石油由来のプラスチックは加工のしやすさや高い耐久性などの特性から，私たちの生活においてさまざまな場面で使われています。プラスチックが大量生産されるようになったきっかけは第二次世界大戦です。軍事用品を作るために金属類が必要とされ，民間ではその代用品としてのプラスチックの需要が高まりました。そして戦後から現在に至るまで安価で便利なプラスチックは日用品として使われてきました。しかし，(b)そのプラスチックが現在大きな問題を引き起こしています。それらの問題は決して無視できないものとなり，世界でプラスチック削減に向かっての取り組みが進んでいます。中でも環境先進国と呼ばれる(c)ヨーロッパでは各国で積極的にプラスチック削減に取り組んでおり，なかでも(d)ドイツでは2021年からプラスチック製のストローやカトラリー（スプーン・フォークなど），カップ，綿棒などが禁止されました。

　(e)ニュージーランドでは，廃棄されたプラスチックから耐久性の高いコンクリートを作ることに成功した企業もあります。またアメリカやカナダでは鳥類や魚類，爬虫類などの餌として飼育されている，ミールワームと呼ばれるゴミムシダマシ科の幼虫がプラスチック問題を解決する糸口となり，さらに人類における食料危機の解決にも一役買うことができると研究が進んでいます。2015年にスタンフォード大学の研究グループが，ミールワームが発泡スチロールを安全に消化し，体に支障が無く分解することを発見しました。このようにプラスチック利用の削減を世界全体で取り組んでいますが，日本でも対策は急速に進んでおり，企業に対してもこれまで以上にプラスチックの削減が求められています。最近ではドリンクを注文した際に提供されていたプラスチック製のストローが紙ストローに代わっていたり，大手のコンビニで配布されていたスプーンやフォークもバイオマスプラスチックを含んだものを導入しています。紙は水や油に弱い性質であるため，その課題をクリアするための研究開発に積極的に取り組んでいる企業もあります。「プラスチックはえらんで減らしてリサイクル」をスローガンに，プラスチックの資源リサイクルを加速し，循環型社会へ移行していくことが必要です。プラスチック製品の設計から排出・回収・リサイクルに至るまで，プラスチックのライフサイクル全般に関わる事業者・自治体・消費者のみんなで，「3R + Renewable*」に取り組むことが大切です。

　　※ 3R + Renewable　3R…Reduce（リデュース）・Reuse（リユース）・Recycle（リサイクル）の総称。
　　　Renewable（リニューアブル）…再生可能という意味の言葉。

問1　下線部(a)石油について，①〜⑥の問に答えなさい。

①　石油や石炭，天然ガスのように，大昔に暮らしていた微生物の死がいや枯れた植物などが土にうもれてそれが分解された後，圧力がかかったり，地下の熱で温められたりするうちに燃えやすい成分に変化したものを何というか答えなさい。（　　　　　）

②　前記①を燃やすと地球温暖化の原因となる物質を排出します。排出される物質を次のア〜エの中から一つ選び，記号で答えなさい。（　　　　　）

　　ア　酸素　　イ　二酸化炭素　　ウ　水素　　エ　塩素

③　日本は鉱産資源が乏しいため，多くを輸入に頼っています。次のア〜エのグラフの中から，

日本の原油の輸入先を示したものを一つ選び，記号で答えなさい。なおそれ以外の3つのグラフはそれぞれ石炭，鉄鉱石，天然ガス（液化）の輸入先を示しています。（　　　）

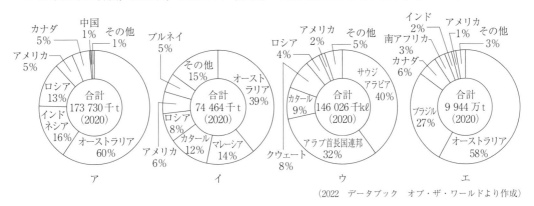

（2022　データブック　オブ・ザ・ワールドより作成）

④　次のア～エの地図の中から，石油化学コンビナートの分布を示しているものを一つ選び，記号で答えなさい。なお，それ以外の地図はそれぞれ半導体工場，製紙工場，自動車工場を示しています。（　　　）

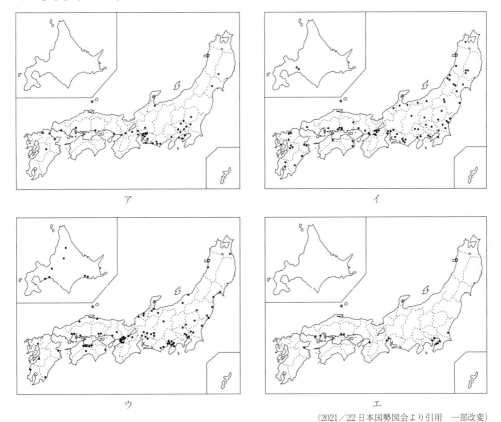

（2021／22 日本国勢図会より引用　一部改変）

⑤　1973 年に起こった中東戦争の影響で，アラブの産油国が石油の値上げや生産制限を行ったために起こった世界的な経済の混乱をカタカナ7字で答えなさい。□□□□□□□

⑥　日本では上記⑤の出来事によって何が終わりをむかえたか，次のア～エの中から一つ選び，記号で答えなさい。（　　　）

　　　ア　産業革命　　　イ　第二次世界大戦　　　ウ　エネルギー革命　　　エ　高度経済成長

問2　下線部(b)について，プラスチックが引き起こしている問題について<u>あやまっているもの</u>を次のア〜エの中から一つ選び，記号で答えなさい。（　　　）

　ア　プラスチックの原料は，とれる量に限りのある資源であるため，プラスチックの製造によって資源の枯渇(こかつ)につながる。

　イ　海鳥やウミガメなどをはじめとする野生動物がプラスチックごみを誤飲(ごいん)してしまうことで命を落としている。

　ウ　プラスチックが燃やされるときに温室効果ガスが発生し，オゾン層破壊(はかい)の原因の一つになっている。

　エ　大量のプラスチックが海に流れ出ることにより，海を汚染している。

問3　下線部(c)ヨーロッパについて，①〜③の問に答えなさい。

　①　ヨーロッパは二度の世界大戦の主戦場となりました。その被害(ひがい)は大変大きく，ヨーロッパの人々は不戦と平和に向けた取り組みとして地域統合への道を歩み始めました。以下の表は，その歩みをまとめたものです。表中の（　X　）に当てはまる1993年に発足した，ヨーロッパを中心に27か国が加盟する地域統合の名前をアルファベット2字で答えなさい。□□

1952 年	欧州(おうしゅう) 石炭鉄鋼共同体（ECSC）設立
1958 年	欧州共同体（EEC），欧州原子力共同体（EURATOM）設立
1967 年	ECSC，EEC，EURATOM の主要機関を統合し，欧州共同体（EC）となる。
1968 年	関税同盟完成
1993 年	マーストリヒト条約発効により，（　X　）創設

　②　（　X　）の加盟国に関する説明として<u>あやまっているもの</u>を次のア〜エの中から一つ選び，記号で答えなさい。（　　　）

　ア　人や物（商品）などの国境の通過が自由で関税もない。

　イ　他国の大学の授業を受けても卒業資格が取れる。

　ウ　仕事の資格が共通で，運転免許(めんきょ)なども共通であるため，他国でも働くことができる。

　エ　共通通貨であるユーロはすべての加盟国が導入している。

　③　2020年末をもって（　X　）からの離脱(りだつ)を完了(かんりょう)した国を次のア〜エの中から一つ選び，記号で答えなさい。（　　　）

　ア　イギリス　　イ　フランス　　ウ　ドイツ　　エ　イタリア

問4　下線部(d)ドイツについて，①〜③の問に答えなさい。

　①　ドイツが環境に対しての取り組みがさかんなのは，工業が発展した時期に発生した環境問題が大きなきっかけとなっています。右の写真は，それが原因で枯れたドイツの森林です。この環境問題の名前を答えなさい。（　　　）

　②　次のア〜エの文はそれぞれ，ドイツ，イギリス，フランス，オランダの国について説明しています。ドイツにあてはまる

ものを一つ選び，記号で答えなさい。（　　　）

ア　国土の約25％を海面より低いポルダーといわれる干拓地が占めており，酪農やチューリップの栽培がさかんである。

イ　ルール炭田とライン川の水運を背景に発達したルール工業地帯はヨーロッパ最大の工業地帯であり，自動車・化学・電子工業が発達している。

ウ　ヨーロッパ最大の農業国で，小麦・じゃがいも・とうもろこし・ぶどう（ワイン）などの生産が多い。工業もさかんで，航空機の生産がさかんである。

エ　世界で最初に産業革命をなしとげ，「世界の工場」と呼ばれた国である。1970年代に北海油田の開発が進み石油輸出国となった。

③　第二次世界大戦後，ドイツは東西2つの国に分かれていました。アメリカ合衆国を中心とする資本主義諸国（西側）とソ連を中心とする社会主義諸国（東側）に分かれて起こった対立を何というか答えなさい。（　　　）

問5　下線部(e)ニュージーランドについて，①～⑥の問に答えなさい。

①　ニュージーランドと日本が属する現在も大地の動きが活発な変動帯の名前を答えなさい。

（　　　）

②　日本列島は変動帯に属するとともに，4つのプレートが出合うところに位置しています。地図中の北アメリカプレートとユーラシアプレートの境界にあるAの大地溝帯の名前をカタカナで答えなさい。（　　　）

③　Aの大地溝帯の西側には日本アルプスと呼ばれる3つの山脈が連なっています。地図中X～Zの山脈の名前の組み合わせとして正しいものを次のア～カの中から一つ選び，記号で答えなさい。（　　　）

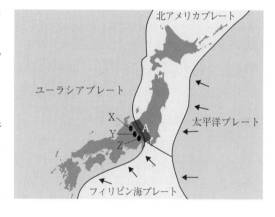

ア　X―木曽　　Y―飛驒　　Z―赤石　　イ　X―木曽　　Y―赤石　　Z―飛驒

ウ　X―飛驒　　Y　木曽　　Z　赤石　　エ　X　飛驒　　Y―赤石　　Z―木曽

オ　X―赤石　　Y―木曽　　Z―飛驒　　カ　X―赤石　　Y―飛驒　　Z―木曽

④　右の二つの国旗はニュージーランドとオーストラリアのものです。二つの国旗にはある国の国旗が共通して描かれています。この二つの国と，国旗に描かれた国との関係はどのようなものであったか簡潔に説明しなさい。

（　　　　　　　　　　　　　　　　　　　　　　　　　　　　　　　　　）

ニュージーランドの国旗

オーストラリアの国旗

⑤　ニュージーランドではある家畜の飼育数が人口を上回っています。その動物とは何か次のア～エの中から一つ選び，記号で答えなさい。（　　　）

ア　牛　　イ　豚　　ウ　馬　　エ　羊

⑥　本文中に登場するドイツ，ニュージーランド，アメリカには日本と同じ温帯に属する気候の地域があります。ニュージーランドと日本の気候を示す雨温図をそれぞれ次のア～エの中から一つずつ選び，記号で答えなさい。なお，ドイツはベルリン，ニュージーランドはオークランド，アメリカはサンフランシスコ，日本は東京の雨温図となっています。

ニュージーランド（　　　）　日本（　　　）

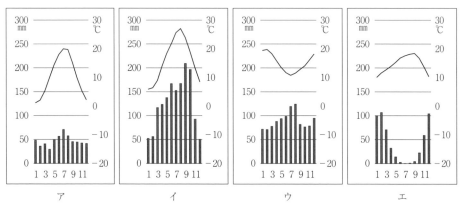

6　≪各地の様子①≫　図を見て，あとの問いに答えなさい。　　　　　　　　　（大谷中－大阪－）

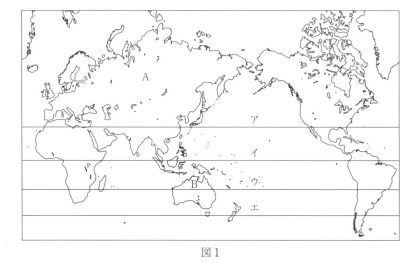

図1

(1)　図1中のAの大陸名を答えなさい。（　　　　　大陸）

(2)　図2は図1中のBの大陸にある国の国旗をあらわしている。この国旗には，ある別の国の国旗のデザインがふくまれている。そのある別の国の国名を，ア～エから1つ選び，記号で答えなさい。（　　　）

ア．イギリス　　イ．カナダ　　ウ．アメリカ合衆国

エ．スペイン

図2

(3)　図1中のア～エの緯線のうち，赤道を示すものを1つ選び，記号で答えなさい。（　　　）

(4) 図3は原油の主要生産国に関するグラフである。図3について説明した次の文章の空らん　X ・ Y にあてはまる数字をそれぞれ答えなさい。X（　　　　）Y（　　　　）

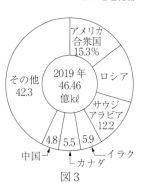

図3

　図3は，　X　年のデータである。「世界国勢図会」という資料をもとにつくられた。全世界の原油の生産量は約46億5千万kℓであり，ロシアは全世界の　Y　％を生産していることが分かる。

図4

(5) 図4中のア～エは，いずれも県庁が置かれている都市を示している。都市名がその都市のある県名と異なるものをア～エから1つ選び，記号で答えなさい。また，その都市名を答えなさい。

　記号（　　　）都市名（　　　　市）

(6) 上の図4中のXの県に関して述べた文を次のア～エから1つ選び，記号で答えなさい。

（　　　）

ア　いったん堤防（ていぼう）が切れると，輪中の中は水にしずんでしまうため，250年ほど前に幕府に命じられた薩摩藩（さつまはん）が治水工事を行った。

イ　日本とアメリカとの取り決めで，今も広大な土地が軍用地として使われており，日本のアメリカ軍基地の70％がある。

- 55

ウ　30年ほど前から色々な果物が出回り，みかんの消費量が減少するようになったため，みかんをジュースやジャムに加工するようになった。

エ　市の中心部の道路の下には，川の水を利用した流雪溝（りゅうせつこう）を設置し，道にたまった雪を決まった時間に捨てている。

(7)　前の図4中のYの県には，江戸時代には「おかげ参り」と呼ばれる参詣（さんけい）が盛んに行われた神社がある。その神社の名を答えなさい。（　　　　）

(8)　以下に紹介（しょうかい）する神話（「因幡の白兎（いなばのしろうさぎ）」）を参考に，隠岐島の場所を前の図4中のA～Dから1つ選び，記号で答えなさい。（　　　）

ほかの神様たちの荷物を全部持たされていた大国主（おおくにぬし）という神様が遅（おく）れてやってきました。泣いている兎（うさぎ）を見て理由を聞くと，兎（うさぎ）はこう語ります。

「隠岐島にいた私は，どうにかして因幡（いなば）（現：鳥取県東部）の国まで行ってみたいと考えていました。しかし自分の力ではどうしてもわたることができません。そこで一計を案じ，ワニザメにこう声をかけたのです。『あなたたちと私たちの種族は，どちらのほうが数が多いか数えてみよう。できるだけたくさんの仲間を連れて，並んでください』と。そして兎（うさぎ）は，ずらっと並んだワニザメの背中の上をわたって，因幡（いなば）の国に行くことに成功しました。

(9)　前の図4中のZは日本の最南端（なんたん）である。この島の名を答えなさい。（　　　）

(10)　2025年に万国博覧会が行われる都道府県名を答えなさい。（　　　　）

7　≪各地の様子②≫　次の問に答えなさい。　　　　　　　　　　　　（樟蔭中）

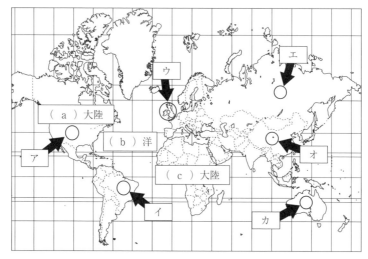

(1)　地図中（ a ）～（ c ）の大陸や海の名前をそれぞれ答えなさい。

(a)（　　　）　(b)（　　　）　(c)（　　　）

(2)　次の5枚のカードには「アメリカ」・「中国」・「カタール」・「オーストラリア」・「ブラジル」の特徴が書かれている。カードに関するあとの(A)～(E)に，それぞれ答えなさい。

【カード1】
・世界で一番人口が多い国。
・下の写真はこの国にある世界遺産「万里の長城」である。

【カード2】
・国内のアマゾン川流域では開発による森林伐採が問題となっている。
・首都のリオデジャネイロでは毎年カーニバルが開かれる。

【カード3】
・アボリジニと呼ばれる先住民がいる。

【カード4】
・2022 年のサッカーワールドカップ開催国。
・人口の約7割が「イスラム教」を信仰している。

【カード5】
・国旗の星の数は，現在の州の数を表している。
・下の写真はニューヨークにある「自由の女神像」である。

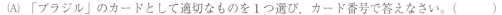

(A) 「ブラジル」のカードとして適切なものを1つ選び，カード番号で答えなさい。（　　　）

(B) 「カタール」のカードとして適切なものを1つ選び，カード番号で答えなさい。（　　　）

(C) 【カード1】の国の位置として適切なものを地図中ア〜カの中から1つ選び，記号で答えなさい。（　　　）

(D) 【カード3】の国の位置として適切なものを地図中ア〜カの中から1つ選び，記号で答えなさい。（　　　）

(E) 【カード5】の国の位置として適切なものを地図中ア〜カの中から1つ選び，記号で答えなさい。（　　　）

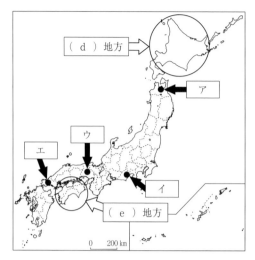

(3) 地図中（ d ）・（ e ）に当てはまる地方名をそれぞれ答えなさい。(d)（　　　　） (e)（　　　　）

(4) 地図中ア〜エの都道府県名をそれぞれ答えなさい。

　　　ア（　　　）イ（　　　）ウ（　　　）エ（　　　）

(5) 右の円グラフはそれぞれ「茶葉」と「り
　　んご」の都道府県別生産割合（2021 年度）
　　を表している。(f)・(g)に当てはまる都道府
　　県として適切なものを地図中ア〜エの中か
　　らそれぞれ選び，記号で答えなさい。

　　　(f)（　　　） (g)（　　　）

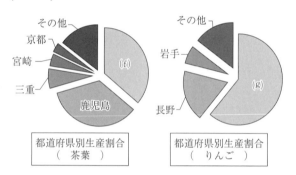

都道府県別生産割合
（　茶葉　）

都道府県別生産割合
（　りんご　）

8 ＜最新の入試問題から①＞　次の資料を見て，後の問いに答えなさい。　　　　　　　　　（近大附中）

〔資料1：都道府県の特色〕

A．この都道府県は，昔から①造船業がさかんに行われていました。人類史上最初の原子爆弾が投下さ
　　れ，原爆ドームは世界遺産に認定されました。また，2023 年 5 月には先進国首脳会議（サミット）が
　　開催されました。

B．この都道府県は，冬に開催される「雪まつり」などのイベントや豊かな②自然を見に，多くの観光客
　　が訪れます。また，十勝地方では広い面積を生かした③農業が，根室市では④漁業がさかんに行われ
　　ています。

C．この都道府県の海津市の，揖斐川・（あ）川・木曽川にはさまれた土地の多くは，海面より低く，日
　　本を代表する低地の一つです。低地であるためにこう水などの⑤水害が多く発生していましたが，治水
　　工事を行うことで水害を大きく減らすことに成功しました。

D．この都道府県は，北九州工業地帯の中心で，苅田町にある工場では，大量の自動車を生産しています。
　　久留米市では⑥自動車の部品であるタイヤが生産されています。

E．この都道府県の⑦鯖江市では昔から，ある工業製品の生産がさかんです。国内生産の 90 ％以上をこの都道府県がしめ，鯖江市はその中心となる産地となっています。産地ブランドとして「THE291」をつくり，全国に流通しています。

(1) 資料 1 で説明されている A〜E の都道府県名をそれぞれ漢字で答えなさい。

　　A（　　　　） B（　　　　） C（　　　　） D（　　　　） E（　　　　）

(2) 下線部①について，A の都道府県で造船業がさかんな場所として正しいものを次のア〜エの中から 1 つ選び，記号で答えなさい。（　　　　）

　　ア　呉市　　イ　堺市　　ウ　掛川市　　エ　盛岡市

(3) 下線部②について，水鳥などのすみかとして大切な湿地を守るための国際的な取り決めを何といいますか，答えなさい。（　　　　）

(4) 下線部③について，資料 2 のように，作物の病気を防ぐために，一つの畑に去年と違うものを植える農業のやりかたを何といいますか，漢字で答えなさい。（　　　　）

〔資料 2〕

	畑 a	畑 b	畑 c	畑 d	畑 e
1 年目	じゃがいも	小麦	てんさい	スイートコーン	あずき
2 年目	小麦	てんさい	スイートコーン	あずき	じゃがいも
3 年目	てんさい	スイートコーン	あずき	じゃがいも	小麦
4 年目	スイートコーン	あずき	じゃがいも	小麦	てんさい
5 年目	あずき	じゃがいも	小麦	てんさい	スイートコーン

(5) 下線部④について，プランクトンが豊富で魚が多く集まる水深が 200m ぐらいまでのゆるやかな斜面の海底を何といいますか，答えなさい。

（　　　　）

〔資料 3〕

(6) 下線部④について，資料 3 は漁業別の生産量の変化を表したものです。遠洋漁業について表しているものを資料 3 中のア〜エの中から 1 つ選び，記号で答えなさい。（　　　　）

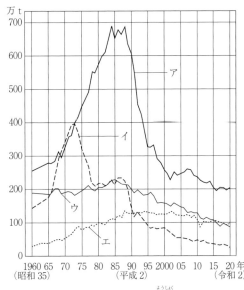

（農林水産省「漁業・養殖業生産統計」より）

(7) 下線部⑤について，資料 4 の（　Ⅰ　）のような，水害から人々の生活を守るために土地を囲むように土砂を盛り上げてつくられたものを何といいますか，漢字 2 文字で答えなさい。□□

〔資料4〕

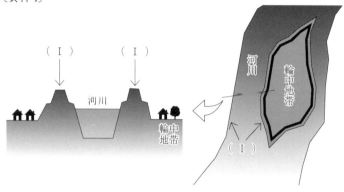

(8) 資料1中の（　あ　）に当てはまる語句を漢字で答えなさい。（　　　　）

(9) 下線部⑥について，自動車の部品をつくって自動車工場へおさめる工場を何といいますか，解答欄に合わせて漢字で答えなさい。（　　　　工場）

⑽ 下線部⑥について，自動車の組み立てに必要な部品を必要な時刻までに必要な数と種類だけ組み立て工場に届けるという考え方を何といいますか。次のア～エの中から正しいものを1つ選び，記号で答えなさい。（　　　　）

　ア　ハザードマップ　　イ　スマートコミュニティ　　ウ　バイオマス

　エ　ジャスト・イン・タイム

⑾ 下線部⑦について，鯖江市でおもに生産されているものとして正しいものを次のア～エの中から1つ選び，記号で答えなさい。（　　　　）

　ア　かばん　　イ　着物　　ウ　めがね　　エ　刃物

9　≪最新の入試問題から②≫　次の文を読み，あとの問いに答えなさい。　　　　　　（同志社香里中）

　2022年11月，国際連合は①世界の人口が（　1　）人に到達したと発表した。さらに国連は2023年半ばの推計として（　2　）が（　3　）を抜いて人口世界一になったと発表した。

　人口が増加すると，社会には②さまざまな問題が起こる。なかでも心配なのが食料問題だ。2022年，ロシアによるウクライナ侵攻の影響で③世界的な食料危機が懸念されたが，最も影響を受けると予想されたのは人口が急増している④アフリカである。日本も⑤世界有数の穀物輸入国であるため，この問題とは無縁ではない。

　世界の人口が増加している一方で，⑥日本の人口は減少し続けている。戦後，日本の人口は爆発的に増加したが，2008年に1億2808万人をピークに減少に転じた。2022年に生まれた子どもの数は初めて80万人を下回り，1人の女性が一生の間に生む子どもの平均人数を表す⑦合計特殊出生率は過去最低の（　4　）であった。これを受けて2023年6月に岸田文雄内閣は「異次元の【　A　】化対策」を打ち出し，さまざまな政策を2024年から実行に移そうとしている。

　人口が減少すると，働く世代の人々の数が減少して，経済の規模が縮小する。同時に⑧高齢者の数が増加することで，社会保障費が増加するなどの問題も生じる。

問1　文中（　1　）～（　4　）にあてはまるものを次よりそれぞれ選び，記号で答えなさい。

1（　　　）　2（　　　）　3（　　　）　4（　　　）

（1）　あ．60億　　い．70億　　う．80億　　え．90億

（2）　あ．インド　　い．中国　　う．アメリカ　　え．ナイジェリア

（3）　あ．インド　　い．中国　　う．アメリカ　　え．ナイジェリア

（4）　あ．0.78　　い．1.26　　う．1.75　　え．2.03

問2　文中【　A　】にあてはまる語を漢字2字で書きなさい。□□

問3　文中＿＿①〜⑧について，あとの問いに答えなさい。

① 世界の面積と人口の内訳を地域別に表した
グラフ（2021年度）のAにあてはまるものを
下より選び，記号で答えなさい。（　　　）

あ．アフリカ　　　　い．オセアニア

う．アジア　　　　　え．ヨーロッパ

お．北アメリカ　　　か．南アメリカ

面積(%)	A	B	C	D	E	F
	23.9	22.8	17	16.4	13.4	6.5

人口(%)	A		B	C	D	E
	59.4		17.6	9.4	7.5	5.5

F 0.6

（『データブック　オブ・ザ・ワールド2023』より）

② 世界の人口が増加することによっておこると考えられる問題として<u>まちがっている</u>ものを下
より選び，記号で答えなさい。（　　　）

あ．水やエネルギーが不足する

い．都市部に人口が集中し，交通渋滞（じゅうたい）が起こる

う．ごみの増加や大気汚染（おせん）が深刻化する

え．山間部で住民サービスが低下し，自治体が消滅（しょうめつ）する

③ ロシアとウクライナが世界の輸（ゆ）出量の約3割を占（し）める作物を下より選び，記号で答えなさい。

（　　　）

あ．大豆　　い．米　　う．小麦　　え．とうもろこし

④ アフリカ大陸を略地図で描（えが）いたとき，赤道と0度の経線の位置として正しいものを下より選
び，記号で答えなさい。（　　　）

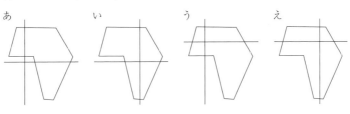

⑤ 日本の食料自給率（カロリーベース，2021年度）としてふさわしいものを下より選び，記号
で答えなさい。（　　　）

あ．38％　　い．58％　　う．115％　　え．221％

⑥ 次の図は日本の人口ピラミッドである。古い順に並べたものをあとより選び，記号で答えな
さい。（　　　）

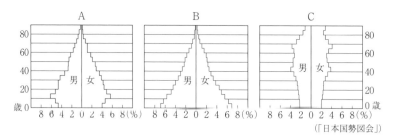

（「日本国勢図会」）

あ．A → B → C　　い．A → C → B　　う．B → A → C　　え．B → C → A

お．C → A → B　　か．C → B → A

⑦(1)　日本で合計特殊出生率が最も高い沖縄県に含（ふく）まれる島を下より選び，記号で答えなさい。

（　　　）

　　あ．南鳥島　　い．択捉島　　う．沖ノ鳥島　　え．与那国島

(2)　日本で合計特殊出生率が最も低い東京都が，全国一位であるものを下より選び，記号で答えなさい。（　　　）

　　あ．自転車生産額　　い．海苔（のり）の生産量　　う．自動車生産額　　え．印刷物出荷額

⑧(1)　老人ホームを表す地図記号を下より選び，記号で答えなさい。（　　　）

(2)　2023 年の日本の年齢別人口構成のうち，65 歳以上の高齢者が占める割合としてふさわしいものを下より選び，記号で答えなさい。（　　　）

　　あ．約 10 ％　　い．約 30 ％　　う．約 50 ％　　え．約 70 ％

1 ≪古代①≫　次の文章を読んで，あとの問いに答えなさい。　　　　　　　　　（大谷中－大阪－）

《Ⅰ》　弥生時代の終わりごろには，各地のクニの王などの豪族が土を盛り上げた大きな墓にほうむられるようになっていたが，3世紀中ごろから後半になると，より大型の　A　などの古墳が西日本に出現した。

　　中国や朝鮮半島との活発な交渉の中で，大陸から多くの人々が海を渡って移り住み，自分たちの文化を伝えた。かれらは　B　と呼ばれ，さまざまな技術のほか，漢字による記録や外交文書などの作成，さらには儒教や仏教の知識をもたらし，その後の日本の文化に大きな影響を与えた。

(1)　文章中の空らん　A　には右図の写真のような形状の古墳の名称が入る。空らん　A　にあてはまる語句を答えなさい。（　　　　）

(2)　(1)の写真は大仙古墳（伝：仁徳天皇陵）である。大仙古墳がある都市名をア〜エから1つ選び，記号で答えなさい。

（　　　　）

　　ア．大阪市　　イ．奈良市　　ウ．西宮市　　エ．堺市

(3)　文章中の空らん　B　にあてはまる語句を答えなさい。

（　　　　）

《Ⅱ》　朝鮮半島では，7世紀半ばにC唐と新羅が協力して百済をほろぼした。倭と交流のあった百済が支援を求めたため，倭は朝鮮半島に大軍を送ったが，663年に　D　の戦いで唐と新羅の連合軍に敗れ，百済への支援は失敗に終わった。　D　の戦いで敗れた後，中大兄皇子は，唐や新羅の攻げきに備えて防衛政策を強化した。外交や軍事の拠点であるE大宰府を守るために水城を築き，大野城をはじめとする山城を西日本の各地に築いた。

　　律令国家の建設を目指して，701年に　F　が制定された。これは，天皇を頂点とする，唐にならった中央集権国家が整ったことを示すもので，「日本」という国号が正式に用いられるようになったのもこのころからであった。

(4)　下線部Cの唐王朝は618年から907年まで続いた中国の王朝である。唐が存在した年代に日本で起こった出来事をア〜エから1つ選び，記号で答えなさい。（　　　　）

　　ア．女性の推古天皇が即位した。

　　イ．蘇我馬子が対立を深めた物部氏をほろぼして権力をにぎった。

　　ウ．聖武天皇と光明皇后が鎮護国家思想に基づく政治を行った。

　　エ．浄土教の広まりを受けて，藤原頼通が現在の京都府宇治市に平等院鳳凰堂を建立した。

(5)　文章中の空らん　D　に入る語句を答えなさい。（　　　　）

(6)　下線部Eの大宰府の場所を次の地図中のア〜エから1つ選び，記号で答えなさい。（　　　　）

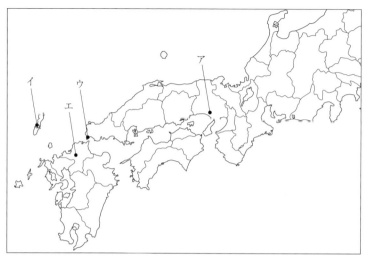

(7)　文章中の空らん　F　に入る語句を答えなさい。（　　　　）

《Ⅲ》　律令国家では，6年ごとに戸籍（こせき）がつくられた。戸籍（こせき）に基づいて，　　G　　があたえられた。口分田は売買できず，死亡すると回収された。このような制度を班田収授法という。

> 　人々は，種をまく時期に国家から稲（いね）を貸し付けられ，秋の収かく時に利息とともに返すこととされた。口分田には租が課せられ，収かくした稲（いね）の3％程度をおさめることとされ，主に災害時などの備えとして国ごとに貯蔵（ちょぞう）された。良民の成年男性には調・庸や雑徭も課せられた。これらのほか，良民の成人男性には兵役もあり，三人に一人の割合で兵士に徴（ちょう）発（はつ）され，軍団という国ごとに設置された軍隊で訓練を受けた。兵士の一部は，都の警備に当たる衛士や，九州沿岸の警備に当たる　H　として現地に派遣された。調・庸の運送や兵役は特に重い負担となったため，なかには逃亡（とうぼう）する者もいた。

(8)　文章中の空らん　G　に入る文をア～エから1つ選び，記号で答えなさい。（　　　　）
　　ア．20歳（さい）以上の人々には性別や身分にかかわらず全て同じ面積の口分田
　　イ．20歳（さい）以上の人々には性別や身分に応じて一定面積の口分田
　　ウ．6歳（さい）以上の人々には性別や身分にかかわらず全て同じ面積の口分田
　　エ．6歳（さい）以上の人々には性別や身分に応じて一定面積の口分田

(9)　文章中の空らん　H　に入る語句を答えなさい。（　　　　）

(10)　平安時代になると，人々の逃亡（とうぼう）や役人の不正によって，戸籍（こせき）や班田収授の制度はうまく機能しなくなり，調や庸の徴（ちょう）収（しゅう）も計画通りに進まなくなった。902年に作成された阿波国（あわ）（現在の徳島県）の戸籍（こせき）には計435人の名前が記されているが，男性は59人，女性は376人であったという。文章中の　　　　　で囲った部分を参考にして，なぜ戸籍（こせき）に女性が多くなったのかを解答らんにあわせて説明しなさい。

　　（女性の方が　　　　　　　　　　　　　　　　　　　　　　　　　　　　　　　　）

2 ≪古代②≫ 花子さんは，旅行に行きたい場所について調べ，カードにまとめました。以下のカードを見て，あとの問いに答えなさい。 （立命館宇治中）

A 平城京跡

710年，朝廷は平城京に都をおきました。北側中央にある宮殿には，天皇が住む場所のほかに，政治をおこなう役所がありました。貴族のやしきがおかれ，市も開かれました。当時，(a)都には全国から，たくさんの品物が運ばれました。

B 正倉院

756年に建てられ，(b)聖武天皇の遺品や唐の都であった長安からもたらされた沢山の宝物がおさめられています。宝物のなかには，インドやイランからシルクロードを通って運ばれてきたものもあります。

この建物は，(c)柱をつかわず，断面が台形や三角形の木材を組んで，壁面を構成する造りをしています。

C 平等院鳳凰堂

11世紀中ごろ，藤原道長の子である，（ X ）によって，この世に極楽浄土を再現するために建てられました。

この頃，仏教の教えが力を失って世の中が乱れるという考え方が広まりました。そのため，人びとは阿弥陀仏にすがり，極楽浄土に生まれ変わることを心の支えとする信仰がさかんになりました。

D 東大寺の南大門

752年に国の安泰をねがって建てられましたが，(d)源平の内乱のとき，大仏とおもな建物は平氏によって焼き討ちにあい，失われました。

その後，大仏は1185年に再建されました。南大門には，運慶・快慶らが制作した金剛力士像をみることができ，これまでにない力強さをもつ文化を感じることができます。

(1)　空欄（　X　）にあてはまる人物は，父の道長とともに藤原氏の全盛期を築きました。この人物の名前を漢字で答えなさい。（　　　　）

(2)　下線部(a)について，奈良時代の様子について述べた文A・Bの正誤の組み合わせとして正しいものを以下のア～エから一つ選び，記号で答えなさい。（　　　　）

A：奈良時代の農民は，麻の布でおさめる調や各地の特産品である庸をおさめ，防人として東北地方を3年交代で守った。

B：人口の増加や農民の逃亡で，口分田が不足したため，朝廷は新しく土地を開墾させることを目的として，743年に墾田永年私財法を出した。

ア　A―正　　　B―正　　　イ　A―正　　　B―誤　　　ウ　A―誤　　　B―正

エ　A―誤　　　B―誤

(3)　下線部(b)の人物がおこなった出来事について述べた文として正しいものを以下のア～エから一つ選び，記号で答えなさい。（　　　　）

ア　親しい関係であった百済を助けるために，朝鮮半島の白村江で唐と新羅の連合軍と戦った。

イ　皇位の継承権を得るために，壬申の乱で天智天皇の息子である大友皇子と戦い，勝利した。

ウ　天災や疫病が流行したため，国の平安を祈って，各地に国分寺と国分尼寺をつくらせた。

エ　東北地方の蝦夷を討つために，坂上田村麻呂を征夷大将軍に任命して派遣した。

(4)　下線部(c)について，古代から近世にかけての日本で建てられた伝統的な倉庫の建築様式の名称を答えなさい。（　　　　）

(5)　下線部(d)について，平氏が滅亡するまでのできごとア～エを年代の古い順から並べたとき，3番目にくるものを記号で答えなさい。（　　　　）

ア　保元の乱がおこる。　　　イ　平清盛が太政大臣となる。

ウ　源義経らが一ノ谷や屋島で平氏に勝利する。　　　エ　源頼朝と源義仲が兵をあげる。

3　≪近世①≫　次の会話文を読み，あとの問いに答えなさい。　　　　　　　　　　　　　（同志社香里中）

やえさん：「家康を初代とする徳川将軍家の徳川家広さんが（　1　）を訪れ，19代当主に就任することを神前に報告した。」と新聞に書いてあったわ。

じょう君：家広さんは（　1　）に神様としてまつられているご先祖の家康に報告したんだね。

やえさん：徳川家って①15代の徳川慶喜のあとも続いていたのね。

じょう君：16代の徳川家達と17代の家正は帝国議会で皇族や華族などからなる（　2　）の議長だったし，当主ではないけど徳川宗敬は1951年の（　3　）に関わったんだ。

やえさん：私たちが知らないだけなのね。家康の前の時代はどうだったのかしら。

じょう君：家康は，（　4　）の小さな大名の子として生まれたんだ。先祖は②源氏の流れをくむ③新田氏ともいわれているけど，よくわからないらしいよ。家康自身はおさない頃から苦労をしているしね。

やえさん：④「人の一生は重荷を負って遠き道をゆくが如し　いそぐべからず」は家康が残した言葉とも言われているわね。あなたもいろいろあるけど，がんばってね。

問1　文中（　1　）～（　4　）にあてはまる語を次よりそれぞれ選び，記号で答えなさい。

(1)(　　　)　(2)(　　　)　(3)(　　　)　(4)(　　　　)

（ 1 ）　あ．太宰府天満宮　　い．鶴岡八幡宮　　う．伊勢神宮　　え．日光東照宮

（ 2 ）　あ．参議院　　い．衆議院　　う．貴族院　　え．枢密院

（ 3 ）　あ．日中平和友好条約の調印　　　い．サンフランシスコ平和条約の調印

　　　　う．沖縄の日本への復帰　　　　　え．エルトゥールル号の救難活動

（ 4 ）　あ．三河　　い．近江　　う．駿河　　え．越後

問2　文中＿＿①〜④について，次の問いに答えなさい。

①　家康が幕府を開いてから慶喜の大政奉還までのおおよその年数を次より選び，記号で答えなさい。（　　　）

　　あ．180年　　い．200年　　う．260年　　え．320年

②　11世紀後半に東北地方でおこった反乱をしずめ，源氏が東国に勢力を広げるきっかけをつくった人物を次より選び，記号で答えなさい。（　　　）

　　あ．源頼朝　　い．源義家　　う．源義経　　え．源義仲

③　1333年，新田氏が足利氏らとともに倒した鎌倉幕府の執権一族を次より選び，記号で答えなさい。（　　　）

　　あ．上杉氏　　い．北条氏　　う．毛利氏　　え．伊達氏

④　家康の一生について述べた文のうちまちがっているものを次より選び，記号で答えなさい。

（　　　）

　　あ．織田氏とともに武田氏をやぶった

　　い．子の秀忠に将軍職をゆずった

　　う．今川氏の人質になった

　　え．鎖国を完成させた

4　《近世②》　江戸時代の文化について，次の文章を読み，あとの問いに答えなさい。（関西創価中）

　江戸時代の中ごろから，江戸，京都，大阪や各地の城下町の芝居小屋は，いつも大勢の人でにぎわっており，人々にとって大きな楽しみでした。

　人々の人気を集めた人形浄瑠璃や（ ① ）の作者である（ A ）は，歴史上の物語や実際に起こった事件を題材にして，さまざまな変化に富んだ約150編の脚本を書きました。また，当時の世の中や人々の様子を描いた（ ② ）も，人々の楽しみの一つでした。

　江戸に生まれた（ B ）が，東海道の名所風景を描いた作品「 ③ 」は，当時から大人気となり，大量に刷られ民衆の間で広まりました。

　（ C ）は，測量技術の高さを幕府に認められ，日本全国の地図を作りました。その後，その地図は正確な日本地図として，100年以上も使われ続けました。

(1)　（ ① ）〜（ ③ ）に当てはまる語句を答えなさい。①(　　　)　②(　　　)　③(　　　)

(2)　（ A ）〜（ C ）に当てはまる人物を語群ア〜エから，またその人物と関係のある資料を1〜4から選び，それぞれ記号で答えなさい。

　　A　人物(　　)　資料(　　)　B　人物(　　)　資料(　　)

　　C　人物(　　　)　資料(　　　)

【語群】

　ア．歌川広重　　イ．葛飾北斎　　ウ．伊能忠敬　　エ．近松門左衛門

1

2

3

4

(3)　このような文化が発展した理由を，次の語句を用いて説明しなさい。

　　(　　　　　　　　　　　　　　　　　　　　　　　　　　　　　　　　　)

【平和　　商業　　庶民】

5　≪古代～近世①≫　次のA～Eの文章を読み，問いに答えなさい。　　　　　(武庫川女子大附中)

A　a聖徳太子が(　1　)氏とともに，天皇中心の新しい国づくりを進めていくときに，わたしは b中国に使節として派遣されました。聖徳太子は，中国と対等な関係を結ぼうとしました。

B　わたしは，c仏教の教えを正しく広めてほしいという，聖武天皇のたのみにこたえて，何度も失敗しながら日本にやってきました。その後，奈良に(　2　)寺を建て仏教の教えを広めました。

C　わたしは，京都にある寺で修行をしていました。その後，絵を学ぶために中国にわたりました。帰国後は全国を旅しながら絵をかき，独自のd水墨画をうちたてようとしました。

D　わたしは，キリスト教を広めるため，日本に来ました。鹿児島に上陸し，e西日本をまわりながら布教をしました。わたしが日本を離れた後，f南蛮貿易がおおいに栄えました。

E　わたしは，アメリカ合衆国の使者として，g琉球などに立ち寄り，日本に来ました。その次の年にもう一度日本を訪れて，h江戸幕府に開国を迫り，(　3　)条約を結ぶことに成功しました。

問1　A～Eの人物を次からそれぞれ1つ選び，記号で答えなさい。

　　A(　　)　B(　　)　C(　　)　D(　　)　E(　　)

　　ア　行基　　イ　ザビエル　　ウ　歌川広重　　エ　鑑真　　　オ　バリニャーノ

　　カ　雪舟　　キ　小野妹子　　ク　マゼラン　　ケ　中臣鎌足　　コ　ペリー

問2　文章中の(　1　)～(　3　)にあてはまることばをそれぞれ答えなさい。

　　1(　　　)　2(　　　)　3(　　　)

問3　下線ａについて。聖徳太子について説明した文章としてあてはまるものを次から１つ選び，記号で答えなさい。（　　　）

ア　仏教をあつく信仰し，延暦寺を建てた。

イ　国を治めるための律令を定めた。

ウ　税や土地の制度を定めた十七条の憲法をつくった。

エ　能力や功績で役人を選ぶ冠位十二階の制度を整えた。

問4　下線ｂについて。このときの中国の王朝の名前を次から１つ選び，記号で答えなさい。

（　　　）

ア　元　イ　隋　ウ　清　エ　唐

問5　下線ｃについて。聖武天皇は，仏教の力を使って国を治めようとして，国ごとに何をつくらせましたか。（　　　）

問6　下線ｄについて。室町時代の中ごろから，ふすまやかけじくに水墨画がえがかれるようになりました。この時代から広まった現在の和室につながる部屋のつくりを何といいますか。次から１つ選び，記号で答えなさい。（　　　）

ア　校倉造　イ　合掌造　ウ　寝殿造　エ　書院造

問7　下線ｅについて。Ｄの人物が訪れた都市のうち，外国と貿易を行い，鉄砲の産地としても知られた都市を次から１つ選び，記号で答えなさい。（　　　）

ア　神戸　イ　博多　ウ　堺　エ　長崎

問8　下線ｆについて。Ｄの人物が日本に来てから，南蛮貿易で日本が取り引きをした国を次から2つ選び，記号で答えなさい。（　　　）（　　　）

ア　アメリカ　イ　イギリス　ウ　スペイン　エ　ポルトガル

問9　下線ｇについて。琉球を現在の都道府県名で答えなさい。（　　　）

問10　下線ｈについて。江戸幕府が行ったことを説明した文章としてあてはまらないものを次から１つ選び，記号で答えなさい。（　　　）

ア　青木昆陽にオランダ語を学ぶことを命じた。

イ　中国と国交を回復させ，中国から通信使が来ることになった。

ウ　日本人が外国に行くことを禁止し，貿易を制限した。

エ　九州で一揆を起こしたキリスト教の信者たちを武力でしずめた。

6　≪古代～近世②≫　次のＡ～Ｆの文を読んで，あとの問いに答えなさい。　（初芝富田林中）

Ａ　7世紀前半，蘇我氏が天皇をしのぐほどの勢力をもつようになると，（　①　）と中臣鎌足は，645年に蘇我氏をたおし，中国（唐）から帰国した留学生や留学僧らとともに，ａ天皇を中心とする国づくりを始めた。

Ｂ　平安時代には，朝廷の政治を一部の有力な貴族が動かすようになった。（　②　）は，むすめを天皇の后_{きさき}にして天皇とのつながりを強くして大きな力をもち，ｂ世の中のすべてが自分の思い通りになっているという意味の歌をよんだ。

Ｃ　鎌倉時代の1221年，朝廷は幕府をたおす命令を全国に出した。しかし，鎌倉に幕府を開いた源

頼朝の妻であった（　③　）が，御家人たちに頼朝の「ご恩」を説き，団結をうったえると，御家人たちは京都に攻め上り，朝廷の軍を破った。

D　京都に幕府が開かれた室町時代には，c 日本の伝統文化として現在にも受けつがれている文化が栄えた。しかし，銀閣を建てた8代将軍の（　④　）の時代には，将軍のあとつぎなどをめぐって，11年間にもおよぶ大きな戦乱がおこった。

E　尾張（愛知県）の身分の低い武士の子として生まれた（　⑤　）は，朝廷から関白に命じられ，四国や九州，関東，東北の戦国大名や，一向宗などの仏教勢力をおさえ，天下統一を成しとげた。

F　d 江戸時代の後半，大きな飢饉が何度かおこり，物価も大きく上がった。元大阪の役人だった（　⑥　）は，人々を救おうとしない役人たちを批判し，1837年に大阪で反乱をおこしたが，失敗した。

問1　Aの文中の（　①　）にあてはまる人物名を答えなさい。（　　　　　）

問2　Aの文中の下線部aに関して，この国づくりの内容として正しいものを，次のア～エのうちから一つ選び，記号で答えなさい。（　　　　）

　ア．大仙古墳をはじめとした大きな前方後円墳をつくった。

　イ．冠位十二階や十七条の憲法を定めた。

　ウ．豪族が支配していた土地や人々を国のものとした。

　エ．東大寺と大仏をつくった。

問3　Bの文中の（　②　）にあてはまる人物として正しいものを，次のア～エのうちから一つ選び，記号で答えなさい。（　　　　）

　ア．菅原道真　　イ．藤原道長　　ウ．藤原頼通　　エ．平清盛

問4　Bの文中の下線部bに関して，この歌にあたるものを，次のア～エのうちから一つ選び，記号で答えなさい。（　　　　）

　ア．「この世をば　わが世とぞ思ふ　もち月の　かけたることも　なしと思へば」

　イ．「東風吹かば　にほひをこせよ　梅の花　主 なしとて　春を忘るな」

　ウ．「天の原　ふりさけ見れば　春日なる　三笠の山に　出でし月かも」

　エ．「ちはやぶる　神代も聞かず　竜田川　からくれなゐに　水くくるとは」

問5　Cの文中の（　③　）にあてはまる人物名を答えなさい。（　　　　　）

問6　Cの文で説明されているできごととして正しいものを，次のア～エのうちから一つ選び，記号で答えなさい。（　　　　）

　ア．応仁の乱　　イ．平治の乱　　ウ．保元の乱　　エ．承久の乱

問7　Dの文中の（　④　）にあてはまる人物として正しいものを，次のア～エのうちから一つ選び，記号で答えなさい。（　　　　）

　ア．足利尊氏　　イ．足利義昭　　ウ．足利義政　　エ．足利義満

問8　Dの文中の下線部cに関して，この時代の文化について述べた文として誤っているものを，次のア～エのうちから一つ選び，記号で答えなさい。（　　　　）

　ア．近松門左衛門が人形浄瑠璃の脚本を書いた。

　イ．雪舟が日本の水墨画を大成した。

ウ．観阿弥・世阿弥の父子によって能が大成された。

エ．茶の湯が広まり，生け花もさかんになった。

問9　Eの文中の（　⑤　）にあてはまる人物として正しいものを，次のア〜エのうちから一つ選び，記号で答えなさい。（　　　）

ア．織田信長　　イ．豊臣秀吉　　ウ．徳川家康　　エ．明智光秀

問10　Eの文中の（　⑤　）の人物がおこなったこととして**誤っているもの**を，次のア〜エのうちから一つ選び，記号で答えなさい。（　　　）

ア．大阪城を築いて政治の拠点（きょてん）とした。

イ．田畑の広さや耕作者などを調べる検地と，百姓から刀や鉄砲（てっぽう）などの武器を取り上げる刀狩をおこなった。

ウ．中国（明）を征服（せいふく）しようと，2度にわたって朝鮮に大軍を送った。

エ．安土の城下町で，だれでも商売ができる楽市・楽座をおこなった。

問11　Fの文中の（　⑥　）にあてはまる人物名を答えなさい。（　　　　）

問12　Fの文中の下線部dに関して，江戸時代のできごとについて述べた次の文Ⅰ〜Ⅲについて，古いものから年代順に正しくならべたものを，下のア〜カのうちから一つ選び，記号で答えなさい。

（　　　）

Ⅰ　島原・天草一揆がおこる。

Ⅱ　武家諸法度が定められる。

Ⅲ　本居宣長が『古事記伝』をあらわす。

　ア．Ⅰ—Ⅱ—Ⅲ　　イ．Ⅰ—Ⅲ—Ⅱ　　ウ．Ⅱ—Ⅰ—Ⅲ　　エ．Ⅱ—Ⅲ—Ⅰ

　オ．Ⅲ—Ⅰ—Ⅱ　　カ．Ⅲ—Ⅱ—Ⅰ

---

⑦　**≪古代〜近世③≫**　ゆいさんのクラスでは，それぞれの時代の特色についての調べ学習を行いました。次のA〜Eは，その学習内容をまとめたカードです。これを読んで，あとの問1〜問7に答えなさい。

(近大附和歌山中)

A	①弥生時代には，米づくりを基礎とする社会が日本列島に生まれました。佐賀県の②吉野ケ里遺跡（よしのがりいせき）は，この時代の代表的な遺跡です。
B	京都に幕府がおかれ，貴族文化と武家文化がまじりあった文化が生まれました。その文化は，応仁（おうにん）の乱によって地方へも広がっていきました。
C	中国にならって新しくつくられた法律によって，天皇を中心として全国を支配するしくみが整えられ，人々はさまざまな③税や兵役などを負担しました。
D	漢字から「かな文字」がつくられたことによって，日本人独自の感情が自由に表現されるようになり，④日本風の文化が栄えました。

| E | 江戸時代は，幕府が大名をしたがえ，⑤鎖国（さこく）とよばれる政策を行いました。 |

問1　下線部①について，弥生時代について説明した文として**誤っているもの**を，次のア～エのうちから一つ選びなさい。（　　　）

　　ア　収穫（しゅうかく）した米は高床倉庫（たかゆかそうこ）に保管された。

　　イ　模様が少なく，うすくてかたい土器が使用された。

　　ウ　鉄器が武器や農具として使用された。

　　エ　はにわをつくり，豊作を願った。

問2　下線部②について，次の図1・2は，復元された吉野ケ里遺跡のものです。集落が堀やさくで囲まれている理由を，20字以内で説明しなさい。 ｜｜｜｜｜｜｜｜｜｜｜｜｜｜｜｜｜｜｜｜

【図1】

【図2】

問3　下線部③について，Cの時代の税について説明した文として**誤っているもの**を，次のア～エのうちから一つ選びなさい。（　　　）

　　ア　織物や地方の特産物を納めた。　　イ　年間に10日間都で働くか，布を納めた。

　　ウ　稲の収穫高の約3％を納めた。　　エ　検地によって決められたお金を納めた。

問4　下線部④について，Dの時代の文化にあてはまる人物として正しいものを，次のア～エのうちから一つ選びなさい。（　　　）

　　ア　雪舟　　イ　歌川広重　　ウ　千利休　　エ　清少納言

問5　下線部⑤について，江戸幕府が鎖国を行った理由を，20字以内で説明しなさい。

　　　　｜｜｜｜｜｜｜｜｜｜｜｜｜｜｜｜｜｜｜｜

問6　右の図3は，足利義政が将軍の時代に建てられたものです。この建物が建てられた時代として正しいものを，A～Eのうちから一つ選びなさい。（　　　）

【図3】

問7　A～Eのカードを，時代順に並べかえなさい。ただし，はじめはA，終わりはEとします。

　　　　　　　　　　　　（ A →　　　→　　　→　　　→ E ）

8 ≪年表で見る歴史≫ 右の年表を見て，各問い
に答えなさい。 （京都橘中）

年代	できごと
約1万年前〜	土器の使用がはじまる……………A
239	倭の女王が中国に使者を送る……B
710	都が平城京に移される……………C
1016	藤原道長が摂政となる……………D
1205	北条義時が執権となる……………E
1338	足利尊氏が征夷大将軍となる……F
1841	水野忠邦が改革を開始する………G

(1) 年表中のAの縄文時代について各問いに答
えなさい。

問1 縄文時代について説明した文として
もっとも適切なものを，次のア〜エから1
つ選び，記号で答えなさい。（　　　）

ア イノシシなどの中小動物を狩るために弓矢が用いられた。

イ 朝鮮半島から伝わった薄手の土器がつくられた。

ウ 大陸から仏教が伝わり，寺院が作られ始めた。

エ 水田を用いた稲作が始まり，木製農具が用いられた。

問2 縄文時代の遺跡としてもっとも適切なものを，次のア〜エから1つ選び，記号で答えな
さい。（　　　）

ア 吉野ケ里遺跡　　イ 野尻湖遺跡　　ウ 大森貝塚　　エ 稲荷山古墳

(2) 年表中のBについて，この時の中国の王朝名としてもっとも適切なものを，次のア〜エから1
つ選び，記号で答えなさい。（　　　）

ア 隋　　イ 後漢　　ウ 前漢　　エ 魏

(3) 年表中のCに関連して，奈良時代について述べた文として誤っているものを，次のア〜エから
1つ選び，記号で答えなさい。（　　　）

ア 東大寺に大仏がつくられた。　　イ 中大兄皇子らが蘇我入鹿をたおした。

ウ 『古事記』が編纂された。　　エ 墾田永年私財法が出された。

(4) 年表中のDについて各問いに答えなさい。

問1 次の資料は藤原氏と天皇家の関係図です。この資料を参考にして，藤原摂関家についての
説明としてもっとも適切なものを，後のア〜エから1つ選び，記号で答えなさい。（資料中の数
字は天皇の即位順をあらわしています。）（　　　）

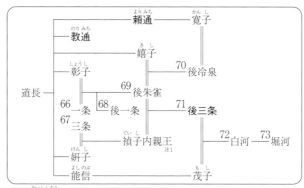

注1 内親王：女性皇族の呼称の1つで，天皇の子女および姉妹
（『新詳日本史』（浜島書店）より作成）

ア 平等院鳳凰堂を建てた人物は，道長の孫であることがわかる。

イ 院政を始めた上皇は，道長の孫であることがわかる。

　　ウ　道長の娘3人は，すべて天皇の母となっていることがわかる。

　　エ　道長は，3人の天皇の祖父であったことがわかる。

　問2　この時代の宗教や文化を説明した文としてもっとも適切なものを，次のア～エから1つ選び，記号で答えなさい。（　　　）

　　ア　天智天皇が『古今和歌集』の編集を命じた。

　　イ　道元が真言宗を開いて，日本に密教を伝えた。

　　ウ　清少納言が『源氏物語』を著した。

　　エ　浄土教が広まり，多くの阿弥陀堂が建てられた。

(5)　年表中のＥに関連して，北条氏による執権政治がおこなわれていたころについての説明としてもっとも適切なものを，次のア～エから1つ選び，記号で答えなさい。（　　　）

　　ア　日宋貿易を開始した。　　　　イ　壇ノ浦の戦いで平氏が滅亡した。

　　ウ　平将門が反乱をおこした。　　エ　御成敗式目を制定した。

(6)　年表中のＦに関連して，室町時代に関する建築物や美術として誤っているものを，次のア～エから1つ選び，記号で答えなさい。（　　　）

ア　　イ　　ウ　　エ

(7)　年表中のＧに関連して，水野忠邦が改革をおこなったきっかけとおこなった政策を説明するために3枚のカードを作成しました。次のa～dの文のうち，ＸとＹに入る文の組み合わせとしてもっとも適切なものを，下のア～エから1つ選び，記号で答えなさい。（　　　）

　a　天保の飢饉がおこった。

　b　享保の飢饉がおこった。

　c　江戸幕府は，農民が江戸に出稼ぎに来るのを禁じ，江戸に出てきている農民を村に帰らせた。

　d　江戸幕府は，大名の参勤交代を一時ゆるめるかわりに幕府に米を献上させた。

　　ア　Ｘ―a　　　Ｙ―c　　　イ　Ｘ―a　　　Ｙ―d　　　ウ　Ｘ―b　　　Ｙ―c

　　エ　Ｘ―b　　　Ｙ―d

⑨ ≪大阪城をめぐる会話から≫　次の会話文は，社会科見学で大阪城を訪れた時の会話である。これを読んで，あとの各問いに答えなさい。

(東海大付大阪仰星高中等部)

渡邊くん：大阪城の最上階ってとても眺_{なが}めのいいところだね。

川田さん：そうだよね。南を見ると通天閣やあべのハルカスがよく見えるね。あの近くに①四天王寺があるよね。

渡邊くん：あれ，お城の南側に大きな広場のようなところがあるけれど，あれは何だろう。

黒田先生：あれはね，難波宮_{なにわのみや}という②飛鳥時代の都の中心があったところだよ。大化の改新で有名な③中大兄皇子が中心となって造営された都といわれているよ。

川田さん：④大化の改新といえば，蘇我氏を打倒して政治を刷新_{さっしん}し，公地公民という新たな制度を始めた改革ですよね。

黒田先生：よく勉強しているね。その通りです。

渡邊くん：先生，東側に見える山は生駒山地ですよね。

黒田先生：そうだね。あの山地の向こう側にも都がつくられていたよね。

川田さん：710年に聖武天皇の命令でつくられた⑤平城京です。

黒田先生：平城京がつくられた頃には，都と地方を結ぶ道が整備されていたよ。もちろん大阪と奈良も結ばれていたけれど，この道以外に大阪と奈良を結んでいたものって何かわかるかな。

渡邊くん：当時はまだ飛行機はないしなあ…。

川田さん：川だと思います。大阪市と堺市の間を流れている大和川は奈良から流れてきているから。

黒田先生：その通り。大阪と奈良は大和川や淀川に合流する木津川とで結ばれていたと考えられ，さまざまな物資が川を通って都にもたらされていたんだ。

渡邊くん：では，⑥平安京とは淀川で結ばれていたということになりますね。

川田さん：そういえば，この大阪城はお寺のあと地に建てられたと聞いたことがあるんですが。

黒田先生：よく知っていましたね。その通りです。石山本願寺というお寺がもともとここにはありました。石山本願寺は⑦浄土真宗のお寺で，戦国時代には⑧織田信長とも対立したことで有名なお寺です。

川田さん：⑨一向一揆ですね。

黒田先生：そうですね。激しい戦いがこの大阪の地でもおこなわれていたようです。その後，⑩豊臣秀吉によって，石山本願寺のあと地に大阪城が築城されました。

渡邊くん：現在の天守閣は⑪徳川家康の時代のものがモデルになっているんですよね。

川田さん：豊臣秀吉の時代の天守閣の石垣が，現在の天守閣よりも南側にあって発掘調査がおこなわれているみたいですね。

黒田先生：そうですね。まもなく一般公開されて，当時の様子などがわかるようになります。また新たな歴史の姿が見えてくるかもしれませんね。

問1．下線部①について，この寺院は聖徳太子が建てたものと伝えられている。同じように聖徳太子が建てたとされる寺院として，正しいものを1つ選び記号で答えなさい。（　　　　）

　(ア) 唐招提寺　　(イ) 東大寺　　(ウ) 法隆寺　　(エ) 薬師寺

問2．下線部②について，この時代の説明として，正しいものを1つ選び記号で答えなさい。

（　　　　）

⑺　聖徳太子が冠位十二階をつくり，家柄に関係なく能力のある者を取り立てることができる制度を定めた。

⑷　聖徳太子が十七条の憲法をつくり，豪族だけでなくすべての人々が守るべき規則を定めた。

⑼　中大兄皇子が大宝律令をつくり，国の政治のしくみや税の種類，さらに刑罰について定めた。

⑾　中大兄皇子が遣隋使を派遣し，中国の政治のしくみや税の制度などを小野妹子らに学ばせた。

問3．下線部③について，この人物はのちに天皇に即位するが，その時の名前として，正しいものを1つ選び記号で答えなさい。（　　　　）

⑺　天武天皇　　⑷　推古天皇　　⑼　天智天皇　　⑾　桓武天皇

問4．下線部④について，この政治改革の中心となった人物として，正しいものを1つ選び記号で答えなさい。（　　　　）

⑺　阿倍仲麻呂　　⑷　中臣鎌足　　⑼　菅原道真　　⑾　坂上田村麻呂

問5．下線部⑤について，平城京の略地図として，正しいものを1つ選び記号で答えなさい。

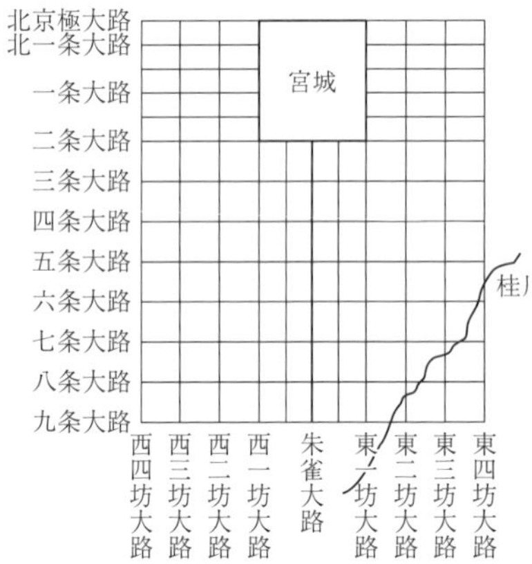

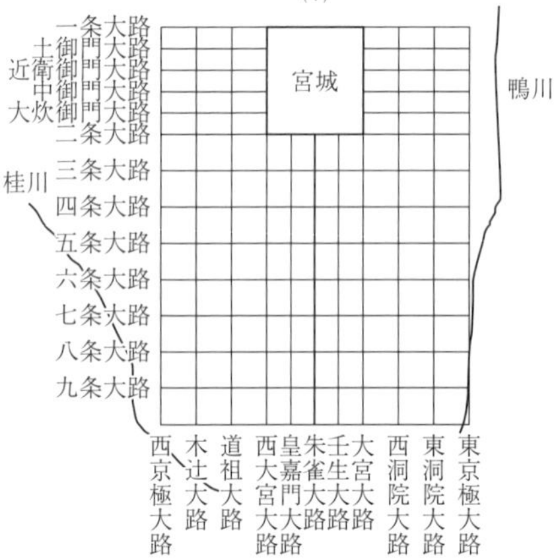

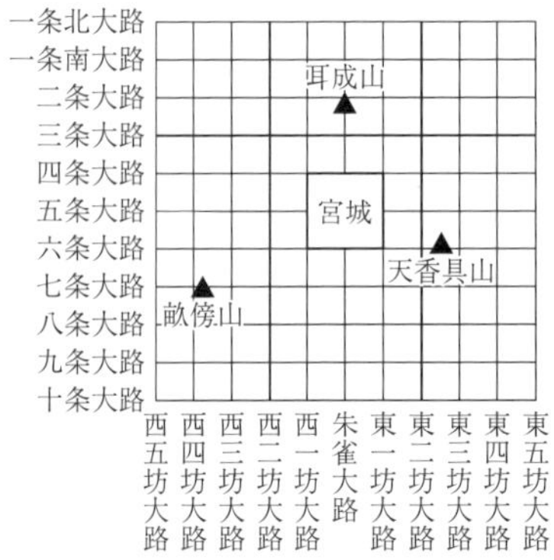

（　　　　）

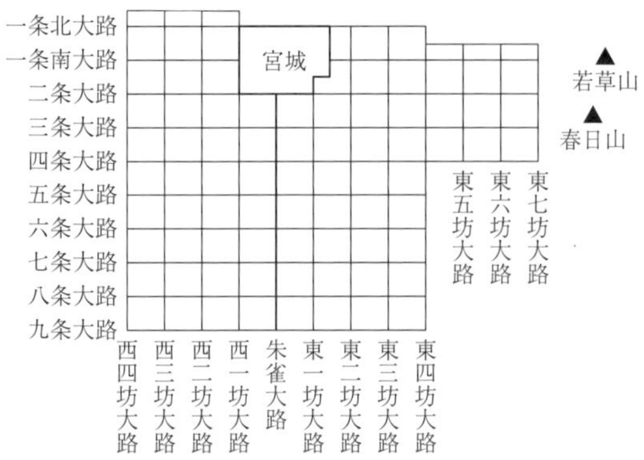

問6．下線部⑥について，この都に関するできごとの説明として，あやまっているものを1つ選び記号で答えなさい。（　　　　）

　（ア）　天皇のあと継ぎ問題が原因となり，壬申の乱が発生した。

　（イ）　院政の主導権争いが原因となり，保元の乱が発生した。

　（ウ）　承久の乱で上皇方が敗れ，幕府の役所である六波羅探題がおかれた。

　（エ）　将軍のあと継ぎ問題が原因となり，応仁の乱が発生した。

問7．下線部⑦について，この宗派を開いた人物を答えなさい。（　　　　）

問8．下線部⑧について，以下の〔1〕・〔2〕の設問に答えなさい。

〔1〕　この人物が現在の滋賀県に建てた城を何というか漢字で答えなさい。（　　　　）

〔2〕　この人物に関するできごとの説明として，正しいものを1つ選び記号で答えなさい。

（　　　　）

　（ア）　この人物は，桶狭間の戦いで鉄砲を用いて武田軍を破った。

　（イ）　この人物は，比叡山を焼き打ちにするなど，すべての宗教を否定した。

　（ウ）　この人物は，関所を廃止して自由に通行できるようにした。

　（エ）　この人物は，座をつくることで特定の商人に商売をさせるようにした。

問9．下線部⑨について，約1世紀にわたり，この一揆によって治められていた地域の現在の県名
　　として，正しいものを1つ選び，記号で答えなさい。（　　　　）

　（ア）　石川県　　（イ）　愛知県　　（ウ）　奈良県　　（エ）　長野県

問10．下線部⑩について，以下の〔1〕・〔2〕の設問に答えなさい。

〔1〕　次の図は，この人物がおこなった政策をあらわしたものである。この政策を何というか漢
　　字で答えなさい。（　　　　）

〔2〕　次の文章は，この人物がおこなった刀狩の命令文を現代語訳したものである。この内容か
　　ら読み取れることとして，あやまっているものを1つ選び記号で答えなさい。（　　　　）

　一　諸国の百姓が刀・脇指・弓・槍・鉄砲その他の武器を所持することを厳禁する。その理由
　　は，不要な武器を持てば，年貢・雑税を出ししぶり，おのずから一揆を企てることにもなる。
　　その結果，領主に対して不法な行為をなす者があれば当然処罰される。そうなれば，その所
　　の田畑は耕作されなくなり，土地が無駄になってしまう。従って，大名・領主・代官らの責
　　任において武器を全て没収して差し出せ。

　一　取り集めた刀・脇指は無駄にするのではない。今度，京都方広寺の大仏を建立する釘・か
　　すがいに使用するのである。そうすれば，現世はもちろん来世までも百姓は助かることに
　　なる。

　一　百姓は農具さえもって耕作に専念しておれば子孫末代まで幸せなのである。秀吉公はこ

のように百姓のことを思って命令された。まことに国土安全，万民安楽の基になるものである。……百姓たちはこの趣旨をよく承知して農耕・養蚕に精を出すようにせよ。

　右の通り，武器類は必ず取り集めて差し出すようにせよ。

(ア)　この命令は，農民に一揆をおこさせないために出された。

(イ)　この命令は，大仏を建立するための資材を集めるために出された。

(ウ)　この命令は，武士たちの生活を豊かにするために出された。

(エ)　この命令は，農民に農耕・養蚕に専念させるために出された。

問11．下線部⑪について，以下の〔1〕〜〔3〕の設問に答えなさい。

〔1〕　この人物が下線部⑩の死後，政治の実権を握ることになった現在の岐阜県でおこった戦いを何というか答えなさい。（　　　　　の戦い）

〔2〕　この人物がある役職に就任することで，幕府が開かれた。この役職を何というか漢字で答えなさい。☐☐☐☐

〔3〕　この人物が開いた幕府が制定した，大名が守るべききまりとして，正しいものを1つ選び，記号で答えなさい。（　　　　）

(ア)　御成敗式目　　(イ)　武家諸法度　　(ウ)　五箇条の御誓文　　(エ)　公事方御定書

10　《最新の入試問題から》　次の表は，6つの異なる時代の様子やできごとをまとめたものです。この表について，あとの問いに答えなさい。

(立命館守山中)

A	壬申の乱に勝利した大海人皇子は ☐ a ☐ 天皇となり，天皇を中心とする政治のしくみをつくり上げていった。この天皇のころに，b 日本で最初の貨幣もつくられた。
B	口分田の不足を補うため，人々に開墾をすすめる墾田永年私財法が出された。この法令により，土地の私有が認められるようになり，☐ c ☐ の原則がくずれた。
C	平治の乱に勝利したd 平 清盛は，武士として初めて太 政 大臣となり，一族で高い位を独占した。また，中 国との貿易に目をつけ，航路やe 港を整備して大きな利益を得た。
D	北 条 泰時は，連署や評 定 衆のしくみを定め，合議制にもとづく政治を行った。また，それまでの武家社会の慣習をまとめた ☐ f ☐ を制定した。
E	足利義満は，南北朝の合一を達成して g 約60年間続いた戦乱を終わらせた。また，朝 廷が持っていた権限をしだいに吸収し，幕府の力を強化していった。
F	田沼意次は，商工業者に ☐ h ☐ の結成をすすめ，営業の独占を許すかわりに税を納めさせて幕府の収入を増やそうとした。この政策は，一部から賄賂政治と批判された。

問1　表中の ☐ a ☐ にあてはまる天皇の名前を答えなさい。（　　　　）

問2　表中の下線部 b について，これにあてはまる貨幣の写真を，次のア〜エから1つ選び，記号で答えなさい。（　　　　）

　　ア　　　　　　　イ　　　　　　　ウ　　　　　　　エ

問3　表中の　c　にあてはまる語句を，漢字4字で答えなさい。□□□□

問4　表中のBの時代について，この時代の農民の様子について説明した文として正しいものを，次のア～エから1つ選び，記号で答えなさい。（　　　）

ア　布や特産物を納める庸や調などの税のほか，労役や兵役の義務も課せられたので生活は苦しかった。

イ　有力な農民は庄屋（名主）や組頭，百姓代などの村役人になり，村の自治を行うとともに年貢を集めて領主に納めた。

ウ　地頭からきびしい支配を受けたため生活は苦しく，団結して荘園領主にうったえたり，集団で逃亡する農民もあった。

エ　全国規模の検地によって，農民は自分の田畑を耕作する権利が認められたが，そのとれ高などに応じて，年貢を納める義務が課された。

問5　政治の実権をにぎるために，藤原道長と表中の下線部dが行ったことには共通点があります。次の資料を参考に，その共通点を簡単に説明しなさい。

（　　　　　　　　　　　　　　　　　　　　　　　　　　　　　　　　　　）

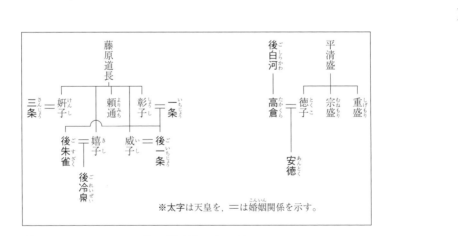

※太字は天皇を，＝は婚姻関係を示す。

問6　表中の下線部eについて，この港の場所を，右の地図中のア～エから1つ選び，記号で答えなさい。

（　　　）

問7　表中の　f　は，51か条から成り，朝廷の律令とは別の独自のもので，その後，長らく武士の法令の手本とされました。この法令名を答えなさい。（　　　）

問8　表中のDの時代には，わかりやすく，実行しやすい仏教の教えが広まりました。この時代の仏教について説明した文として正しいものを，次のア～エから1つ選び，記号で答えなさい。

（　　）

ア　日蓮は，阿弥陀仏を信じ，念仏をとなえれば死後は平等に極楽浄土に往生できるという教えを広めた。

イ　一遍は，すべての人が救われるという念仏の教えを説き，念仏の札を配ったり，踊念仏によってその教えを広めた。

ウ　法然は，煩悩の深い人（「悪人」）こそが，阿弥陀仏によって救われると説き，この教えは農民や地方の武士に広がった。

エ　親鸞は，みずからを鍛錬することによってのみ悟りが得られると説き，ただひたすらに座禅をすることを主張した。

問9　表中の下線部gについて，この戦乱は後醍醐天皇が　X　に失敗し，京都から吉野に逃れたことをきっかけの1つとして始まりました。　X　にあてはまる語句を答えなさい。（　　　　）

問10　表中のEの時代につくられた建築物として正しいものを，次のア～エから1つ選び，記号で答えなさい。（　　　）

ア

イ

ウ

エ

問11　表中の　h　にあてはまる，商工業者の同業者組合を何といいますか，答えなさい。

（　　　　）

問12　次のア～エの各文は，表中のFの時代におこったできごとについて述べたものです。これらをおこった年代の古い順に並べかえ，記号で答えなさい。（　　→　　→　　→　　）

ア　松平定信が，幕府の学問所で朱子学以外の講義を禁止した。

イ　徳川綱吉が，すべての動物の殺生を禁止する生類憐みの令を出した。

ウ　新井白石が，金銀の海外への流失を防ぐため長崎での貿易を制限した。

エ　徳川吉宗が，人々の意見を政治に生かすため目安箱を設置した。

1 ≪近代①≫　次の文章を読んで，あとの問1〜問11に答えなさい。　　　　（大阪薫英女中）

〈A〉　江戸時代の後期である1853年，アメリカ合衆国のペリーは4せきの軍艦を率いて浦賀にあらわれました。そして，大統領の手紙を渡して日本に開国を求めると，江戸幕府は国際的な状況を考え，翌1854年に（　1　）条約を結んで国交をひらきました。また，1858年にはアメリカのさらなる要求にこたえ，（　2　）条約を結んで外国との貿易がはじまりました。外国との貿易がはじまると日本国内での物価が上昇し，町人や下級武士の生活が苦しくなり，人々の不満が高まりました。

〈B〉　1868年，江戸幕府に代わって天皇を中心とした政府がつくられました。明治政府は政治の方針として（　3　）を発表し，首都も東京に改めました。この政府の中心となったのは，薩摩藩出身の大久保利通や長州藩出身の木戸孝允など薩摩・長州を中心とした人たちでした。まず，藩を廃して県を置き，各県には政府の役人を送り込む廃藩置県をおこない，身分制度をあらためて四民平等とするなど，江戸時代の政治を大きく変更する様々な改革をおこないました。税の制度も江戸時代のものをあらため，土地の価格の3％を現金で納めるという（　4　）がはじまりました。

〈C〉　明治政府は近代的な産業をおこすために，国の費用で外国から機械を買い入れ，製糸業や兵器工場などの官営工場をつくりました。その代表的なものが，1872年に群馬県につくられた（　5　）です。こうして，明治政府は様々な分野で外国から技術者や学者を招き，進んだ技術や知識を学びました。このことを（　6　）といいます。そして，明治政府はこの（　6　）を成功させ，ヨーロッパの強国に追いつくために強い軍隊を持つこと〈富国強兵〉に力を入れました。

〈D〉　明治維新からしばらくすると，政府に不満を持つ武士たちを中心に政府に対する反乱がおこるようになってきました。その最大のものが西郷隆盛を中心とした（　7　）です。武力による反乱以外にも，言論によって政府に対抗する自由民権運動が各地で広まっていきました。その中心となったのが土佐藩出身の（　8　）です。彼は，国会をひらき，ひろく国民の意見を聞いて政治を進めるべきだと主張しました。

〈E〉　明治政府が解決しなければいけない課題としていたのが，江戸時代に結ばれた不平等条約の改正でした。とくに外国に“（　9　）を認める”という内容は，1886年におきたノルマントン号事件によって大きな問題であると日本全体が認識することとなりました。その後，外国とねばり強い交渉をおこない，1894年に外務大臣の（　10　）はイギリスとの条約で（　9　）をなくすことに成功しました。

問1　文〈A〉〜〈E〉の空欄（　1　）〜（　10　）に当てはまる語句を，次の語群(ア)〜(ト)のなかから，それぞれ1つずつ選び，記号で答えなさい。

(1)(　　　)　(2)(　　　)　(3)(　　　)　(4)(　　　)　(5)(　　　)　(6)(　　　)　(7)(　　　)

(8)(　　　)　(9)(　　　)　(10)(　　　)

〈語群〉

(ア)　殖産興業　　(イ)　伊藤博文　　(ウ)　五箇条の御誓文　　(エ)　板垣退助　　(オ)　治安維持法

(カ)　地租改正　　(キ)　日清戦争　　(ク)　普通選挙　　(ケ)　日米和親　　(コ)　平塚らいてう

(サ)　西南戦争　　(シ)　田中正造　　(ス)　陸奥宗光　　(セ)　日米修好通商　　(ソ)　米騒動

(タ)　日英同盟　　(チ)　足尾銅山　　(ツ)　八幡製鉄所　　(テ)　富岡製糸場

(ト)　領事裁判権（治外法権）

問2　〈A〉の下線部について，この不満は江戸幕府を倒す運動に発展していきました。そして，江戸幕府の15代将軍が政権を朝廷に返上することによって江戸幕府は終わりを告げることになりましたが，この15代将軍はだれですか。次の(ア)〜(エ)のなかから1つ選び，記号で答えなさい。

（　　　）

(ア)　徳川家康　　(イ)　徳川吉宗　　(ウ)　徳川綱吉　　(エ)　徳川慶喜

問3　〈A〉について，江戸時代に関係のないものを，次の資料(ア)〜(エ)のなかから1つ選び，記号で答えなさい。（　　　）

(ア)　太閤検地

(イ)　出島

(ウ)　朝鮮通信使

(エ)　参勤交代

問4　〈B〉の下線部について，武士にかわり，20才になった男子に軍隊に入ることを義務づけ，近代的な軍隊をつくる法律が出されました。この法律を何というか，答えなさい。（　　　）

問5　〈B〉について，（　4　）に関係する資料を，次の(ア)〜(エ)のなかから1つ選び，記号で答えなさい。（　　　）

(ア)

(イ)

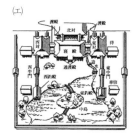

問6　〈C〉の下線部について，日本で最初の銀行の他，500余りの会社の設立に関わり，近代的な産業育成に貢献した人物はだれですか。次の(ア)～(エ)のなかから1つ選び，記号で答えなさい。

（　　　）

(ア)　勝海舟　　(イ)　渋沢栄一　　(ウ)　北里柴三郎　　(エ)　クラーク

問7　〈C〉について，明治時代に日本に招かれた外国人を，次の(ア)～(エ)のなかから1つ選び，記号で答えなさい。（　　　）

(ア)　シャクシャイン　　(イ)　モース　　(ウ)　フランシスコ＝ザビエル　　(エ)　マゼラン

問8　〈D〉の下線部について，（　8　）がつくった政党を，次の(ア)～(エ)のなかから1つ選び，記号で答えなさい。（　　　）

(ア)　立憲改進党　　(イ)　立憲政友会　　(ウ)　自由党　　(エ)　全国水平社

問9　〈D〉について，1890年に，憲法にもとづいた最初の選挙が行われました。このとき選挙権を持つことができたのは，どのような人たちでしたか。次の(ア)～(エ)のなかから1つ選び，記号で答えなさい。（　　　）

(ア)　20歳以上の男性

(イ)　一定の金額以上の税金を納めた20歳以上の男性

(ウ)　25歳以上の男性

(エ)　一定の金額以上の税金を納めた25歳以上の男性

問10　〈E〉の下線部について，このとき結ばれた不平等条約は“（　9　）を認める”のほかに，“外国からの輸入品に自由に関税をかけることができない”というものがありました。日本が改正に努力した“輸入品に自由に関税をかける権利”を何というか，答えなさい。（　　　）

問11　〈E〉について，明治政府は，欧米諸国に対し，日本も近代国家の仲間であることを示そうとしました。そのため，様々な分野での西洋化に取り組みました。次の(ア)～(エ)のなかから，関係のあるものを1つ選び，記号で答えなさい。（　　　）

(ア)　連合国軍による民主化政策を受け入れ，女性に選挙権を保証した。

(イ)　対馬藩を窓口にして，朝鮮と貿易をおこなった。

(ウ)　杉田玄白や前野良沢らによってオランダの医学書の翻訳がおこなわれた。

(エ)　鹿鳴館をつくり，外国人を招いて舞踏会を開催した。

2 ≪近代②≫　19世紀の終わりごろから，近代の日本は右の
ようにほぼ10年ごとに大きな戦争を経験した。下の問いにそ
れぞれ答えなさい。　　　　　　　　（ノートルダム女学院中）

(A)	日清戦争（1894〜95年）
(B)	日露戦争（1904〜05年）
	第1次世界大戦（1914〜18年）
(C)	満州事変（1931〜33年）
(D)	日中戦争（1937〜45年）
	第2次世界大戦（1939〜45年）
(E)	太平洋戦争（1941〜45年）

問1　下の(1)〜(5)のそれぞれの出来事は，右の(A)〜(E)のどの
戦いについてのものか，もっとも当てはまるものを1つず
つ選び，記号で答えよ。

(1)　日本軍は海外の各地でやぶれ，全国の都市が空襲で焼かれて多くの人びとが死傷した。
　　　　　　　　　　　　　　　　　　　　　　　　　　　　　　　（　　　　）

(2)　「満州での権利や利益を守らなければ日本がほろびる」と主張する人びとがあらわれ，満州に
いた日本軍が中国軍を攻撃した。（　　　　）

(3)　朝鮮での内乱がきっかけとなって起こった戦争であったため，朝鮮半島のまわりで戦いが行
われた。（　　　　）

(4)　首都ナンキン（南京）を日本軍が占領した時，武器をすてた兵士や女性・子どもをふくむ多
くの中国人がぎせいになった。（　　　　）

(5)　日本は多くの戦死者を出したが，日本海の海戦で東郷平八郎らの日本艦隊が敵の艦隊を破った。
　　　　　　　　　　　　　　　　　　　　　　　　　　　　　　　（　　　　）

問2　下の文章について，(1)〜(4)に答えよ。

　　日本は，朝鮮半島への勢力の拡大をめざし，日清戦争・日露戦争に勝利した。①朝鮮半島を植
民地とした後，欧米諸国と同じように②植民地の拡大をめざし，第1次世界大戦に参戦した。そ
の後，日本国内では③民主主義の意識が高まるが，やがて世界中が不景気になると，日本の軍部
は中国大陸への勢力を拡大するために満州事変を起こし，それが日中戦争へとつながった。さ
らに，日本は（④）などの資源をえるために東南アジアに軍隊を進め，再び世界大戦を始めた
（⑤）・イタリアと軍事同盟を結び，アメリカ・イギリスとも東南アジア・太平洋上で戦争を行
うこととなった。

(1)　下線部①について，この出来事を歴史用語で何と呼ぶか。漢字4字で答えよ。□□□□

(2)　下線部②について，植民地とはどのような地域であるか，説明せよ。
　　　（　　　　　　　　　　　　　　　　　　　　　　　　　　　　　　　　　）

(3)　下線部③について，この時期の民主主義の高まりを示すものとして誤っているものを一つ選
び，記号で答えよ。（　　　　）

　　ア．平塚らいてう・市川房枝が，女性や母親の権利を守る運動をすすめた。

　　イ．板垣退助・大隈重信が，国会の開設をうったえる自由民権運動をすすめた。

　　ウ．江戸時代から続く身分による差別をなくすため，全国水平社がつくられた。

　　エ．普通選挙の実現をもとめる運動が広く展開され，東京ではデモ行進もおこなわれた。

(4)　文中の（④）（⑤）に当てはまる語句を書き入れよ。④（　　　　）⑤（　　　　）

問3　次の(1)〜(3)に当てはまる地域をあとの地図から一つずつ選び，番号で答えよ。

(1)　日清戦争後，清から日本にゆずられ，1945年まで日本が支配した。（　　　　）

(2)　日清戦争後に，中国の鉄鉱石を原料として使う製鉄所が建設された。（　　　）

(3)　日露戦争後，ロシアから日本に南部の地域がゆずられた。（　　　）

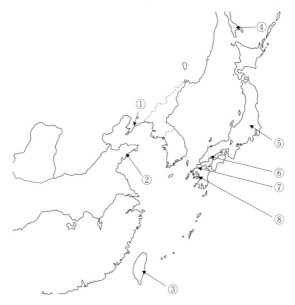

（注）地図には現在の国境線が示されている。

3　≪現代≫　「戦後の日本と世界の関わり」についての次の年表を見て，あとの問1〜問8に答えなさい。

（親和中）

1951 年	① 日本がアメリカ・イギリスなどと，平和条約を結ぶ。
1970 年	② 大阪で日本万国博覧会が開かれる。
1972 年	日本初の冬季オリンピックが（　③　）市で開かれる。 ④ 沖縄が日本に復帰する。
1978 年	⑤ 日中平和友好条約を結ぶ。
1994 年	日本が ⑥ 子どもの権利条約を承認する。
2002 年	日朝首脳会談が ⑦ 北朝鮮で開かれる。
2021 年	「⑧ 東京2020オリンピック・パラリンピック」が開かれる。

問1　下線部①について，次の(1)・(2)の問いに答えなさい。

(1)　この条約が結ばれた都市名を次のア〜エから1つ選び，記号で答えなさい。（　　　）

　　ア　サンフランシスコ　　イ　パリ　　ウ　ベルリン　　エ　ニューヨーク

(2)　この条約と同時に結ばれた，アメリカ軍が日本各地にとどまることを認めた条約を何といいますか。（　　　条約）

問2　下線部②について，次の文を読んで，あとの(1)・(2)の問いに答えなさい。

　　万博とは，世界の国々が産業や文化の成果を展示する大規模な国際博覧会の略称です。日本で今までに開催された登録博は2つあり，1回目は1970年に大阪で「人類の進歩と調和」をテーマに開かれました。2回目は2005年に愛知で「自然の叡智」をテーマに開かれました。そして2025

年，大阪で3回目の登録博となる日本国際博覧会（略称「大阪・関西万博」）が開催される予定です。「いのち輝く未来社会のデザイン」をテーマに，□□□年のSDGs達成にとどまらず，その先に向けた姿が示されることが期待されています。

(1)　右の写真と最も関係の深い万博は，日本で何回目に開催されたものですか。（　　　回目）

(2)　文中の□□□に入る年号を次のア〜エから1つ選び，記号で答えなさい。（　　　）

　　ア　2025　　イ　2030　　ウ　2035　　エ　2040

問3　年表中の（　③　）にあてはまる日本の都市名を答えなさい。（　　　　）

問4　下線部④について，次の文の あ ・ い に入る通貨（お金の単位）の名前を答えなさい。あ（　　　）い（　　　）

　　沖縄では，1972年5月15日の日本復帰の日に，あ から い への通貨の交換が行われた。

問5　下線部⑤について，日中平和友好条約は中国の首都で結ばれました。その都市名を答えなさい。（　　　）

問6　下線部⑥に関連して，世界の子どもが平和で健康的にくらせるよう，保健・衛生・栄養・教育などの支援をする国際連合（国連）の組織をカタカナで答えなさい。（　　　）

問7　下線部⑦に関して，北朝鮮の正式名称を答えなさい。（　　　）

問8　下線部⑧に関して，このオリンピックは当初2020年に開催される予定でしたが，1年延期になりました。その理由を簡潔に答えなさい。（　　　　　　　　　　　　　　）

4　≪年表で見る近現代≫　次の年表を見て，問いに答えなさい。　　　　　　（武庫川女子大附中）

時期	できごと
約80年前	アメリカ・イギリスでつくられた約1,000楽曲の演奏が禁止される…a 東京にある歌舞伎や演劇の劇場がとざされる
約70年前	テレビの本放送が始まる…b
約60年前	東京でオリンピックが始まる…c
約50年前	（　①　）で日本初の冬季オリンピックが開かれる （　②　）との国交が正常化される｝…d
約40年前	東京ディズニーランドが開園する
約30年前	日本初の世界自然遺産，世界文化遺産が登録される…e 阪神・淡路大震災がおこる
約20年前	イラク戦争が始まる
約10年前	東京でオリンピックが再び開かれることが決まる 富士山が世界文化遺産に登録される 富岡製糸場が世界文化遺産に登録される…f

問1　aについて。演奏が禁止になったのはどのような理由からですか。その理由を答えなさい。

　　（　　　　　　　　　　　　　　　　　　　　　　　　　　　　　　　　　　）

問2　bについて。テレビとともに日本の家庭に広まり，「三種の神器」とよばれた製品を次から2

つ選び，記号で答えなさい。（　　　）（　　　）

　　ア　電子レンジ　　イ　電気洗濯機　　ウ　携帯電話　　エ　パソコン　　オ　電気冷蔵庫

問3　cについて。東京オリンピックの後，日本初の万国博覧会が開かれました。2025年にも，同
　　じ都道府県で万国博覧会が開かれる予定です。その都道府県名を答えなさい。（　　　）

問4　dについて。（　①　）・（　②　）にあてはまることばの正しい組み合わせを次から1つ選び，記
　　号で答えなさい。（　　　）

　　ア　①　長野・②　中国　　イ　①　長野・②　韓国　　ウ　①　札幌・②　中国

　　エ　①　札幌・②　韓国

問5　eについて。このとき世界文化遺産に登録された右の城の名前を答
　　えなさい。（　　　）

問6　fについて。富岡製糸場がつくられたのと同じころのできごとを次
　　から1つ選び，記号で答えなさい。（　　　）

　　ア　福沢諭吉が「学問のすゝ（す）め」を書いた。

　　イ　与謝野晶子が「君死にたまふことなかれ」を発表した。

　　ウ　日本で初めてラジオ放送が始まった。

　　エ　京都で全国水平社の創立大会が開かれた。

5　≪最新の入試問題から≫　2023年3月，野球の世界大会であるWBCが開催され，日本代表が決勝
でアメリカ代表に勝利し，3度目の優勝を手にした。また，大谷翔平をはじめ，数々の日本人選手が
アメリカのメジャーリーグで活躍している。日本とアメリカのつながりに関して，あとの問いに答
えなさい。

（帝塚山学院中）

問1　1853年，日本の開国を求めるアメリカ大統領からの手紙をもってやって来た人物を答えな
　　さい。（　　　）

問2　問1の人物が現れた場所はどこか，次の地図中のア～エから一つ選び，記号で答えなさい。

（　　　）

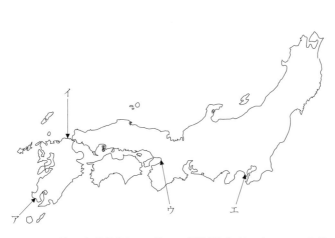

問3　1859年，アメリカに渡った使節団の一員に，福沢諭吉がいた。この人物の説明として適当な
　　ものを，次のア～エから一つ選び，記号で答えなさい。（　　　）

　　ア　前野良沢らとオランダ語で書かれた医学書を翻訳し，『解体新書』を出版した。

　　イ　五箇条の御誓文を発表して，天皇を中心とする政府をつくろうとした。

　　ウ　生活に不満をもつ士族を集めて反乱を起こしたが，政府軍にしずめられた。

　　エ　『学問のすゝめ』という本で，人は生まれながらにして平等であると主張した。

問4　1905年，日露戦争の講和条約がアメリカのポーツマスで結ばれ，戦争が終わった。日露戦争に関する説明として適当なものを，次のア～エから一つ選び，記号で答えなさい。（　　　）

　　ア　朝鮮で反乱が起こり，日本とロシアがそれぞれ軍隊を送り，日露戦争が始まった。

　　イ　日本海海戦で，東郷平八郎の指揮する艦隊がロシアの艦隊をうち破った。

　　ウ　平塚らいてうは日露戦争に反対するために，戦場にいる弟を思う詩を発表した。

　　エ　ロシアとの戦争に勝利した日本は賠償金を得て，その一部で八幡製鉄所がつくられた。

問5　1911年，アメリカとの間で関税自主権の回復が認められ，日本は不平等条約の改正を達成した。この時の外務大臣を次のア～エから一つ選び，記号で答えなさい。（　　　）

　　ア　小村寿太郎　　イ　北里柴三郎　　ウ　田中正造　　エ　陸奥宗光

問6　1920年，アメリカ大統領の呼びかけで作られた国際的な組織に日本も加盟したが，1933年に脱退した。この組織を漢字4字で答えなさい。（　　　）

問7　1941年，日本とアメリカの戦争が始まった。これに関する次の写真X・Yとその説明a～dの組み合わせとして適当なものを，あとのア～エから一つ選び，記号で答えなさい。（　　　）

　　　　　　　　X　　　　　　　　　　　　　　　Y

　　a　日本軍の攻撃を受けた真珠湾のアメリカ艦隊

　　b　アメリカ軍によって爆破された日本の南満州鉄道

　　c　原子爆弾の被害を受けた広島の様子

　　d　原子爆弾の被害を受けた長崎の様子

　　ア　X―a　　Y―c　　イ　X―a　　Y―d　　ウ　X―b　　Y―c

　　エ　X―b　　Y―d

1 《人物と歴史》 次の A〜C の人物に関する説明を読み，あとの問いに答えなさい。 (開明中)

A (a)老中として，(b)寛政の改革に着手したが，厳しい統制政策は人々の不満を招いた。

B ヨーロッパから帰国後，(c)憲法制定に尽力し，初代内閣総理大臣に就任した。

C (d)第一次世界大戦中に，ロシア革命を主導し，ソ連の初代指導者となった。

(1) A〜C の説明にあてはまる人物は誰か，A と B は**漢字**で答えなさい。

A（　　　　） B（　　　　） C（　　　　）

(2) 下線部(a)に関連して，江戸幕府のしくみについて述べた次の文 X・Y の正誤の組み合わせとして正しいものを下のア〜エから 1 つ選び，記号で答えなさい。（　　　　）

X 六波羅探題が京都に設置され，朝廷の監視にあたった。

Y 町奉行や勘定奉行が設置された。

ア．X：正　　Y：正　　イ．X：正　　Y：誤　　ウ．X：誤　　Y：正

エ．X：誤　　Y：誤

(3) 下線部(b)について，この時期におこなわれた政策について述べた文として正しいものを次から 1 つ選び，記号で答えなさい。（　　　　）

ア．飢饉に備え，農民に米を蓄えるための社倉を建てさせた。

イ．庶民の意見を聞くために評定所前に目安箱を設置した。

ウ．武家諸法度を改正して，大名の参勤交代を制度化した。

エ．株仲間を解散させ，物価の高騰を抑制しようとした。

(4) 下線部(c)と同じ明治時代には日本で産業革命が進展した。その中で八幡製鉄所が操業を開始したが，八幡製鉄所が建てられた場所として正しいものを地図から 1 つ選び，記号で答えなさい。（　　　　）

(5) 下線部(d)に関連し，第一次世界大戦のきっかけとなった，オーストリア皇太子夫妻がセルビア人青年によって暗殺された事件を何というか，答えなさい。

（　　　　）

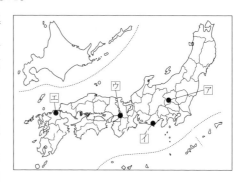

(6) C の人物に関連して，日本とヨーロッパ諸国間でおこったできごと I〜III について，古いものから年代順に正しく配列したものを，下のア〜カから 1 つ選び，記号で答えなさい。（　　　　）

I ポルトガル人が鉄砲を伝える。

II 天正遣欧使節が派遣される。

III ザビエルがキリスト教を伝える。

ア．I—II—III　　イ．I—III—II　　ウ．II—I—III　　エ．II—III—I

オ．III—I—II　　カ．III—II—I

2　≪歴史上の女性≫　さくらさんは，社会の授業で歴史上の女性について調べました。さくらさんが作成したA～Mのカードを見て，あとの問いに答えなさい。　　　　　　　　（帝塚山学院泉ヶ丘中）

カードA　土偶（どぐう）（縄文（じょうもん）時代）

　縄文時代に土でつくられた人形。土偶は縄文時代の初めのころから，一貫して女性像として作られている。これは，女性が命を産みはぐくむことに由来し，豊かな自然の恵みなどの祈りを願って作られたと考えられている。

問1　縄文時代について述べた次の文の中で誤っているものを1つ選び，解答欄の記号を○で囲みなさい。（　ア　イ　ウ　エ　）

ア：このころの人々は竪穴（たてあな）住居に住んでおり，狩りや漁（りょう）をして暮らしていた。

イ：このころ作られた土器は，縄目の文様がつけられたものが多くみられるので縄文土器という。

ウ：縄文時代の遺跡（いせき）からは，首のない人骨や矢じりのささった人骨が多く出土している。

エ：縄文時代の遺跡からは，その土地では取れない材質の石器などが出土することから，遠方との交流があったと考えられている。

問2　縄文時代に貝がらや動物の骨，土器のかけらなどが捨てられた遺跡を貝塚といいます。貝塚研究のスタートとなった大森貝塚がある都道府県を右から1つ選び，解答欄の記号を○で囲みなさい。（　ア　イ　ウ　エ　）

カードB　卑弥呼（2世紀後半～3世紀前半）

　邪馬台国の女王。中国の古い歴史書に，「当時の日本ではもとは男子が王であったが，くにぐにの間で争いが続いた。そこでくにぐにが相談し，一人の女子を王にした。それが卑弥呼である」と書かれている。

問3　中国の古い歴史書に書かれている内容について述べた次のⅠ・Ⅱの文の正誤の組み合わせとして正しいものを下から1つ選び，解答欄の記号を○で囲みなさい。（　ア　イ　ウ　エ　）

Ⅰ：卑弥呼はおよそ百余りの国を従えており，民衆の意見を政治に取り入れるなどして，人々の心をとらえた。

Ⅱ：卑弥呼は当時の中国の王朝に使いを送ったので，王の称号をあたえられ，金印を授かった。

　　ア：Ⅰ—正　　　Ⅱ—正　　　イ：Ⅰ—正　　　Ⅱ—誤　　　ウ：Ⅰ—誤　　　Ⅱ—正

　　エ：Ⅰ—誤　　　Ⅱ—誤

問4　卑弥呼のことが書かれている中国の古い歴史書を次から1つ選び，解答欄の記号を○で囲みなさい。（ア　イ　ウ　エ）

　　ア：宋書倭国伝　　　イ：魏志倭人伝　　　ウ：漢書地理志　　　エ：後漢書東夷伝

　カードC　推古天皇（554〜628）

　　日本史上最初の女性天皇。敏達天皇の后で，弟の崇峻天皇が暗殺されたあと，天皇の位につく。おいの聖徳太子と協力して，政治をおこなった。

問5　推古天皇の時代の政治について述べた次のⅠ・Ⅱの文の正誤の組み合わせとして正しいものを下から1つ選び，解答欄の記号を○で囲みなさい。（ア　イ　ウ　エ）

　　Ⅰ：当時の中国の王朝へ使いとして小野妹子を送り，対等な国の交わりを結ぼうとした。

　　Ⅱ：朝廷の役人の位を8段階に分けて，家がらではなく，本人の能力によって役人を取り立てた。

　　　ア：Ⅰ—正　　Ⅱ—正　　　イ：Ⅰ—正　　Ⅱ—誤　　　ウ：Ⅰ—誤　　Ⅱ—正

　　　エ：Ⅰ—誤　　Ⅱ—誤

問6　このころ，政治をおこなう役人の心得を示すためにつくられた十七条の憲法について，次の文中の（　　）にあてはまる語句を**漢字1字**で答えなさい。（　　　　）

　第一条　人の（　　）を大切にしなさい。

　カードD　持統天皇（645〜702）

　　天智天皇の娘で，天武天皇の后である。壬申の乱で夫と行動をともにし，その死後，天皇の位についた。藤原京をつくり，律令政治の確立につとめた。

問7　天智天皇は天皇中心の政治を目指し，即位する前から改革を進めました。その改革について述べた次の文の中で**誤っているもの**を1つ選び，解答欄の記号を○で囲みなさい。

（　ア　イ　ウ　エ　）

　　ア：中国から帰国した留学生とともに，新しい政治を進めた。

　　イ：天皇がすべての土地と人民を治めるしくみが整えられていった。

　　ウ：現代に続く年号（元号）が初めて定められた。

　　エ：天皇をしのぐほどの勢力を持った物部氏を倒し，改革を進めた。

問8　藤原京について述べた次の文の中で正しいものを1つ選び，解答欄の記号を○で囲みなさい。

（　ア　イ　ウ　エ　）

　　ア：現在の奈良県に位置し，その美しさは「あをによし　奈良の都は　咲く花の　にほふがごとく　今盛りなり」という歌によまれている。

　　イ：現在の奈良県に位置し，日本で最初に中国の都にならってつくられた都といわれる。

　　ウ：現在の京都府に位置し，都の北側にある大極殿で政治や重要な儀式などが行われた。

　　エ：現在の京都府に位置し，朝鮮の都にならってつくられた都といわれる。

> カードE　藤原光明子【光明皇后】（701～760）
>
> 　藤原不比等の娘であり，聖武天皇の后である。皇族以外で初めて皇后となり，藤原氏の勢力拡大につながった。

問9　8世紀中ごろ，人々は伝染病に苦しみ，貴族の反乱がおこるなど，世の中が乱れる中，聖武天皇はばく大なお金をかけて，全国に国分寺と国分尼寺，さらに都には東大寺をつくり，大仏づくりをはじめました。このような行動をおこした聖武天皇は，どのようなことを願っていたのか，簡潔に述べなさい。

　　（　　　　　　　　　　　　　　　　　　　　　　　　　　　　　　　　　　　　）

問10　聖武天皇や光明皇后の持ち物などが収められている東大寺の正倉院の宝物として**適当でない**ものを次から1つ選び，解答欄の記号を〇で囲みなさい。（　ア　イ　ウ　エ　）

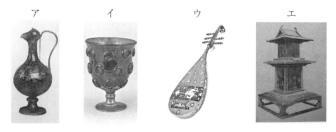

ア　　　　　イ　　　　　ウ　　　　　エ

> カードF　紫式部（生没年不詳）
>
> 　長編小説『源氏物語』を書いた女流文学者。藤原道長にその文才を認められ，道長の娘で一条天皇の后である彰子に仕えたこともある。

問11　次の文章は，紫式部が活躍していたころに書かれた随筆の冒頭文です。この随筆を書いた人物を**漢字**で答えなさい。（　　　　　）

> 　「春はあけぼの。やうやう白くなりゆく山ぎは　少し明りて紫だちたる雲の細くたなびきたる。（春は夜明けのころがよい。だんだんと白くなっていく空の，山に近いあたりが，少し明るくなって，紫がかった雲が細く横に長く引いているのがよい。）」

問12　このころの貴族文化を今に伝える建造物のうち，藤原氏が宇治に建てた寺院を次から1つ選び，解答欄の記号を〇で囲みなさい。（　ア　イ　ウ　エ　）

ア　　　　　　　　　　　　　　イ

ウ

エ

カードG　平徳子（1155〜1213）
　平清盛の娘。高倉天皇に嫁ぎ，言仁親王（のちの安徳天皇）を生む。壇ノ浦の戦いで敗れ，安徳天皇とともに入水するも助けられて京都に戻り，尼となって大原寂光院で余生を送った。

問13　平清盛が武士として初めてついた役職は何か，**漢字**で答えなさい。（　　　　）

問14　源氏と平氏の戦いについて，石橋山の戦いのあと壇ノ浦の戦いで平氏が滅びるまでの戦いを時代順に並べたものとして正しいものを次から1つ選び，解答欄の記号を○で囲みなさい。

（　ア　イ　ウ　エ　オ　カ　）

ア：富士川の戦い→一ノ谷の戦い→屋島の戦い

イ：富士川の戦い→屋島の戦い→一ノ谷の戦い

ウ：屋島の戦い→富士川の戦い→一ノ谷の戦い

エ：屋島の戦い→一ノ谷の戦い→富士川の戦い

オ：一ノ谷の戦い→富士川の戦い→屋島の戦い

カ：一ノ谷の戦い→屋島の戦い→富士川の戦い

カードH　北条政子（1157〜1225）
　北条時政の娘で，源頼朝と結婚。頼家，実朝の母となった。頼朝の死後，尼将軍とよばれるほど権力を持っていた。承久の乱では，御家人に対し頼朝の御恩を説き，結束を固めた。

問15　御恩に対し，御家人たちが頼朝に奉公する内容について述べた次のⅠ・Ⅱの文の正誤の組み合わせとして正しいものを下から1つ選び，解答欄の記号を○で囲みなさい。（　ア　イ　ウ　エ　）

Ⅰ：戦いが起これば，「いざ鎌倉」とかけつけて，幕府のために戦った。

Ⅱ：戦いのないときには，自分の領地にもどり，各地の特産品を税として幕府に納めた。

　ア：Ⅰ—正　　Ⅱ—正　　イ：Ⅰ—正　　Ⅱ—誤　　ウ：Ⅰ—誤　　Ⅱ—正

　エ：Ⅰ—誤　　Ⅱ—誤

カードⅠ　日野富子（1440〜1496）
　室町幕府8代将軍足利義政の妻。子の義尚を将軍の跡継ぎにしようとして山名氏と結び，義政の弟義視と対立，応仁の乱を引き起こすきっかけをつくった。

問16　足利義政が建てた銀閣の近くにある東求堂（とうぐどう）の室内の写真を次から1つ選び，解答欄の記号を
　　　○で囲みなさい。（ ア　イ　ウ　エ ）

ア

イ

ウ

エ

問17　応仁の乱の以後，戦国大名が勢力を争う戦国の世となりました。戦国大名について述べた次
　　　の文の中で誤っているものを1つ選び，解答欄の記号を○で囲みなさい。（ ア　イ　ウ　エ ）
　　　ア：織田信長は鉄砲を活用し，長篠（ながしの）の戦いで武田・徳川連合軍に勝利した。
　　　イ：織田信長は足利氏を京都から追放し，室町幕府を滅ぼした。
　　　ウ：豊臣秀吉は明智光秀を倒したのち，全国の大名を次々とおさえ，天下統一をなしとげた。
　　　エ：豊臣秀吉は中国（明）を従えようとし，2度にわたって中国に従っていた朝鮮に大軍を送った。

> カードJ　桂昌院（けいしょういん）（1627〜1705）
>
> 　江戸幕府3代将軍徳川家光の側室で，5代将軍徳川綱吉の母。生き物を大切にすれば早く跡
> 継ぎができると信じ，跡継ぎがいなかった綱吉に「生類憐（あわれ）みの令」を出させた。

問18　徳川家光が3代将軍に就任して以降のできごとについて述べた次の文の中で，誤っているも
　　　のを1つ選び，解答欄の記号を○で囲みなさい。（ ア　イ　ウ　エ ）
　　　ア：武家諸法度に参勤交代の制度をとりいれ，大名は1年おきに江戸と国元を行き来しなければ
　　　　　ならなくなった。
　　　イ：大阪冬の陣と大阪夏の陣がおこり，豊臣氏を攻め滅ぼした。
　　　ウ：九州の島原や天草で，人々が重い年貢の取り立てとキリスト教に対する厳しい取り締まりに
　　　　　反対して一揆（いっき）を起こした。
　　　エ：ヨーロッパの国ではオランダのみと貿易を行い，貿易港も長崎に限定した。
問19　江戸時代の農村について述べた次のⅠ・Ⅱの文の正誤の組み合わせとして正しいものをあと
　　　から1つ選び，解答欄の記号を○で囲みなさい。（ ア　イ　ウ　エ ）

Ⅰ：農村では，生産を増やすために新田開発がさかんに行われ，備中ぐわや唐箕（とうみ）などの新しい農具が普及した。

Ⅱ：農村は村役人を中心に共同で運営されていたが，幕府や藩はこうしたまとまりを利用して，五人組というしくみをつくらせて共同で責任を負わせるようにした。

ア：Ⅰ—正　　Ⅱ—正　　イ：Ⅰ—正　　Ⅱ—誤　　ウ：Ⅰ—誤　　Ⅱ—正

エ：Ⅰ—誤　　Ⅱ—誤

カードK　津田梅子（1864〜1929）

　岩倉使節団について，7歳のときに日本初の女子留学生として渡米。のちに女性の高等教育をめざす私塾「女子英学塾」を開き，女性の英語教師の育成に力を注いだ。

問20　岩倉使節団派遣の目的の一つは不平等条約の改正でしたが，これは成功しませんでした。しかし，イギリス船が紀伊半島沖で沈没した事件をきっかけに，国内で条約改正を求める声が高まってきました。このとき沈没した船の名称を答えなさい。（　　　　　）

カードL　与謝野晶子（1878〜1942）

　今の大阪府堺市出身の女流歌人。戦争に出兵した弟の無事を祈る「君死にたまふことなかれ」という詩を発表した。

問21　下線部の戦争の相手国とその講和条約の組み合わせとして正しいものを1つ選び，解答欄の記号を○で囲みなさい。（　ア　イ　ウ　エ　）

ア：ロシア—ポーツマス条約　　イ：ロシア—下関条約　　ウ：清—ポーツマス条約

エ：清—下関条約

問22　問21の条約の結果，日本が手に入れた領土を右の地図中のア〜エから1つ選び，解答欄の記号を○で囲みなさい。

（　ア　イ　ウ　エ　）

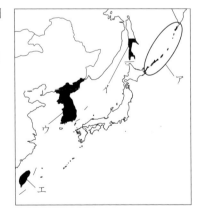

カードM　平塚らいてう（1886〜1971）

　日本で初めて女性のための文芸雑誌『青鞜（せいとう）』を発行。仲間とともに，これまで男性よりも低くみられていた女性の地位向上を目指す運動を続けた。

問23　平塚らいてうが活躍した大正時代の様子として述べた次の文の中で誤っているものを次から1つ選び，解答欄の記号を○で囲みなさい。（　ア　イ　ウ　エ　）

ア：女性たちはさまざまな職場で活躍するようになり，電話交換手やタイピストなどこれまでになかった新しい仕事につく女性が増えていった。

イ：関東大震災がおこり，東京や横浜などで地震や火災によって甚大（じんだい）な被害が出た。

ウ：第一次世界大戦中に日本の重化学工業が急速に成長し，輸出も増えて好景気となり「成金」とよばれる人々が現れた。

エ：国会開設を求める人々が新しい政治のあり方を求めて，理想とする憲法案を発表した。現在の東京都あきる野市で作られた五日市憲法もその1つである。

問24　第二次世界大戦後の日本で，女性に関わる法律の改正について述べた次のⅠ・Ⅱの文の正誤の組み合わせとして正しいものを下から1つ選び，解答欄の記号を○で囲みなさい。

（　ア　イ　ウ　エ　）

Ⅰ：1945年に選挙法が改正され，18歳以上のすべての男女に選挙権が保障された。

Ⅱ：1947年に民法が改正され，結婚できる年齢が男女とも20歳に引き上げられた。

ア：Ⅰ―正　　Ⅱ―正　　イ：Ⅰ―正　　Ⅱ―誤　　ウ：Ⅰ―誤　　Ⅱ―正

エ：Ⅰ―誤　　Ⅱ―誤

③　≪各時代のあらまし≫　次の1〜15の文あるいは資料を見て，後の問いに答えなさい。（近大附中）

1　（　あ　）たちは，はた織りや土器づくりなどの進んだ技術や，紙・筆などの作り方，漢字などの新しい文化を伝えました。

2　（　い　）は，苦難の末に日本に着き，日本の寺や僧の制度を整え，唐招提寺（とうしょうだいじ）を開きました。

3　ポルトガル人が乗った船が（　う　）に流れ着き，このとき①鉄砲（てっぽう）が伝えられました。

(1)　（　あ　）〜（　う　）にあてはまる語句をすべて漢字で答えなさい。

あ（　　　　）　い（　　　　）　う（　　　　）

(2)　下線部①について，3000丁もの鉄砲を用いた長篠（ながしの）の戦いがおこなわれた都道府県として正しいものを次のア〜エの中から1つ選び，記号で答えなさい。（　　　　）

ア　岐阜県　　イ　群馬県　　ウ　長野県　　エ　愛知県

(3)　1〜3を時代の古い順に正しくならべかえたものを次のア〜カの中から1つ選び，記号で答えなさい。（　　　　）

ア　1→2→3　　イ　1→3→2　　ウ　2→1→3　　エ　2→3→1　　オ　3→1→2

カ　3→2→1

4　農民は国からわりあてられた土地を耕し，税として米を地方の役所に納めたり，（　え　）という北九州の守りにあたる任務についたりしました。

5　牛や馬にすきを引かせて農地を深く耕したり，いねをかり取ったあとに麦などをつくる（　お　）が始まり，収穫（しゅうかく）を増やすことに努めました。

6　イネや麦などを脱穀（だっこく）する道具である（　か　）や備中（びっちゅう）ぐわなどのすすんだ農具を発明したり，油かすや干したイワシなどの肥料（ひりょう）を使ったりして，農産物の生産を高めていきました。

(4) （ え ）～（ か ）にあてはまる語句を答えなさい。ただし，（ お ）は漢字で答えなさい。

え（　　　） お（　　　） か（　　　）

(5) 多くの農民にしたわれた行基という僧が活躍した時期の様子として正しいものを4～6の中から1つ選び，数字で答えなさい。（　　　）

(6) 4～6を時代の古い順に正しくならべかえたものを次のア～カの中から1つ選び，記号で答えなさい。（　　　）

ア 4→5→6　　イ 4→6→5　　ウ 5→4→6　　エ 5→6→4　　オ 6→4→5

カ 6→5→4

7 一．農民が刀・弓・やり・鉄砲，そのほかの武器を持つことをかたく禁止する。不必要な武器を持ち，ねんぐを納めず，一揆をくわだてて武士に反抗すれば罰する。

8 一．政治は，広く会議を開いて，多くの人々が意見を述べ合ったうえで決定しよう。

一．国民が心を1つにして，新政策をさかんにおこなおう。

一．役人も人々も，自分の願いを実現するようにしよう。

9 一．和をたいせつにし，争いをやめよ。

一．仏教をあつくうやまえ。

一．天皇の命令には従え。

(7) 資料7～9の名称を答えなさい。ただし，7は解答欄にあわせて漢字2文字で答えなさい。

7 □□令　8（　　　） 9（　　　）

(8) 資料8が出された時期の様子としてあやまっているものを次のア～エの中から1つ選び，記号で答えなさい。（　　　）

ア 身分の決まりは廃止され，四民平等が打ち出されました。

イ 20才以上の男子に軍隊に入ることを義務づけました。

ウ 欧米の制度や生活様式が取り入れられ，このような世の中の動きを人々は文明開化とよびました。

エ 中学生や女学生は兵器工場に動員され，大学生は兵士として動員されました。

(9) 7～9を時代の古い順に正しくならべかえたものを次のア～カの中から1つ選び，記号で答えなさい。（　　　）

ア 7→8→9　　イ 7→9→8　　ウ 8→7→9　　エ 8→9→7　　オ 9→7→8

カ 9→8→7

10 （ き ）がはじまると，アメリカは大量の物資を日本に注文したため，日本の経済が立ち直りました。

11 （ く ）は「天下の台所」とよばれ，日本の商業の中心地でした。

12 4月にアメリカ軍が（ け ）に上陸し，3か月にもわたって激しい地上戦が行われ，多くの地元の人々が命を失いました。

(10) （ き ）～（ け ）にあてはまる語句をすべて漢字で答えなさい。

き（　　　） く（　　　） け（　　　）

(11) 11について，このころの（ く ）の様子をあらわした資料として正しいものを次のア～エの

中から１つ選び，記号で答えなさい。（　　　）

ア

イ

ウ

エ

⑿　10～12を時代の古い順に正しくならべかえたものを次のア～カの中から１つ選び，記号で答えなさい。（　　　）

ア　10 → 11 → 12　　イ　10 → 12 → 11　　ウ　11 → 10 → 12　　エ　11 → 12 → 10

オ　12 → 10 → 11　　カ　12 → 11 → 10

13　私は，自由民権運動を指導し，自由党をつくって，国会開設に備えました。

14　私は，政府に不満を持ち，西南戦争を起こしましたが，政府の近代的な軍隊にしずめられました。

15　私は，天皇中心の政治の仕組みをつくるために②ヨーロッパにわたって勉強し，のちに初代総理大臣となりました。

⒀　13～15の人物名をそれぞれ漢字で答えなさい。13（　　　）　14（　　　）　15（　　　）

⒁　下線部②について，15の人物が天皇の権力が強い憲法をつくるために，もっとも参考にした国として正しいものを次のア～エの中から１つ選び，記号で答えなさい。（　　　）

ア　フランス　　イ　ドイツ　　ウ　イギリス　　エ　ロシア

⒂　13～15の人物の出身地の組み合わせとして正しいものを次のア～カの中から１つ選び，記号で答えなさい。（　　　）

ア	13：薩摩藩	14：長州藩	15：土佐藩
イ	13：長州藩	14：薩摩藩	15：土佐藩
ウ	13：薩摩藩	14：土佐藩	15：長州藩
エ	13：土佐藩	14：長州藩	15：薩摩藩
オ	13：長州藩	14：土佐藩	15：薩摩藩
カ	13：土佐藩	14：薩摩藩	15：長州藩

4 ≪鉄の歴史≫　次の先生と生徒の対話文を読んで，あとの問いに答えなさい。　　　　　（関西大倉中）

生徒：身近な金属である鉄の歴史について調べてみようと思います。

先生：鉄はさびやすく，鉄器が出土する例は多くはありませんが，大規模な水田の跡で有名な静岡県の［　①　］遺跡で発見された木製の農具には切れ味のよい刃物でつくりあげた遺物が数多く発見されています。

生徒：鉄製の工具が使われていることはわかりますが，鉄の材料はどこから手にいれたのですか。

先生：鉄の古い文字に「銕」という文字があります。これは外国を表す「夷」から渡来してきた金属であることをしめしています。朝鮮半島南部の加耶（加羅）で産出する鉄の素材を確保して，熱して打ち鍛えて，農工具や武器をつくったと考えられます。

生徒：(ア)古墳時代には，埼玉県の稲荷山古墳から出土し，「ワカタケル大王」をあらわす漢字がきざまれた鉄剣が有名です。

先生：古墳時代の後期にあたる6世紀には，九州北部・中国・近畿地方で製鉄遺跡が見つかっており，鉄鉱石や砂鉄を原料とする製鉄が本格的に行われるようになったようです。

生徒：『日本書紀』の(イ)642年，蘇我蝦夷が百済の使者に，良馬1頭と鉄20廷*を与えたとあることからも鉄の生産が行われていたことがわかります。

　　　　（＊廷…延べ板状に整えられた鉄）

先生：鉄は庶民の生活の中にも多く使われたようで，最初の和歌集『［　②　］』のなかに防人歌「ひらたまの　くるに釘さし　固めとし　妹の心は　あよくなめかも」があります。東国から九州に旅立つ防人が，木材を接合する鉄釘によせて，妻への恋心を歌にたくしたのでしょう。

生徒：日本ではどのように鉄が生産されていたのですか。

先生：8世紀はじめにつくられた『常陸国風土記』によれば，704年，国司が鍛冶師を連れて若松の浜で浜砂鉄をとり，これで剣をつくったとあります。砂鉄を使って製鉄していることがわかります。

生徒：砂鉄の産地として，中国山地が有名だと聞きましたが…。

先生：(ウ)平城京跡から発掘された木簡（＝右の【図版】）には「備後国（広島県）沼隈郡［　③　］鉄　十廷　天平六年」の文字が記されており，奈良時代の備後国は地方の特産物を税として納める［　③　］の品物として鉄を中央に納めていたことがわかっています。平安時代には，となりの備前国（岡山県）で多くの刀剣の名工が出ています。

【図版】

先生：1404年に(エ)足利義満が始めた日明貿易では，明からは(オ)明銭，生糸，織物などを輸入し，銅や硫黄のほかに多数の日本刀を輸出しています。

生徒：日本刀の材料となる玉鋼を作ったたたら製鉄炉はどのようなものですか。

先生：火起こし用の送風機であるふいごを足で踏んで木炭を燃焼させ，温度を上昇させて鉄を取り出すものです。

先生：16世紀中ごろの1543年，大隅国（鹿児島県）の［　④　］にポルトガル人を乗せた中国船が

漂着し，鉄砲を伝えました。その製法は，やがて貿易港としても有名な和泉国（大阪府）の都市である［　⑤　］や近江国（滋賀県）国友の(カ)刀鍛冶に伝わり，数多くの鉄砲がつくられるようになったのです。鉄砲の普及は，従来の一騎打ちから足軽鉄砲隊の集団戦法へと戦術を一変させました。

生徒：1575年に戦国武将［　⑥　］が武田の騎馬隊を破った長篠の戦いが有名です。

先生：近江国国友の鉄砲鍛冶が，(キ)豊臣秀吉や［　⑦　］たちの手厚い保護をうけ，やがて江戸幕府の領地となり軍事工場のような役割をはたしたことが知られています。

生徒：国内で戦乱が多くなった戦国時代，鉄砲・刀の鉄が大量に必要になると，たたら製鉄だけで国内の鉄の需要をまかなえたのですか。

先生：ポルトガルやスペインから(ク)南蛮貿易によってひょうたん型の南蛮鉄が盛んに輸入されていたようです。将軍や大名の手に南蛮鉄が入り，これを刀工にあたえて，武器，刀剣をつくらせました。1611年，(ケ)オランダ商館長が，父［　⑦　］のあとをついだ2代将軍徳川秀忠に鋼200個をほかの品物とともにおくったことが記録されています。

先生：1840年，清とイギリスの間で行われた(コ)アヘン戦争で，アジアの大国である清が敗北したことは，当時，相次いだ外国船の来航と相まって，ヨーロッパ列強やアメリカの進出に対する危機感を高めました。

生徒：オランダ・清との窓口であった長崎の警備を任されていた佐賀藩が大砲をつくるため，鉄を溶かす反射炉を初めて築きました。1853年，［　⑧　］がひきいるアメリカ艦隊が来航した後，佐賀藩は幕府から江戸を防衛するための品川台場に大砲50門の鋳造を命じられています。幕府も大砲を鋳造するために静岡の韮山に反射炉を築きました。

生徒：韮山の反射炉は，「明治日本の産業革命遺産　製鉄・製鋼，造船，石炭産業」として(サ)世界文化遺産に登録されています。

先生：明治政府は，富国強兵・殖産興業をスローガンに，ヨーロッパ列強に対抗できる国づくりを目指しました。殖産興業のために，工部省を設置し，欧米からお雇い外国人を多数採用して，(シ)官営鉄道の設置，造船，鉱山開発，製鉄，電信事業の整備などをうながしました。1874年，当時の工部卿［　⑨　］は，「鉄道，船，あらゆる鉄の製品を自前でつくることが必要」であると意見しています。

生徒：［　⑨　］は，後に初代内閣総理大臣になっています。

先生：明治政府は，「鉄は工業の母」という理念のもと，国内に欧米なみの官営の製鉄所を建設することを目指しました。1901年には，北九州で官営の［　⑩　］製鉄所が鉄鋼の生産を始めました。

生徒：近くの筑豊炭田からの石炭と中国の大冶から輸入した鉄鉱石を使用しています。

先生：［　⑩　］製鉄所が順調に生産を始めると中国山地のたたら製鉄は急激に衰退しました。(ス)太平洋戦争中には軍刀としての日本刀，工作機械製作のための鋼などの需要から一時復活しましたが戦後はほぼ消滅しました。

問1　会話文中の空所［　①　］～［　⑩　］に適する語句を答えなさい。

①（　　　　）②（　　　　）③（　　　　）④（　　　　）⑤（　　　　）⑥（　　　　）⑦（　　　　）

⑧（　　　　）⑨（　　　　）⑩（　　　　）

問2 下線部(ア)の時代に関する説明として正しいものを次の①～④の中から一つ選び，番号で答えなさい。（　　　）

① 古墳の周りには，土偶が多く並べられた。

② 大阪府に日本最大の前方後円墳がつくられた。

③ 古墳の中には弥生土器がおさめられた。

④ ヤマト政権が唐・百済と戦った。

問3 下線部(イ)の3年後に，蘇我蝦夷・入鹿が討伐され，行われた一連の政治改革のことを何と呼ぶか答えなさい。（　　　）

問4 下線部(ウ)の都やその周辺の説明として，誤っているものを次の①～④の中から一つ選び，番号で答えなさい。（　　　）

① 元明天皇が奈良につくらせた。　　② 桓武天皇が京都につくらせた。

③ 聖武天皇がつくらせた東大寺がある。　　④ 鑑真がつくった唐招提寺がある。

問5 下線部(エ)の人物が建立した建築物を，次の図版①～④の中から一つ選び，番号で答えなさい。

（　　　）

①

②

③

④

問6 下線部(オ)の明銭として正しいものを次の①～④の中から一つ選び，番号で答えなさい。

（　　　）

① 寛永通宝　　② 和同開珎　　③ 富本銭　　④ 永楽通宝

問7 下線部(カ)について，室町時代に描かれた『職人歌合』の中で，刀鍛冶にあたるものはどれか。次の①～④の中から一つ選び，番号で答えなさい。（　　　）

① 　② 　③ 　④

問8　下線部(キ)の豊臣秀吉に関する説明として正しいものを，次の①～④の中から一つ選び，番号で答えなさい。（　　　）

①　近江国安土で楽市・楽座令をだして商工業者を集めた。

②　刀狩令をだして一揆をおさえようとした。

③　桶狭間の戦いで今川義元をやぶった。

④　九州の北条氏をほろぼし，天下統一を達成した。

問9　下線部(ク)の南蛮貿易の輸出品としてもっとも多かったものを次の①～④の中から一つ選び，番号で答えなさい。（　　　）

①　馬　　②　茶　　③　銀　　④　絹織物

問10　下線部(ケ)の商館長らオランダ人などが居住していた長崎の扇形の人工島を答えなさい。

（　　　　　　）

問11　下線部(コ)の後に天保の改革を進めた老中は誰ですか。正しい人物を，次の①～④の中から一つ選び，番号で答えなさい。（　　　）

①　井伊直弼　　②　徳川吉宗　　③　松平定信　　④　水野忠邦

問12　下線部(サ)の世界文化遺産として誤っているものを，次の①～④の中から一つ選び，番号で答えなさい。（　　　）

①　屋久島　　②　宗像・沖ノ島　　③　厳島神社　　④　軍艦島（端島）

問13　下線部(シ)について，1872年の開通時に新橋と結ばれた貿易港はどこですか。正しいものを，次の①～④の中から一つ選び，番号で答えなさい。（　　　）

①　神戸　　②　函館　　③　横浜　　④　鹿児島

問14　下線部(ス)の終結時に，日本に無条件降伏の受け入れを求めて出された文章は何ですか。正しいものを，次の①～④の中から一つ選び，番号で答えなさい。（　　　）

①　サンフランシスコ平和条約　　②　沖縄返還協定　　③　ポツダム宣言

④　日中平和友好条約

5　《文字と歴史》　次の「れきし」を表す3つの文字について述べた文章を読んで，あとの問いに答えなさい。

（雲雀丘学園中）

みなさんは，小学校の社会科で「れきし」を学んできましたね。「れきし」という言葉は，本来は「文字で記録された過去」を表す言葉でしたが，現在では一般的には，過去に起こったすべての出来事を示すのに用いられています。

次にあげた，A～Cの3つの文字は，いずれも「れきし」を表す，東アジアで用いられている文字です。

| A. 歴史　　　B. 历史　　　C. 역사 |

Aは，漢字で「れきし」と書かれているのはわかりますね。そして，BはAと似ていますが，少し画数が少なくなっています。Cは，○や□，線を組み合わせた記号のような文字ですね。この3

つの文字は，電車内の扉(とびら)上部や駅構内にある駅名などの案内表示でも見かけます。この3つの文字を見て，次の各問いに答えなさい。

(1) Aの文字について述べた文として**誤っているもの**を次のア〜エから1つ選び，記号で答えなさい。すべて正しい場合は，オを書きなさい。（　　　）

ア　現在Bの文字を用いている国で生まれた文字である。

イ　日本のひらがなやカタカナの元になった文字である。

ウ　Cの文字を用いている国でも，元はAの文字を用いていた。

エ　Aの文字は，モノの形をかたどった象形文字から生まれた文字である。

(2) Bの文字を用いている国は，長らく人口が世界第1位でしたが，これまで第2位だった国に抜(ぬ)かれるといわれています。その2位だった国について述べた正しい文を次のア〜エから1つ選び，記号で答えなさい。（　　　）

ア　多くの島で構成され，イスラム教徒が多い国である。日本には，木材や石油が輸出されている。第二次世界大戦中には，日本による支配を受けた。

イ　シャカが仏教をひらいた国で，現在ではヒンドゥー教徒の人口が世界で一番多い国である。

ウ　大河の流域に広がる熱帯雨林の原生林が有名だが，その減少が環境問題として取り上げられている。現在では，日本に最初に鉄砲を伝えたとされる国の言葉を用いている。

エ　Bの文字を用いている国の北側にあり，国境を接している。日本とは，1904〜1905年に戦い，日本が勝利した。現在，西隣(どなり)の国に軍事侵攻(しんこう)を続けている。

(3) 現在Bの文字を用いている国と日本との歴史的関係について述べた次の文として**誤っているもの**を次のア〜エから1つ選び，記号で答えなさい。すべて正しい場合は，オを書きなさい。

（　　　）

ア　現在Cの文字を用いている半島にあった国とともに，日本に攻(せ)めてきたことがある。

イ　飛鳥時代や奈良時代に，日本から使者が送られた。

ウ　現在Bの文字を用いている国から，直接漢字や儒教(じゅきょう)などが日本に伝えられた。

エ　江戸時代には，幕府が正式に貿易していた国の1つであった。

(4) Cの文字について述べた文として**誤っているもの**を次のア〜エから1つ選び，記号で答えなさい。（　　　）

ア　Cの文字を用いている半島は，日本の西隣にある。

イ　Cの文字を用いている半島は，1910年に日本に併合(へいごう)されたときには1つの国であった。

ウ　Cの文字を用いている半島は，日本の戦国時代に織田信長の軍勢に攻め込まれた。

エ　Cの文字を用いている半島では，1950〜1953年に同じ民族が2つに分かれて戦った。

(5) Cの文字を用いている半島への進出を目的として，1894〜1895年に日本が戦った戦争の名前を，漢字で答えなさい。（　　　）

6　《和歌の歴史》　次の文章を読んで，あとの問いに答えなさい。　　　　　　　　　　（浪速中）

　　『古事記』は日本最古の歴史書といわれています。『古事記』の中で最初に出てくる和歌は，ヤマタノオロチ退治で有名なスサノオノミコトがクシナダヒメを妻に迎え，新居を出雲の地に定めた際に詠んだ歌です。

　　和歌の歴史は，日本最古の和歌集として名高い①『万葉集』から大きく動き始めました。この歌集は自由な思いを詠った和歌が多く残っており，②当時の天皇もその思いを歌にして残していました。

　　その後，③平安時代になると，さらに和歌の地位は確立されました。④清少納言や紫式部らの優れた歌人は，自らの思いを和歌にしていきました。また，鎌倉時代に　※　が選んだ100首は，のちに『小倉百人一首』として現在にも受け継がれています。

　　そして近代以降も，⑤西洋の文化が広がっていく中，⑥明治天皇が多くの和歌を詠んだことに代表されるように，和歌は時代をこえて，日本の古き良き文化として，今も大切にされています。

問1　下線部①について，『万葉集』には北九州沿岸の防衛に送られた兵士の詠んだ歌が収められている。この北九州沿岸の防衛にあたった兵士を何というか，答えなさい。（　　　　　）

問2　下線部②に関連して，壬申の乱に勝ち，その後天皇に即位した人物として正しいものを，次の中から1つ選んで，記号で答えなさい。（　　　　　）

　　ア．光仁天皇　　　イ．持統天皇　　　ウ．天武天皇　　　エ．称徳天皇

問3　下線部③に関連して，平安時代についての説明として正しいものを，次の中から1つ選んで，記号で答えなさい。（　　　　　）

　　ア．聖徳太子が当時の役人の心構えとして御成敗式目を定めた。

　　イ．聖武天皇が難波宮に都を移した。

　　ウ．北条時宗が大陸の進んだ制度などを取り入れるために，遣隋使として隋にわたった。

　　エ．藤原道長がむすめを天皇のきさきにして，摂政などの地位を独占し，政治をおこなった。

問4　下線部④に関連して，日本語の発音を表せるようにした文字として正しいものを，次の中から1つ選んで，記号で答えなさい。（　　　　　）

　　ア．象形文字　　　イ．甲骨文字　　　ウ．かな文字　　　エ．くさび形文字

問5　文中の　※　にあてはまる人物を答えなさい。（　　　　　）

問6　下線部⑤に関連して，文明開化期の東京銀座の様子について説明したものとして誤っているものを，次の中から1つ選んで，記号で答えなさい。（　　　　　）

　　ア．バスが街中を走っていた。　　　　　　イ．街にガス灯が灯された。

　　ウ．洋服を着る人びとがあらわれた。　　　エ．れんが造りの建物が並んだ。

問7　下線部⑥に関連して，明治天皇の誕生の日である11月3日は，1946年に日本国憲法が公布された日でもあり，現在は文化の日として国民の祝日となっている。日本国憲法が公布された後におきたできごととして正しいものを，次の中から1つ選んで，記号で答えなさい。（　　　　　）

　　ア．日英同盟が結成された。　　　　　　　イ．日本で最初の銀行が設立された。

　　ウ．日米安全保障条約が結ばれた。　　　　エ．太平洋戦争がおこった。

7 《博物館の展示内容から》　清くんは家族と一緒に東京へ行き，上野公園内にある東京国立博物館を見学しました。東京国立博物館には6つの展示館があり，教科書でよく見る有名な作品など約12万点が保管されています。次のA～Fの文章を読み，あとの問いに答えなさい。　　　　　　（清教学園中）

A　「平成館」という展示館には，縄文時代・弥生時代・古墳時代の文物が展示されています。①土器や，②人をかたどった土製品，はにわ，銅鏡などを見ることができます。

B　「（ ③ ）宝物館」という展示館には，奈良県の（ ③ ）から皇室へうつされ，さらに戦後，国にうつされた宝物300件あまりがおさめられています。④正倉院宝物と並ぶコレクションで，貴重な宝物が数多くおさめられています。

C　本館の展示を見ると，縄文時代から江戸時代までの日本美術の流れがわかります。貴族の文化がわかる展示室には，⑤平安時代に作られた⑥『源氏物語』の書写が数多くあります。また，⑦鎌倉時代や室町時代の（ ⑧ ）の展示室では，禅宗の影響を受けた絵画である（ ⑧ ）を見ることができます。また，別の展示室では，室町時代に流行した狂言の衣装を通して，⑨当時の一般の人びとのくらしを知ることができます。

D　⑩屏風（びょうぶ）や浮世絵といった作品以外に，⑪地図や着物，びんなどの身の回りの品から江戸時代を見ることができます。アイヌや⑫琉球の人びとのくらしがわかる展示室もあり，当時の日本の豊かな文化を知ることができます。

E　「黒田記念館」には，⑬明治時代に活やくした画家である黒田清輝の絵画があります。また，「東洋館」には，⑭中国や朝鮮，東南アジア，インドなどアジアの美術品や工芸品が展示されています。

F　東京国立博物館の由来は1872年に⑮政府によってひらかれた日本最初の博覧会にあります。この博物館は⑯関東大震災で大きな被害を受け，太平洋戦争中の空襲の激化により1945年3月には展示中止となりました。終戦後，⑰日本国憲法が制定され，さまざまなしくみが変わり，博物館は皇室から国の管理にうつされました。

(1)　下線部①について，5世紀になると朝鮮半島からかたくて灰色の土器の製作技術が伝わりました。この土器を何といいますか。漢字三字で答えなさい。□□□

(2)　下線部②について，右の写真のような土製品が作られていた縄文時代について述べた文として正しいものを，次のア～エから一つ選び，記号で答えなさい。（　　　）

　　ア．ナウマン象やオオツノジカなどの大型動物が大陸から日本にやってきた。

　　イ．中国の歴史書である「魏志」倭人伝に当時の日本のことが書かれている。

　　ウ．あらゆる自然物や自然現象に神が宿っていると信じ，それらをおそれた。

　　エ．稲作によりくらしが安定したが，ムラとムラどうしの争いがおこった。

(3)　文中の空らん（ ③ ）について，ここには奈良県にある，現存する世界最古の木造建築物が入ります。空らんにあてはまる語句を漢字で答えなさい。（　　　）

(4) 下線部④について，正倉院が建てられた世紀について述べた文として正しいものを，次のア～エから一つ選び，記号で答えなさい。（　　　）

　　ア．百済再興のため，朝鮮半島で唐・新羅連合軍と戦った。

　　イ．家柄によらず個人の能力に応じて役人を登用した。

　　ウ．仏教の受け入れをめぐって，蘇我氏と物部氏が争った。

　　エ．当時の天皇が国ごとに国分寺や国分尼寺を建てるように命じた。

(5) 下線部⑤について，平安時代の社会について述べた文として誤っているものを，次のア～エから一つ選び，記号で答えなさい。（　　　）

　　ア．口分田不足を解消するため，開墾した土地の永久私有を認める法令が出された。

　　イ．地方の政治をまかされた国司のなかには，不正を行う者もいた。

　　ウ．藤原氏一族は摂政や関白の地位につき，政治の実権をにぎった。

　　エ．相次ぐ戦乱や天災，伝染病の流行により，浄土信仰が広まった。

(6) 下線部⑥について，『源氏物語』の作者は誰ですか。漢字で答えなさい。（　　　）

(7) 下線部⑦について，次の三つの文は，鎌倉時代におこったできごとについて説明したものです。あ～うの文を古い順に並べたものとして正しいものを，あとのア～カから一つ選び，記号で答えなさい。（　　　）

　　あ　御成敗式目を制定する

　　い　六波羅探題を設置する

　　う　北条義時が2代執権となる

　　　ア．あ→い→う　　　イ．あ→う→い　　　ウ．い→あ→う

　　　エ．い→う→あ　　　オ．う→あ→い　　　カ．う→い→あ

(8) 空らん（⑧）について，右の図は空らん（⑧）にあてはまる絵画の種類を示しています。空らん（⑧）にあてはまる語句を漢字三字で答えなさい。□□□

(9) 下線部⑨について，室町時代には商工業がさかんとなり，荷物を運ぶ運送業も発達しました。馬に荷物をのせて運んだ運送業者を何といいますか。漢字で答えなさい。（　　　）

(10) 下線部⑩について，江戸時代の画家として誤っているものを，次のア～エから一つ選び，記号で答えなさい。（　　　）

　　ア．喜多川歌麿　　イ．狩野永徳　　ウ．菱川師宣　　エ．東洲斎写楽

(11) 下線部⑪について，江戸幕府の命を受け，日本全国を測量し，日本で初めて実測にもとづく地図を作成した人は誰ですか。漢字で答えなさい。（　　　）

(12) 下線部⑫について，江戸幕府はある藩を通して琉球王国を支配していました。その藩はどこですか。次のア～エから一つ選び，記号で答えなさい。（　　　）

　　ア．肥前藩　　イ．土佐藩　　ウ．長州藩　　エ．薩摩藩

(13) 下線部⑬について，明治時代におこったできごとを表す図として正しいものを，次のア～エから一つ選び，記号で答えなさい。（　　　）

ア

イ

ウ

エ

⒁　下線部⑭について，1894 年，朝鮮で反乱がおきたことをきっかけに，朝鮮をねらっていた日本と中国との間で戦争がおきました。その戦争の講和条約は何ですか。漢字で答えなさい。

（　　　　　）

⒂　下線部⑮について，次の文章は，現在の内閣と国会の関係について説明したものです。（　　）にあてはまる語句を漢字五字で答えなさい。□□□□□

　　（　　）決議が衆議院で可決された場合，内閣は総辞職するか，可決から 10 日以内に衆議院を解散しなければならない。

⒃　下線部⑯について，1923年に発生した関東大震災より前におこったできごととして正しいものを，次のア～エから一つ選び，記号で答えなさい。（　　　　　）

ア．満 25 歳以上のすべての男子に選挙権が与えられた。

イ．北京郊外で日中両軍がぶつかり，日中戦争がおこった。

ウ．立憲政友会の原敬が首相となった。

エ．海軍の青年将校により犬養毅首相が暗殺された。

⒄　下線部⑰について，日本国憲法について述べた文として誤っているものを，次のア～エから一つ選び，記号で答えなさい。（　　　　　）

ア．連合国軍総司令部（GHQ）の指示で大日本帝国憲法が改正された。

イ．国民の義務として，勤労・納税・兵役が課されている。

ウ．国の政治のあり方を最終的に決めるのは国民であると定められている。

エ．天皇は日本国と日本国民統合の象徴であると定められている。

8 ≪地図・資料から見た歴史≫　次の【地図 A】～【地図 E】,【図 F】を見て, それぞれあとの問いに答えなさい。

(大谷中－京都－)

【地図 A】　古代の主な遺跡の分布図

問1　縄文時代の大規模な集落のあととして, 2021 年に世界文化遺産に登録された遺跡の場所を,【地図 A】の①～⑤から 1 つ選び, 番号で答えなさい。(　　　)

問2　縄文時代の出土品にあたるものを, 次のア～エから 1 つ選び, 記号で答えなさい。

(　　　)

<table>
<tr><td>ア</td><td>イ</td><td>ウ</td><td>エ</td></tr>
<tr><td></td><td></td><td></td><td></td></tr>
</table>

問3　集落のまわりが大きな二重の堀や柵で囲まれた, 弥生時代のくにのあととされる遺跡を,【地図 A】の①～⑤から 1 つ選び, 番号で答えなさい。また, その遺跡の名称を解答らんに合う形で答えなさい。場所(　　　) 名称(　　　遺跡)

問4　わが国最大の古墳がある場所を,【地図 A】の①～⑤から 1 つ選び, 番号で答えなさい。

(　　　)

問5　問 4 の古墳の説明として<u>まちがっているもの</u>を, 次のア～エから 1 つ選び, 記号で答えなさい。(　　　)

ア．古墳は手前が四角形, 奥が円形のかたちをしている。

イ．古墳がつくられた当時は, 表面に石がしきつめられていたと考えられている。

ウ．古墳の石室からはワカタケル大王の名が記された鉄剣が発見された。

エ．古墳には, 当時強大な権力をもっていた人物が葬られていたと考えられている。

【地図B】　国分寺の分布図

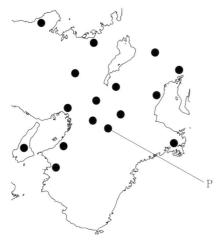

問6　【地図B】の●は，かつて国分寺が置かれていた場所を示しています。国分寺の建立を命
　　じた天皇はだれですか，解答らんに合う形で答えなさい。（　　　　天皇）

問7　【地図B】のPは，全国の国分寺の中心となっている寺院です。この寺院の名称を答えな
　　さい。（　　　　）

問8　国分寺が置かれたころの農民のようすとして正しいものを，次のア～エから1つ選び，記
　　号で答えなさい。（　　　　）

　　ア．税の納入や犯罪の防止について，共同で責任をとらされる五人組というしくみがあった。

　　イ．牛や馬を使って農地を耕し，草や灰を肥料にするなど収穫を増やす努力をした。

　　ウ．自分たちで村役人を決めて村を運営し，共同で年貢を納めて当時の社会や文化を支えた。

　　エ．朝廷から土地が支給され，稲や特産物を納める義務があった。

【地図C】　主な源平合戦の場所

問9　源頼朝の命をうけた源義経が，1185年に平氏を滅ぼした戦いがおこなわれた場所を，
　　【地図C】のあ～おから1つ選び，記号で答えなさい。（　　　　）

問10　平氏を滅ぼした源頼朝は，鎌倉（かまくら）に幕府を開きました。鎌倉幕府では，家来になった武士に「ご恩」を与（あた）えて従えました。「ご恩」について述べた文として正しいものを，次のア〜エから1つ選び，記号で答えなさい。（　　　　）

ア．所有している土地の年貢を免除（めんじょ）する。

イ．先祖からの領地の所有を認めたり，新しい土地を与えたりする。

ウ．外国と貿易する権利を認める。

エ．自由に商売する権利を認める。

問11　源頼朝について述べた次の文章を読み，（　Ⅰ　），（　Ⅱ　）に入る語句の組み合わせとして正しいものを，あとのア〜エから1つ選び，記号で答えなさい。（　　　）

　源頼朝は，朝廷にせまって，国ごとに（　Ⅰ　），荘園（しょうえん）には（　Ⅱ　）を任命する権利を獲得（かくとく）しました。これにより，地方にも力がおよぶようになりました。

ア．Ⅰ…守護　　Ⅱ…地頭　　イ．Ⅰ…地頭　　Ⅱ…守護　　ウ．Ⅰ…守護　　Ⅱ…国司

エ．Ⅰ…国司　　Ⅱ…守護

【地図D】　（　X　）の足取り

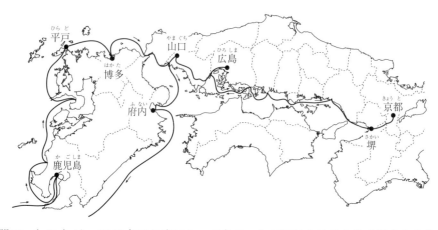

問12　（　X　）は，1549年に日本にやってきて，わが国にキリスト教を伝えた人物です。その人物はだれですか，答えなさい。（　　　　）

問13　キリスト教の伝来をきっかけに始まったヨーロッパの国々との貿易を南蛮（なんばん）貿易といいます。南蛮貿易によって伝わった言葉は，現在でも使われています。南蛮貿易の相手国と現在でも使われている言葉の組み合わせとして正しいものを，次のア〜エから1つ選び，記号で答えなさい。

（　　　）

ア．相手国…ポルトガル　　言葉…カステラ

イ．相手国…ポルトガル　　言葉…カボチャ

ウ．相手国…フランス　　言葉…カステラ

エ．相手国…フランス　　言葉…カボチャ

【地図E】 17世紀なかばの，江戸時代の主な大名配置

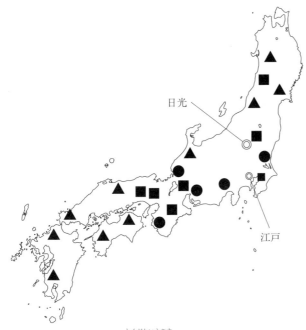

日光

江戸

問14 江戸幕府を開いた徳川家康は，全国の大名を3種類に分け，くふうして配置しました。【地図E】の▲の大名を何といいますか，答えなさい。（　　　　）

問15 各地の大名は，領地と江戸との間を行き来する参勤交代が求められました。参勤交代について述べた文として<u>まちがっているもの</u>を，次のア〜エから1つ選び，記号で答えなさい。

（　　　　）

ア．大名の妻や子どもは江戸でくらすことが義務づけられていた。

イ．参勤交代は，武家諸法度という法令に定められていた。

ウ．参勤交代は，江戸での生活や大名行列の費用を負担させることで大名の力をおさえる目的があった。

エ．参勤交代の制度は，5代将軍綱吉の時に整えられた。

問16 江戸時代を代表する人物について述べた次の文を読み，Ⅰのみ正しければア，Ⅱのみ正しければイ，Ⅰ・Ⅱともに正しければウ，Ⅰ・Ⅱともにまちがっていればエと答えなさい。

（　　　　）

Ⅰ 歌舞伎や人形浄瑠璃の作者として，当時の人々から人気を集めた杉田玄白は，『曽根崎心中』や『国性爺合戦』などの作品を書いた。

Ⅱ 本居宣長は，『古事記』の研究に力をそそぎ『古事記伝』という書物を完成させ，日本古来の考え方を大切にする国学という学問を大成した。

【図F】　（　Y　）号事件の風刺画

問17　【図F】は，1886年にイギリス船が和歌山沖で遭難した事件をもとに描かれました。これに関する次の(1)～(4)に答えなさい。

(1)　（　Y　）に入る語句は何ですか，解答らんに合う形で答えなさい。（　　　号）

(2)　この事件のあと，日本人が廃止することを強く求めた，日本国内で罪を犯した外国人を，その外国人の国の法律で裁くという権利を何といいますか，答えなさい。（　　　　　）

(3)　イギリスとの交渉の末，(2)の項目を廃止することに成功した外務大臣を，次のア～エから1つ選び，記号で答えなさい。（　　　　）
　　ア．井上馨　　　イ．大隈重信　　　ウ．陸奥宗光　　　エ．小村寿太郎

(4)　この事件よりあとにおきた，日本の主な出来事について述べた次のア～エの文を，年代の古い順にならべかえ，記号で答えなさい。（　　　→　　　→　　　→　　　）
　　ア．大日本帝国憲法が発布される。　　　イ．韓国を併合する。　　　ウ．日清戦争がおこる。
　　エ．日露戦争がおこる。

⑨　≪年表で見る歴史≫　年表を見て，問1～問10の各問いに答えなさい。　　　　（羽衣学園中）

【時代区分】	【出来事】
飛鳥時代	・592年，推古天皇が即位する ・645年，①大化の改新がはじまる
奈良時代	・708年，和同開珎が造られる ・752年，②東大寺の大仏が完成する
平安時代	・806年，③真言宗がひらかれる ・1167年，平清盛が太政大臣になる
鎌倉時代	・1199年，④源頼朝が亡くなる ・1274年，フビライ＝ハーン率いる元の軍隊が九州を襲う
室町時代	・1369年，⑤足利義満が征夷大将軍になる ・1488年，加賀の一向一揆がおこる
安土桃山時代	・1560年，織田信長が桶狭間の戦いで勝利する ・1600年，関ヶ原の戦いがおこる

江戸時代	・1603 年，⑥徳川家康が征夷大将軍になる
	・1853 年，ペリーが浦賀に来航する
明治時代	・1886 年，ノルマントン号事件がおこる
	・1904 年，⑦日露戦争がおこる
大正時代	・1918 年，米騒動がおこる
	・1925 年，治安維持法が制定される
昭和時代	・1946 年，⑧戦後初の衆議院選挙がおこなわれる
	・1970 年，大阪で万博が開催される

問1．次の文にあてはまる人物名を答えなさい。また，その人物がもっとも活躍した時代を，年表中の【時代区分】から選んで答えなさい。人物（　　　）　時代区分（　　　時代）

　　長州藩（現在の山口県）出身の政治家。内閣制度の創設や大日本帝国憲法の制定などに力をつくした。初代内閣総理大臣。

問2．下線部①について，大化の改新の説明として正しいものをア～エから1つ選んで，記号で答えなさい。（　　　）

　ア．土地や人々を国が直接支配し，天皇と有力な貴族が中心となって政治をおこなうしくみをつくった

　イ．律令を定め，法律にしたがって税を集めるしくみをつくった

　ウ．役人を 12 の位に分け，家がらではなく能力に応じて取り立てる制度をつくった

　エ．政治を立て直すために，京都に都をうつした

問3．下線部②について，この寺は聖武天皇の命令で造られました。聖武天皇の遺品や，この時代に大陸から伝わった宝物がおさめられている【資料1】の建て物を何といいますか。（　　　）

【資料1】

問4．下線部③について，この宗派をひらいた人物として正しいものをア～エから1つ選んで，記号で答えなさい。（　　　）

　ア．最澄　　イ．空海　　ウ．鑑真　　エ．行基

問5．下線部④について，源頼朝の死後，北条氏が将軍を補佐して幕府の実権を握りました。この政治を何といいますか。（　　　政治）

問6．下線部⑤について，このころの文化を説明した文a～dを読み，正しい文の組み合わせをア～エから1つ選んで，記号で答えなさい。（　　　）

　a．京都の東山に，二層の銀閣が建てられた

　b．京都の北山に，三層の金閣が建てられた

　c．観阿弥・世阿弥が能を完成させた

　d．雪舟が，水墨画を大成した

　　ア．a，c　　イ．a，d　　ウ．b，c　　エ．b，d

問7．下線部⑥について，次の【説明文】中（ a ）（ b ）にあてはまる言葉の組み合わせとして正しいものをア～エから1つ選んで，記号で答えなさい。（　　　）

【説明文】　1603 年，征夷大将軍に任じられた徳川家康は（ a ）に幕府を開いた。こののち，1867

年に15代将軍徳川慶喜が（　b　）によって政権を朝廷に返すまで約260年，幕府による支配が続いた。

　ア．(a)　三河　　　(b)　大政奉還

　イ．(a)　江戸　　　(b)　五箇条の御誓文

　ウ．(a)　江戸　　　(b)　大政奉還

　エ．(a)　三河　　　(b)　五箇条の御誓文

問8．下線部⑦について，この出来事と関係の深い文をア～エから1つ選んで，記号で答えなさい。

（　　　　）

　ア．全国各地で「世直し」をもとめる一揆や打ちこわしがおこった

　イ．下関で，この戦争の講和条約が結ばれた

　ウ．条約改正の声が高まり，外務大臣の陸奥宗光が領事裁判権の撤廃に成功した

　エ．韓国への優越権がみとめられ，こののち韓国は日本の植民地となった

問9．下線部⑧について，あとの2つの資料を見て，【説明文】中の空らんに共通してあてはまる言葉を答えなさい。（　　　　）

【説明文】【資料2】は戦後初の衆議院選挙後，最初の国会の様子，【資料3】は戦前の帝国議会の様子をあらわしたものです。2つの資料を比べると，出席議員に違いがあることがわかります。1946年におこなわれた戦後初の衆議院選挙では，初めて　　　　　の参政権が認められ，これにより39名の　　　　　が衆議院議員として当選しました。

【資料2】

△ウィキペディアより転載

【資料3】

△東京都立博物館　HPより転載

問10．次の出来事がおきた時期はいつですか。年表中①～⑧から「①と②の間」のように答えなさい。（　　　と　　　の間）

> 満州事変をきっかけに，日本が国際連盟を脱退した

10　《日本と外国との交流》　小学6年生の和子さんは，夏休みの課題として日本と外国との交流について調べました。次のカードは調べた内容を**古い時代から順に並べたもの**です。これを読んで，あとの問いに答えなさい。

(甲南女中)

《A》この時代に，中国や朝鮮半島から米づくりが伝わりました。これにより，人々の食生活は，米が主食となっていきました。米づくりがさかんになると，生活の様子も変わり，さくや堀で囲まれた集落が増えてきました。	《B》この時代には，大陸から伝わった仏教が，天皇を中心とする国づくりに大きな影響をあたえました。また，中国に使者を送り，対等な国の交わりを結ぼうとしました。	《C》この時代，モンゴル人が中国を支配して国をつくりました。その国は，日本を従えようとして使者を送ってきましたが，日本がこれをこばんだため，2度にわたって九州北部にせめてきました。
《D》この時代，中国から伝わった，墨だけを使って絵をえがく水墨画の技法が，日本で広まりました。この絵は，ふすまやかけ軸などに多くえがかれるようになりました。	《E》この時代に，ヨーロッパからキリスト教が伝わりました。それとともに，ヨーロッパの国々と貿易が行われたことで，ヨーロッパの品物が日本にもたらされました。	《F》この時代に，日本人が外国に行くことを禁止し，貿易を制限する制度が定まりました。そのため，外国の情報や貿易の利益は，幕府が独占することになりました。
《G》この時代の後半になると，西洋の学問を学ぶ人々が増えました。オランダ語で書かれた人体かいぼう書のほん訳が完成し出版されると，この学問への関心がより高まりました。	《H》この時代，前の時代に欧米諸国と結ばれた条約を改正しようと努力しました。改正交渉はなかなか進みませんでしたが，この時代の終わりには，条約改正が実現しました。	《I》この時代，日本は太平洋戦争に負けました。戦後，アメリカを中心とする連合国軍に占領されましたが，平和条約が結ばれたことで，独立を回復しました。

問1．カード《A》について，

(1)　右の写真①は，米づくりで使われた農具です。この農具はどのような時に使いましたか。説明しなさい。

(　　　　　　　　　　　　)

(2)　この時代の代表的集落として発見された，佐賀県にある遺跡を何といいますか。(　　　　)

問2．カード《B》について，

(1)　右の写真②は，この時代の政治の中心人物であった聖徳太子と関係が深い奈良県にある寺です。この寺を何といいますか。

(　　　　)

(2)　文中にある使者を送った中国の国名を何といいますか。次から1つ選び，記号で答えなさい。(　　　　)

ア．宋　　イ．隋　　ウ．魏　　エ．明

問３．カード《C》について，右の写真③は，熊本県の御家人であっ

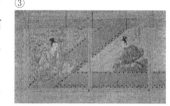

③

た竹崎季長が幕府の役人にうったえている絵です。竹崎季長は何

をうったえているのですか。うったえている理由とともに説明し

なさい。

（　　　　　　　　　　　　　　　　　　　　　　　　　　　　）

問４．カード《D》について，

④

(1)　この時代に，水墨画を日本ふうの様式に完成させた人物とは

だれですか。（　　　　）

(2)　右の写真④は，この時代から広がった建築様式です。たたみ

や障子・ふすまなどを使ったこの建築様式を何といいますか。

（　　　　）

問５．カード《E》について，この時代のキリスト教とヨーロッパとの関係について説明したX・

Y２つの文について，正誤の組み合わせとして正しいものを，あとから１つ選び，記号で答えな

さい。（　　　　）

X．織田信長は，キリスト教を保護し，教会や学校を建てることを認めた。

Y．ヨーロッパから生糸や銀がもたらされ，日本でも多く使われた。

ア．X―正　　　Y―正　　　イ．X―正　　　Y―誤　　　ウ．X―誤　　　Y―正

エ．X―誤　　　Y―誤

問６．カード《F》について，このような状況のなかでも，外国との交流は行われていました。これ

に関して説明した内容として誤っているものを，次から１つ選び，記号で答えなさい。（　　　　）

ア．沖縄では，琉球王国が栄えていたが，この時代には薩摩藩が支配するようになり，琉球王

国が行う貿易の利益も薩摩藩が手に入れるようになった。

イ．朝鮮からは，将軍がかわった時に，朝鮮通信使とよばれる使節が来日した。また，対馬藩

が朝鮮との貿易を定期的に行っていた。

ウ．この時代蝦夷地とよばれていた北海道では，アイヌの人々が松前藩と交易をしていたが，不

正な取り引きに対するアイヌの人々の不満が高まり，シャクシャインを中心として戦いを起こ

した。

エ．長崎には，オランダとの貿易のために出島がつくられ，多くの日本人がこの島に出入りして

貿易を行った。

問７．カード《G》について，この出版された本を何といいますか。　　⑤

（　　　　　　）

問８．カード《H》について，右の写真⑤は，条約改正の話し合い

をしている時に起きたある事件を風刺したものです。この事件を

きっかけに，国内では条約改正を求める国民の声が高まることに

なりました。その理由を説明しなさい。

（　　　　　　　　　　　　　　　　　　　　　　　　　　　　　）

問9．カード《Ｉ》について，この平和条約の内容について説明したＸ・Ｙ２つの文について，正誤の組み合わせとして正しいものを，あとから１つ選び，記号で答えなさい。（　　　　）

Ｘ．日本は，台湾・千島列島・樺太の南半分などを放棄する。

Ｙ．沖縄・奄美群島・小笠原諸島は，アメリカが治めることに同意する。

　　ア．Ｘ―正　　　Ｙ―正　　　イ．Ｘ―正　　　Ｙ―誤　　　ウ．Ｘ―誤　　　Ｙ―正

　　エ．Ｘ―誤　　　Ｙ―誤

問10．和子さんは，課題を完成させた後で，調べ忘れている時代があることに気がつき，追加で調べて右のカードを作りました。これはどのカードの前に入りますか。《Ａ》〜《Ｉ》のアルファベットで答えなさい。

　　　　　　　（　　　　　のカードの前）

> この時代には，中国との交流がなくなりました。そのため，これまで取り入れてきた大陸の文化をもとに，日本の風土にあった文化が生まれました。その１つにかな文字があります。

11　《最新の入試問題から①》　次の文章を読み，あとの問いに答えなさい。　　　　　　　（金蘭千里中）

　　感染症は，日本の歴史にも度々大きな影響をもたらした。①縄文時代や弥生時代の人々も，感染症にかかっていたことがわかっている。②大陸と日本の間を多くの人々が行き来したことで，多様な感染症が日本に持ち込まれた。③奈良時代にも都で感染症が流行した。④平安時代以降も流行は続き，⑤鎖国を行っていた江戸時代もおさまらなかった。⑥明治時代以降になると病原菌がつきとめられはじめ，対策が進んだ。しかし，第一次世界大戦末期頃からの⑦「スペインかぜ」の流行や現代のように，感染症はいまだ人類をおびやかし続けている。

⑴　下線部①について，この時期の日本各地の遺跡について述べた次の文ＡとＢの正誤の組み合わせとして正しいものを，あとのア〜エから１つ選び，記号で答えなさい。（　　　　）

Ａ．青森県の三内丸山遺跡では，大規模な水田稲作を行っていたあとが見つかっている。

Ｂ．佐賀県の吉野ヶ里遺跡では，集落のまわりが大きな堀やさくで囲まれている。

　　ア．Ａ＝正，Ｂ＝正　　　イ．Ａ＝正，Ｂ＝誤　　　ウ．Ａ＝誤，Ｂ＝正　　　エ．Ａ＝誤，Ｂ＝誤

⑵　下線部②について，次の問いⅰ）とⅱ）に答えなさい。

　ⅰ）４世紀以降，中国や朝鮮半島から日本列島へやってきて，建築や土木工事，焼き物などの文化を伝えた人々を何と呼ぶか。漢字３字で答えなさい。□□□

　ⅱ）歴史上における，中国や朝鮮半島と日本の間の人々の移動に関する次の文ア〜エのうち，誤っているものを１つ選び，記号で答えなさい。（　　　　）

　　ア．鑑真が日本に招かれ，平城京に唐招提寺を建てた。

　　イ．太政大臣となった平清盛は，明との貿易をはじめた。

　　ウ．全国を統一した豊臣秀吉は，朝鮮に大軍を送った。

　　エ．満州国が建国されると，多くの日本人が移住した。

⑶　下線部③に関連して，次の［資料１］は『続日本紀』という歴史書の一部をやさしく書き直したものである。これを読み，あとの問いⅰ）とⅱ）に答えなさい。

［資料1］

> 　天平13（西暦741）年3月24日，　　W　　天皇は次のようにおっしゃられた。「私は徳がうすい身でありながら，天皇の重任をついで，いまだ政治や教えを広める点で成果を出しておらず，寝ても覚めても身の至らなさを感じている。（中略）近年は作物の収かくが豊かでなく，はやり病がしきりに起こっている。わが身の不徳をはじる気持ちとおそれる気持ちでひとり苦しみ自分を責めている。そこで，広く人々のために大いなる幸せを求めようと思う。よろしく諸国に命じて，それぞれ七重塔一基を造り，金光明最勝王経，妙法蓮華経各々一部ずつを写させよ。（中略）私が願うことは，仏法がますますさかんになり，天地のごとく永く伝えられ，仏の加護が現世も来世も常に満ち満ちているということである。
>
> 　　　（※1）（※2）　仏教の経典の一種

i）空らん　　W　　に当てはまる人物名として正しいものを，次のア〜エから1つ選び，記号で答えなさい。（　　　）

　ア．後醍醐　　　イ．聖武　　　ウ．天智　　　エ．仁徳

ii）［資料1］から読み取れることに関する次の文CとDの正誤の組み合わせとして正しいものを，あとのア〜エから1つ選び，記号で答えなさい。（　　　）

　C．天皇は，不作やはやり病の流行といった国家の危機を，自らの徳を高め，政治手法をより良くすることで，仏教にたよらずに乗りこえようとしている。

　D．年号に着目すると，このころ日本でさかんに感染症が流行した原因のひとつには，モンゴル軍の2度にわたる日本襲来があると推測できる。

　　ア．C＝正，D＝正　　　イ．C＝正，D＝誤　　　ウ．C＝誤，D＝正　　　エ．C＝誤，D＝誤

(4)　下線部④について，次の問いi）とii）に答えなさい。

　i）藤原氏も感染症で一族を失っている。平安時代の藤原氏について述べた次の文EとFの正誤の組み合わせとして正しいものを，あとのア〜エから1つ選び，記号で答えなさい。（　　　）

　　E．藤原清衡は，奥州の平泉に平等院鳳凰堂を建てた。

　　F．藤原道長は，むすめを天皇のきさきにして，朝廷で権力をにぎった。

　　　ア．E＝正，F＝正　　　イ．E＝正，F＝誤　　　ウ．E＝誤，F＝正　　　エ．E＝誤，F＝誤

　ii）平安時代に書かれた『源氏物語』にも，登場人物の女性が，感染症と考えられる胸の病に苦しむ場面がある。この物語の作者はだれか。漢字で答えなさい。（　　　）

(5)　下線部⑤について述べた文のうち，正しいものをア〜エから1つ選び，記号で答えなさい。

（　　　）

　ア．鎖国以前には，日本人が東南アジアに移住し，各地に日本町が形成された。

　イ．鎖国中も，キリスト教の宣教師は自由な布教を認められていた。

　ウ．朝鮮王朝との交易や外交は，薩摩藩を通じて鎖国中も続いた。

　エ．オランダや中国とは，平戸の出島や唐人（中国人）屋敷でのみ交易が許された。

(6)　下線部⑥に関して，明治時代以降の医学の発展について，次の3人の人物と，その業績X〜Zの組み合わせとして正しいものを，あとのア〜カから1つ選び，記号で答えなさい。（　　　）

［人物］　北里柴三郎，志賀潔，野口英世

［業績］　X　アフリカで黄熱病の研究に力を注ぎ，広く世界に認められた。

　　　　　Y　破傷風の治療法を発見したほか，伝染病の研究所を設立した。

　　　　　Z　赤痢菌を発見し，その治療薬をつくることにも成功した。

　　ア．北里＝X，志賀＝Y，野口＝Z　　　イ．北里＝X，志賀＝Z，野口＝Y

　　ウ．北里＝Y，志賀＝X，野口＝Z　　　エ．北里＝Y，志賀＝Z，野口＝X

　　オ．北里＝Z，志賀＝X，野口＝Y　　　カ．北里＝Z，志賀＝Y，野口＝X

(7)　下線部⑦について，この「スペインかぜ」と呼ばれたインフルエンザの流行が起こった時期として正しいものを，下の年表中の(ア)～(エ)から1つ選び，記号で答えなさい。（　　　　　）

西暦	1894年		1910年		1923年		1937年		1950年	
		←（ア）→		←（イ）→		←（ウ）→		←（エ）→		
出来事	日清戦争		韓国併合		関東大震災		日中戦争		朝鮮戦争	

12　《最新の入試問題から②》　次のエピソードと，それに関連した文章1〜3を読み，あとの問いに答えなさい。

(関大第一中)

エピソード

　　日本における紙幣の歴史を振り返ってみると，約二十年ごとに主要な紙幣のデザインが大きく変わっています。①2024年1月現在で使用されている一万円札，五千円札，千円札が発行されたのは2004年で，その二十年前の1984年にも，描かれる人物やデザインが変わりました。

文章1

　　②飛鳥時代から奈良時代，日本では貨幣がつくられるようになり，日本最古の貨幣もつくられました。しかし，③鎌倉時代から室町時代を通じては，朝廷も幕府も貨幣をつくることはありませんでした。

文章2

　　④江戸時代になると，徳川幕府は，貨幣の発行権の独占と貨幣の様式の統一を行いました。このことは，徳川幕府の力の強さを物語るものとなりました。

文章3

　　⑤明治時代になり，現在の通貨である「円」が生まれ，紙幣が発行されるようになりました。

問1　下線部①に関して，

(1)　2004年に発行された一万円札に描かれた人物は，明治時代中期の思想家で，『学問のすゝめ』などを著した人物です。その人物の名を，漢字4文字で答えなさい。　□□□□

(2) 2004 年に発行された五千円札に描かれた人物は，明治時代の女流文学者で，『たけくらべ』などの作品を残した人物です。その人物の名を，**漢字 4 文字**で答えなさい。☐☐☐☐

(3) 2004 年に発行された千円札に描かれた人物は，細菌学者で，黄熱病の研究中にアフリカで亡くなった人物です。その人物の名を，**漢字 4 文字**で答えなさい。☐☐☐☐

問 2　下線部②に関して，

(1) 飛鳥時代の遺跡から日本最古の貨幣が発掘されました。日本最古の貨幣として，正しいものをア〜ウから 1 つ選び，記号で答えなさい。（　　　）

ア　　　　　　　　　　イ　　　　　　　　　ウ

(2) 飛鳥時代から奈良時代の書物として正しいものを，ア〜エから **2 つ**選び，記号で答えなさい。なお，解答の順序は問いません。（　　　）（　　　）

ア　枕草子　　イ　源氏物語　　ウ　古事記　　エ　日本書紀

(3) 飛鳥時代に，蘇我氏打倒から一連の改革が進められました。その改革について述べた文としてまちがっているものを，ア〜エから 1 つ選び，記号で答えなさい。（　　　）

ア　この改革の中で，唐から帰国した留学生の協力があった。
イ　中大兄皇子・中臣鎌足は，蘇我氏を滅ぼし，天皇中心の政治を行った。
ウ　蘇我氏打倒後すぐに，天武天皇が即位した。
エ　都は飛鳥から，難波宮に移された。

問 3　下線部③に関して，

(1) 1274 年と 1281 年に，元軍が日本に襲来しました。このできごとを，**漢字 2 文字**で答えなさい。☐☐

(2) 元軍が日本に襲来した時の，幕府の執権の人物の名を，**漢字 4 文字**で答えなさい。☐☐☐☐

(3) 鎌倉時代の仏教に関する文として時期や内容が正しいものを，ア〜エから 1 つ選び，記号で答えなさい。（　　　）

ア　東大寺が再建され，金剛力士像が南大門の両脇に置かれた。
イ　法然が浄土宗を，親鸞が日蓮宗を開き，南無妙法蓮華経が唱えられた。
ウ　空海が真言宗を，最澄が天台宗を開いた。
エ　栄西や道元によって，南無阿弥陀仏の念仏が唱えられた。

(4) 鎌倉時代には，社会のしくみが変わり，武士による最初の法令がつくられました。その法令を，**漢字**で答えなさい。（　　　）

(5) 鎌倉時代の武士の生活に関する文として時期や内容がまちがっているものを，ア〜エから 1 つ選び，記号で答えなさい。（　　　）

　ア　武士の城には石垣が造られ，城下町を持つ者もいた。

　イ　日頃は，一族とともに農村で生活をし，武芸に励んでいた。

　ウ　自分の領地を守るために使われた言葉が「一所懸命」であった。

　エ　将軍と，「御恩」と「奉公」という主従関係があった。

(6)　室町幕府の3代将軍は，将軍をゆずった後，朝廷から太政大臣に任命されました。この人物の名を，**漢字4文字**で答えなさい。□□□□

(7)　室町幕府の3代将軍について正しいものを，ア〜エから1つ選び，記号で答えなさい。

（　　　）

　ア　海賊行為を禁止させ，朱印船貿易を行った。

　イ　京都の東山に，のちに銀閣と呼ばれる別荘を建てさせた。

　ウ　法皇の称号を受け，武士の統一をはかった。

　エ　京都の朝廷と吉野の朝廷を合一し，南北朝時代を終わらせた。

(8)　室町幕府がある国と国交を開き，その国の貨幣が大量に輸入されるようになりました。その国の名を，**漢字1文字**で答えなさい。（　　　）

問4　下線部④に関して，

(1)　江戸幕府の大名に対する支配について内容が**まちがっている**ものを，ア〜エから1つ選び，記号で答えなさい。（　　　）

　ア　武家諸法度を定め，これにそむいた大名を厳しく罰した。

　イ　参勤交代の制度を定め，大名や藩の財政を圧迫した。

　ウ　関ヶ原の戦い以後に徳川家に仕えた外様大名を，幕府の要職につかせた。

　エ　大名が将軍と面会する際，階級によって座る場所が決められていた。

(2)　江戸幕府の外交について内容が**まちがっている**ものを，ア〜エから1つ選び，記号で答えなさい。（　　　）

　ア　オランダとは，長崎の出島で長崎奉行を窓口として貿易を進めた。

　イ　朝鮮は，対馬藩を窓口として日本に使節を送った。

　ウ　中国とは，松前藩を窓口として朝貢貿易を進めた。

　エ　琉球王国は，薩摩藩を窓口として日本に使節を送った。

問5　下線部⑤に関して，明治政府の近代化政策に関する文として内容が**まちがっている**ものを，ア〜エから1つ選び，記号で答えなさい。（　　　）

　ア　文明開化が始まり，郵便制度が導入された。

　イ　殖産興業の一環として，群馬県に官営模範工場を設置した。

　ウ　新橋から横浜間に，鉄道を開通させた。

　エ　北海道の開拓が始まり，その影響でアイヌの人々の生活が豊かになった。

1 ≪憲法と選挙≫　次の文をよく読み，あとの問いに答えなさい。　　　　　　（京都聖母学院中）

　_a日本国憲法は，（　1　）年の11月3日に公布され，よく年の5月3日から実施されました。憲法の前文にかかげられた理想のもとに103カ条の条文が定められており，これらの条文には，「国民主権」「（　2　）の尊重」「（　3　）」の三つの考えがつらぬかれています。

　国民主権を最もよくあらわしているのが_b選挙です。選挙をする権利は，（　4　）才以上のすべての国民が持ち，_c国会議員や都道府県知事，市町村の長，それらの議会の議員の選挙をします。

　日本国憲法では，さまざまな権利を（　2　）として保障していますが，このような国民の権利は，人間が生まれながらにして持っている，おかすことのできない権利であるという考えにもとづいています。

　日本国憲法の（　3　）は，_d戦争を反省し，二度と戦争をしないという決意を示しています。また，日本は原爆の被害にあったただ一つの国として，「核兵器をもたず，つくらず，（　5　）」という非核三原則も決めています。

問1．文中の（　1　）～（　5　）にあてはまる語句を答えなさい。

　　1（　　　）　2（　　　）　3（　　　）　4（　　　）　5（　　　）

問2．下線aでは憲法改正について次のように定めています。下の条文中の（　X　）と（　Y　）にあてはまる語句を【語群】のア～エからそれぞれ選び，記号で答えなさい。

　　X（　　　）　Y（　　　）

第九十六条

1　この憲法の改正は，各議院の総議員の（　X　）の賛成で，国会が，これを発議し，国民に提案してその承認を経なければならない。この承認には，特別の国民投票または国会の定める選挙の際行われる投票において，その（　Y　）の賛成を必要とする。

【語群】　ア．全員　　イ．過半数　　ウ．3分の2以上　　エ．3分の1以上

問3．下線bについて，各問いに答えなさい。

① 2022年7月10日に参議院議員選挙がおこなわれましたが，この選挙での投票率はおよそ何％でしたか。次のア～エから1つ選び，記号で答えなさい。（　　　）

　　ア．およそ30％　　イ．およそ50％　　ウ．およそ70％　　エ．およそ90％

② 参議院議員と立候補できる年齢が同じであるものを，次のア～エから1つ選び，記号で答えなさい。（　　　）

　　ア．衆議院議員　　イ．京都府知事　　ウ．大阪市長　　エ．京都府議会議員

問4．下線cについて，衆議院の現在の定数と任期の組み合わせとして正しいものを次のア～エから1つ選び，記号で答えなさい。（　　　）

　　ア．定数―465人　任期―4年　　イ．定数―465人　任期―6年

ウ．定数—500人　任期—4年　　エ．定数—500人　任期—6年

問5．下線dについて，第二次世界大戦後に結ばれた平和条約で日本の占領が終わりましたが，沖縄はその後もアメリカが治めました。その沖縄が日本に返還（へんかん）されたのは，今からおよそ何年前のことですか。次のア～エから1つ選び，記号で答えなさい。（　　　　）

ア．およそ70年前　　イ．およそ60年前　　ウ．およそ50年前　　エ．およそ40年前

2　《司法制度》　次の文章を読んで，あとの問1～問6に答えなさい。　　　　　（大阪薫英女中）

　わが国では，司法権は裁判所が持っています。裁判所は，①最高裁判所のほか，（　1　）裁判所，（　2　）裁判所，家庭裁判所，簡易裁判所があります。裁判官は，裁判に際して憲法と法律に拘束されるほかは，だれのさしずも受けず，（　3　）に従い，独立して仕事を行うことが憲法で定められています。そのため裁判官は，身分や地位がかたく保障されていて，弾劾裁判所で罷免（ひめん）されるなど特別な場合をのぞいては，やめさせられることはありません。

　裁判には，②民事裁判と刑事裁判とがあります。裁判のまちがいを防ぎ，人権を守るため，同じ事件については3回まで裁判を受けることができる（　4　）制という制度があり，当事者は，最初の裁判所の判決に納得がいかなかったときは，上級の裁判所に（　5　）することができます。

　また，2009年には20歳以上の国民が裁判に参加する③裁判員制度も開始されています。

問1　文中の空欄（　1　）～（　5　）にあてはまる語句を，次の(ア)～(キ)のなかから，それぞれ1つずつ選び，記号で答えなさい。ただし，（　1　）と（　2　）の答えは，順不同です。

(1)(　　　)　(2)(　　　)　(3)(　　　)　(4)(　　　)　(5)(　　　)

(ア)　地方　　(イ)　高等　　(ウ)　控訴　　(エ)　起訴　　(オ)　再審　　(カ)　良心　　(キ)　三審

問2　下線部①について，最高裁判所の長官を任命するのはだれですか。次の(ア)～(エ)のなかから1つ選び，記号で答えなさい。（　　　　）

(ア)　国会　　(イ)　内閣　　(ウ)　天皇　　(エ)　裁判所

問3　下線部①について，最高裁判所長官以外の裁判官を任命するのはだれ（どこ）ですか。次の(ア)～(エ)のなかから1つ選び，記号で答えなさい。（　　　　）

(ア)　国会　　(イ)　内閣　　(ウ)　天皇　　(エ)　裁判所

問4　最高裁判所の裁判官は，裁判官になってから初めての衆議院議員選挙の時，その後は10年ごとに「裁判官をやめさせるかどうか」について，国民からの判断を受けなければならないことになっています。この制度を何というか漢字4文字で答えなさい。（　　　　）

問5　下線部②について，民事裁判で，訴えた側を何といいますか。次の(ア)～(エ)のなかから1つ選び，記号で答えなさい。（　　　　）

(ア)　被告　　(イ)　原告　　(ウ)　検察官　　(エ)　被疑者

問6　下線部③について，裁判員裁判は，原則として何人の裁判員が選ばれて行われますか。次の(ア)～(エ)のなかから1つ選び，記号で答えなさい。（　　　　）

(ア)　3人　　(イ)　4人　　(ウ)　5人　　(エ)　6人

3　≪地方自治≫　次の表と会話文を見て，後の問いに答えなさい。　　　　　　　　（育英西中）

2021（令和3）年度　奈良県内39市町村議会の女性議員数

	議員数（人）	女性議員数（人）	割合		議員数（人）	女性議員数（人）	割合
奈良市	39	7	17.9％	曽爾村	8	0	0.0％
大和高田市	17	1	5.9％	御杖村	8	1	12.5％
大和郡山市	20	2	10.0％	高取町	8	1	12.5％
天理市	15	2	13.3％	明日香村	9	1	11.1％
橿原市	23	5	21.7％	上牧町	12	3	25.0％
桜井市	16	0	0.0％	王寺町	12	6	50.0％
五條市	12	1	8.3％	広陵町	14	3	21.4％
御所市	13	0	0.0％	河合町	13	2	15.4％
生駒市	24	9	37.5％	吉野町	9	0	0.0％
香芝市	16	3	18.8％	大淀町	12	2	16.7％
葛城市	15	2	13.3％	下市町	7	1	14.3％
宇陀市	14	2	14.3％	黒滝村	6	0	0.0％
山添村	10	2	20.0％	天川村	7	0	0.0％
平群町	12	3	25.0％	野迫川村	7	0	0.0％
三郷町	13	5	38.5％	十津川村	8	0	0.0％
斑鳩町	13	3	23.1％	下北山村	8	0	0.0％
安堵町	8	0	0.0％	上北山村	5	0	0.0％
川西町	12	1	8.3％	川上村	8	0	0.0％
三宅町	9	1	11.1％	東吉野村	8	1	12.5％
田原本町	14	0	0.0％				

（「（奈良がわかる！）「女性ゼロ議会」減っているの？／奈良県」2021年10月14日　朝日新聞朝刊　より作成。データは2021年9月末現在。）

すみれ　奈良県内で市町村議会における女性議員の人数が増えていると聞きました。

先　生　内閣府の調査などによると，2020年度末時点で，奈良県内の市町村議会の女性議員は計62人でした。2021年度は10市町村で新しい議員が誕生し，計70人に増えたんだよ。

すみれ　女性議員が1人もいない市町村議会は少なくなりましたか。

先　生　2020年度末時点で，県内の「女性ゼロ議会」は14市町村だったけど，3減2増になったよ。　A　市では2021年の選挙で女性3人が当選。　B　村では2議席，御杖村でも1議席を獲得したんだ。総務省の「市町村女性参画状況見える化マップ」によると，2020年度の　A　市議会における女性議員の数は0人だったから3人も増加したんだね。また，候補者の性別が記された資料が残っていないため断定できないけれど，　B　村は「村で初めての女性議員とみられる」，御杖村も「議員や職員の知る限り，過去の議会に女性はいなかった」

と担当者は話しているそうだよ。一方で，改選前に女性議員が1人だった吉野町は女性が立候補せず，男性だけの議会になったり，田原本町も女性候補が当選しなかったので，ゼロになったりしたんだ。

すみれ　女性議員の人数を増やしていくのって，なかなか順調にはいかないんですね。地方では市町村議会議員のなり手が少なくなっているとも聞きました。

先　生　そうだね。奈良県では市町村合併があまり進まなかったため，小規模な自治体も多いんだよ。2016～2020年の5年間で補欠選挙を除き，6つの町村議会議員選挙が無投票当選となったんだ。担い手自体の不足も悩ましい問題だね。

すみれ　女性議員を増やすために何か取り組んでいることはあるのでしょうか。

先　生　政府は2021年6月，「政治分野における男女共同参画の推進に関する法律」を改正しました。改正前から政党などに男女の候補者数の目標設定をするよう自主的な努力をするように促していたんだけど，新たに人材育成やセクハラ対策なども加えたんだ。また，国や自治体側にも施策を強化するよう求めて，本人の病気や忌引きだけではなく，　C　などの理由で議会を欠席できるようにするなど，体制を整える事を明記したよ。県女性活躍推進課によると，法改正を受けての具体的な取り組みは始まっていないけれど，何ができるかを整理していきたいとしているんだ。議会でも多様な意見を反映できるよう，たくさんの人が参加しやすいように改善していってほしいね。

(1)　　A　，　B　について，前の表を参考にしながら当てはまる市町村名をそれぞれ答えなさい。
　　A（　　　　）　B（　　　　　）

(2)　　C　について，前後の文のつながりを参考にしながら，市町村議会議員が議会を欠席する理由になり得る事例として当てはまるものを1つ挙げなさい。（　　　　　）

(3)　前の表の内容について述べた文として正しいものを，次のア～エから1つ選び，記号で答えなさい。（　　　　）
　ア　奈良県内において，市町村議会に所属する女性議員の人数が最も多いのは奈良市である。
　イ　奈良県内において，市議会に女性議員が1人も所属していない市は1つだけである。
　ウ　奈良県内の12の村議会において，全議席数に対する各村の女性議員数の合計の割合は約5％である。
　エ　奈良県内の15の市町村において「女性ゼロ議会」の状態が見られる。

(4)　市町村長や市町村議会について述べた文として正しいものを，次のア～エから1つ選び，記号で答えなさい。（　　　　）
　ア　市町村長や市町村議会議員に立候補するためには30歳以上でなければならない。
　イ　市町村議会は弾劾裁判所を設置し，各市町村にある裁判所の裁判官を審査する事ができる。
　ウ　市町村長や市町村議会は各市町村の予算の使い道を決め，国会の承認を得なければならない。
　エ　市町村議会は条例の制定，改正，廃止を決定する事ができる。

4　≪日本の経済≫　次の文章を読んで，あとの問いに答えなさい。　　　　　　（浪速中）
　日本では，　A　が1990年代初めに終わり，経済の低迷により①デフレーションが進んだこと

で，日本の経済状況は大きく変わりました。

　　②日本の経済は海外の動きにも左右されています。中国の経済成長による輸出の拡大や，2008年の　B　から始まる世界金融危機，2010年のギリシャ金融危機による③円高などの影響を受け，日本経済は大きな打撃を受けました。こうした状況において，　C　（訪日外国人旅行）の需要を増やし，経済の発展をはかることが考えられましたが，　D　の影響で，訪日外国人旅行者数が激減し，日本経済にも大きな影響を与えました。

　　2019年10月には④消費税が増税されましたが，消費が減少すると考えられたため，生活必需品には⑤軽減税率が導入されました。

問1　文中の　A　にあてはまる語句として正しいものを，次の中から1つ選んで，記号で答えなさい。（　　　）

　ア．いざなぎ景気　　イ．岩戸景気　　ウ．神武景気　　エ．バブル景気

問2　下線部①について，あとの問いに答えなさい。

⑴　デフレーションの説明として正しいものを，次の中から1つ選んで，記号で答えなさい。

（　　　）

　ア．計画的に物価の上昇をおこそうというもの。

　イ．経済が停滞しているにもかかわらず，物価が上昇している状態。

　ウ．不景気で世の中にお金が回らず，物価が下落する現象。

　エ．物価の上昇が継続的に見られる状態。

⑵　2012年12月に誕生した内閣の政策で，デフレーションから抜け出すことを目的として進められた経済政策を，カタカナ6字で答えなさい。□□□□□□

問3　下線部②について，2022年2月24日，ウクライナが軍事侵攻を受け，大きな国際紛争に発展したことも日本の経済に大きな影響を与えている。ウクライナへ軍事侵攻した国を答えなさい。

（　　　）

問4　文中の　B　・　D　にあてはまる語句として正しいものを，次の中から1つずつ選んで，記号で答えなさい。B（　　　）　D（　　　）

　ア．新型コロナウイルス感染症　　イ．石油ショック　　ウ．日米貿易摩擦

　エ．リーマン・ショック

問5　下線部③について，2000年4月1日の外国為替相場は1ドルにつき106.15円であった。次のうち2000年4月1日よりも円高なのはいつか。正しいものを，次の中からすべて選んで，記号で答えなさい。（　　　）

　ア．2004年7月1日（1ドルにつき108.30円）

　イ．2009年4月1日（1ドルにつき98.89円）

　ウ．2020年9月1日（1ドルにつき105.89円）

　エ．2022年8月1日（1ドルにつき132.91円）

問6　文中の　C　にあてはまる語句として正しいものを，次の中から1つ選んで，記号で答えなさい。（　　　）

　ア．インバウンド　　イ．グローバル　　ウ．ナビゲーション　　エ．ユニバーサル

問7　下線部④について，あとの問いに答えなさい。

(1) 消費税は，令和４年度の日本国の収入のうち約20パーセントをしめている。このことに関連して，国の予算を決める国会について説明した次の文中（　a　）～（　c　）にあてはまる語句として正しいものを，あとのア～クの中から１つずつ選んで，記号で答えなさい。

　　　　a（　　　　）　b（　　　　）　c（　　　　）

　　「国会は，国の政治の方向を決める機関で，衆議院と参議院があります。国民の代表者である国会議員は，（　a　）以上の国民が選挙で投票し，全国から選ばれます。参議院議員は（　b　）以上の立候補者から選ばれます。国会では，予算のほかに，（　c　）や外国と結んだ条約の承認などを話し合って決めます。」

　　ア．18才　　イ．20才　　ウ．25才　　エ．30才　　オ．違憲審査　　カ．国事行為

　　キ．条例　　ク．法律

(2) 消費税のように，税金をおさめる人と，その税を負担する人がちがう税のことを何というか，答えなさい。（　　　　）

問8　下線部⑤について，2023年現在，軽減税率は何パーセントか。正しいものを，次の中から１つ選んで，記号で答えなさい。（　　　　）

　　ア．３パーセント　　イ．５パーセント　　ウ．８パーセント　　エ．10パーセント

5　《スーパーマーケット》　先日，社会の授業でスーパーマーケットに社会見学に行き，お店の方からお話を聞きました。そのときの様子について，あとの問いに答えなさい。　　　　　（天理中）

(1) 商店街の中にある商店と，スーパーマーケットでは，違いがたくさんありました。その一つは，スーパーマーケットの駐車場が大きいということでした。その理由を簡単に答えなさい。

　　（　　　　　　　　　　　　　　　　　　　　　　　　　　　　　　　　　　　　）

(2) 売り場を見て回ると，シャンプーとコンディショナーのボトルに違いがあることに気がつきました。これは目の不自由な人でもボトルの違いを区別するための工夫だそうです。このような障害のある人，そうでない人も同じように便利な商品や社会を何というか答えなさい。（　　　　）

(3) 野菜売り場では，商品を包んだ袋に「〇〇が栽培しました」というシールがはってありました。これは地域の人が作ったものを，その地域の人に買ってもらおうという工夫だそうです。このような取り組みを何というか答えなさい。（　　　　）

(4) 売り場のくふうとして，レジ近くにはどのような商品が置かれているか答えなさい。（　　　　）

(5) 最近はバーコードの読み取り，支払い，袋詰めまでを客自身が行うレジを見かけるようになりました。このようなレジを一般に何レジと呼んでいるか答えなさい。（　　　　）

(6) 現在は買い物した商品を持ち帰るとき，レジ袋は有料で購入しなければなりません。購入しなくてもよいように，あなたやあなたの家庭で行っている工夫を答えなさい。

　　（　　　　　　　　　　　　　　　　　　　　　　　　　　　　　　　　　　　　）

6　《成人年齢の引き下げ》　次の文章を読んで，後の問いに答えなさい。　　　　　（近大附中）

2022年４月から①成年（成人）年齢が引き下げられました。その３か月後の2022年７月には，

成年（成人）年齢が引き下げられてから初めての②選挙が全国で行われました。この選挙で当選した議員らは，国民の代表者として③国会で国の政治の方向を決める話し合いを行います。国会で話し合われた内容をもとに，国民全体のために責任をもって仕事を行うのが④内閣です。内閣では，⑤天皇によって任命された内閣総理大臣が，国務大臣を任命します。任命された国務大臣は，⑥省の大臣や庁の長官などとして，分担された仕事を進めます。

　また，社会では，犯罪や事故が起こることがあります。このような時に法律にもとづいて問題を解決し，国民の権利を守る仕事をしているのが⑦裁判所です。

(1)　下線部①について，現在，投票する権利は何才以上の国民に認められていますか。解答欄にあわせて数字で答えなさい。（　　　才以上）

(2)　下線部②について，次の問いに答えなさい。

　Ⅰ　下線部②について，選挙権は憲法に定められた「国の政治を最終的に決めるのは国民である」という原則にもとづいています。この原則を何といいますか。漢字で答えなさい。（　　　　）

　Ⅱ　下線部②について，あやまってのべているものを次のア～エの中から1つ選び，記号で答えなさい。（　　　　）

　　ア　近年，選挙で投票する人が減ってきていることが問題になっています。

　　イ　国会議員の多くは，政党から立候補します。

　　ウ　最近では，インターネットを利用した選挙運動が広がっています。

　　エ　選挙で当選した国会議員たちは，政治の進め方を相談するために全議員参加の閣議を開きます。

(3)　下線部③について，次の問いに答えなさい。

　Ⅰ　国会の働きとしてあやまっているものを次のア～エの中から1つ選び，記号で答えなさい。

（　　　　）

　　ア　法律の制定　　　　　　イ　国会の召集
　　ウ　内閣総理大臣の指名　　エ　憲法改正の発議

　Ⅱ　国会での予算成立の流れとして，正しいものを次のア～エの中から1つ選び，記号で答えなさい。（　　　　）

　　ア　衆議院（予算の作成）⇒内閣（審議→可決）⇒参議院（審議→可決）⇒予算の成立

　　イ　参議院（予算の作成）⇒内閣（審議→可決）⇒衆議院（審議→可決）⇒予算の成立

　　ウ　内閣（予算の作成）⇒衆議院（審議→可決）⇒参議院（審議→可決）⇒予算の成立

　　エ　内閣（予算の作成）⇒参議院（審議→可決）⇒衆議院（審議→可決）⇒予算の成立

　Ⅲ　国会で決められた休日について，2月11日は何の日ですか。（　　　　）

(4)　下線部④について，内閣の働きとしてあやまっているものを次のア～エの中から1つ選び，記号で答えなさい。（　　　　）

　　ア　弾劾裁判所の設置　　イ　外国との条約を結ぶ　　ウ　最高裁判所の長官を指名する
　　エ　外国との交渉や交際を行う

(5)　下線部⑤について，憲法に定められた天皇が行う仕事を何といいますか。漢字で答えなさい。

（　　　　）

⑹　下線部⑥について，国民の生活や労働に関する仕事を行う省を何といいますか。解答欄にあわせて漢字で答えなさい。（　　　省）

⑺　下線部⑦について，国の権力を国会・内閣・裁判所に分け，権力が一つに集まることをさける政治の仕組みを何といいますか。漢字で答えなさい。（　　　　）

7　≪政治とくらし≫　公民分野について，あとの問いに答えなさい。　　　　　　（帝塚山学院中）

問1　次の文を読み，文中の空欄Xに入る語句を答えなさい。（　　　　）

　　日本国憲法における天皇には，国の政治に関する権限はなく，　X　の助言と承認にもとづいて，憲法で定められた仕事を行う。

問2　次の表は二つの議院の選挙実施日を示している。Y・Zにあてはまるものの組み合わせとして適当なものを，あとのア～カから一つ選び，記号で答えなさい。（　　　　）

Y	Z
2009 年 8 月 30 日	2010 年 7 月 11 日
2012 年 12 月 16 日	2013 年 7 月 21 日
2014 年 12 月 14 日	2016 年 7 月 10 日
2017 年 10 月 22 日	2019 年 7 月 21 日
2021 年 10 月 31 日	2022 年 7 月 10 日

ア　Y―参議院　　　Z―衆議院　　　イ　Y―参議院　　　Z―貴族院
ウ　Y―衆議院　　　Z―参議院　　　エ　Y―衆議院　　　Z―貴族院
オ　Y―貴族院　　　Z―参議院　　　カ　Y―貴族院　　　Z―衆議院

問3　障がいのある人たちが社会で安全・安心に暮らせるように，様々な取り組みが進められている。次の写真A～Cのうち，目の不自由な人の役に立つ取り組み例の組み合わせとして適当なものを，あとのア～エから一つ選び，記号で答えなさい。（　　　　）

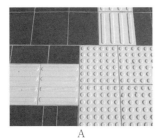

　　　　　A　　　　　　　　　　　　B　　　　　　　　　　　　C

ア　A・B　　イ　A・C　　ウ　B・C　　エ　A・B・C

問4　次の文が説明する省庁を，解答欄に合うように答えなさい。（　　　省）

　●学校でどのような勉強を，どのくらいするか決める。

　●科学の研究が発展する環境を整える。

問5　日本は少子高齢化が問題となっている。あとの日本の出生数の推移を示したグラフから読み取れることとして**適当でないもの**を，次のア～エから一つ選び，記号で答えなさい。なお，グラフに示されていない年の数値は考えないこととする。（　　　　）

　ア　1950年から2015年にかけて，出生数は年々，減少し続けている。

　イ　1960年から1965年にかけて，出生数が最も増加した。

　ウ　1950年から1955年にかけて，出生数が最も減少した。

　エ　1985年以降，出生数は150万人以下である。

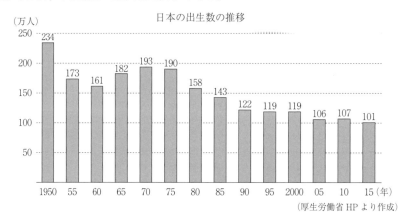

日本の出生数の推移

（厚生労働省HPより作成）

8　≪家族・社会の様子≫　日本における家族のあり方や社会の様子の変化について，後の問いに答えなさい。

（同志社女中）

問1　次の文章を読んで，後の問いに答えなさい。

　　　時代が移り変わるとともに，家族の構成も変わってきました。かつては，子どもの数が多く，子・親・祖父母が一緒に暮らす「三世代世帯」が多く見られました。

　　　国が発表している「2019年　国民生活基礎調査の概況」によると，2019年の全国の世帯数は約5180万世帯でした。そのうち，夫婦のみ，あるいは親と子の二世代で暮らす「（　Ⅰ　）家族」とよばれる世帯が，約60％を占めていました。1986年に全体の約15％だった「三世代世帯」の割合は2019年には約5％になっていました。また，1986年に全体の約18％だった一人暮らしの「単独世帯」の割合は，2019年には30％近くにまで増えていました。

　①　上の文章からわかることとして最も適当なものを，次のア〜エから1つ選び，記号で答えなさい。（　　　）

　　ア．1990年代以降共働き世帯が増えたことで，専業主婦世帯が減ってきた。

　　イ．2019年の一世帯当たりの家族の人数は，1986年に比べおおよそ2倍に増えている。

　　ウ．2019年の三世代世帯の数は，全国でおおよそ260万世帯である。

　　エ．1986年におおよそ930万世帯だった単独世帯は，2019年にはおおよそ1550万世帯に増加した。

　②　（　Ⅰ　）に当てはまる語を，ひらがなで答えなさい。（　　　）

問2　次のグラフは，日本の出生数（生まれた子どもの数），高齢化率（総人口に占める65歳以上の高齢者の割合），総人口について，1950年から2020年までの5年ごとの推移を示したものです。これらのグラフから読み取れる内容として適当でないものを，後のア〜エから1つ選び，記号で答えなさい。（　　　）

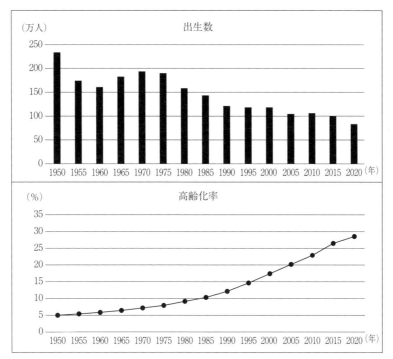

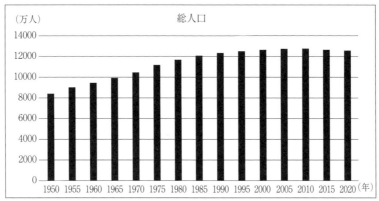

『令和4年版厚生労働白書』・『令和4年版高齢社会白書』より作成

ア．2020年の出生数は，最も出生数が多かった年の半数以下になっている。

イ．1950年代に約5％だった高齢化率は1980年代に10％を超え，その後も上昇（じょうしょう）している。

ウ．2020年の総人口は，1950年の約1.5倍になっている。

エ．1995年の65歳以上の高齢者の数は，1950年の約3倍になっている。

9　≪最新の入試問題から≫　次の条文は1789年に出された『フランス人権宣言』の一部である。これを読んで，あとの問いに答えなさい。 （大谷中－大阪－）

第1条　人は生まれながらに，自由で平等な権利を持つ。社会的な区別は，ただ公共の利益に関係のある場合にしかもうけられてはならない。

第2条　政治的結合（国家）の全ての目的は，自然でおかすことのできない権利を守ることにある。この権利というのは，自由，財産，A 安全，およびB 圧政への抵抗である。

第3条　　C　　の源は，もともと国民の中にある。どのような団体や個人であっても，国民から出たものでない権利を使うことはできない。

第4条　自由とは，他人に害をあたえない限り，何事もできるということである。したがって，それぞれの人が生まれながらの権利を行使することは，社会の他の人々の同様な権利を守るために生じる制限をのぞいては，まったく制限されない。そしてこの制限は，　　D　　によってしか定めることができない。

第5条　　D　　には，社会に害がある行いのほかは，禁止する権利がない。　　D　　が禁止しない限り，何事をするのもさまたげられない。そしてどのような人も，　　D　　が命じないことを強制されることはない。

第6条　　D　　は，総意の表明である。すべての市民は，自ら，または_E代表者を通じて，その作成にあずかる権利がある。　　D　　は，保護にせよ処罰（しょばつ）にせよ，万人に対して平等でなければならない。すべての市民は，法の目からは平等であるから，その能力にしたがい，かつその特性および才能以外の差別をのぞいて平等におおやけの位階（功績のある者に与えられる位），地位および職務につくことができる。

(1)　条文中の下線部Aに関して，社会権にあてはまらないものを，次のア～エから1つ選び，記号で答えなさい。（　　　　）

　　ア．生存権　　　イ．勤労の権利　　　ウ．団体交渉権　　　エ．環境権

(2)　条文中の下線部Bに関して，日本国憲法では「裁判を受ける権利」のことを何というか，正しいものを次のア～エから1つ選び，記号で答えなさい。（　　　　）

　　ア．請求権　　　イ．選挙権　　　ウ．統帥権　　　エ．自己決定権

(3)　条文中の空らん　　C　　にあてはまる語句は「国の政治の最終決定権」のことで，日本の明治時代には天皇がもっていたものである。この語句を漢字2字で答えなさい。（　　　　）

(4)　条文中の空らん　　D　　にあてはまる語句として正しいものを，次のア～エから1つ選び，記号で答えなさい。（　　　　）

　　ア．勅命（ちょくめい）　　　イ．法律　　　ウ．憲法　　　エ．条約

(5)　条文中の下線部Eに関して，日本の国会の役割としてあてはまらないものを，次のア～エから1つ選び，記号で答えなさい。（　　　　）

　　ア．国政の調査　　　イ．憲法改正の発議　　　ウ．条約の締結　　　エ．予算の議決

1　≪国際社会での日本の役割≫　次の文章を読んで，あとの問に答えなさい。

（三田学園中）

　国内で新型コロナウイルス感染者が確認されてから，約3年が経ちました。わが国においては，2020年1月15日に最初の感染者が確認されています。（国立感染症研究所ホームページより）

　①それ以降，日本を訪れる外国人旅行者数，日本を出国する日本人旅行者数が大幅にへりました。しかし忘れてはいけないのは，新型コロナウイルスが世界的に流行する以前にも，経済的余裕がなく海外旅行ができない人々が，世の中にはたくさんいたことです。②極度の貧困状態（1日1.9アメリカドル以下）で暮らしている人は，今なお全世界に多く存在します。特に開発途上国に多く，③日本はそうした国々への国際協力をおこなっています。

　国際社会において，日本がどのような役割を果たせるのか，一人ひとりが自分のこととして考えていく必要があります。

問1　下線部①について，次の[資料1]～[資料3]の空らんには，すべて同じ国名が入ります。その国名を答えなさい。（　　　　　）

[資料1]　訪日外客数　国・地域別ランキング

	2019年		2022年 ※9月分までの統計	
第1位	9,594,394人		191,150人	ベトナム
第2位	5,584,597人	韓国	118,100人	韓国
第3位	4,890,602人	台湾	113,000人	
第4位	2,290,792人	香港	76,500人	アメリカ
第5位	2,187,557人	アメリカ	57,200人	インドネシア

出典：日本政府観光局（JNTO）／訪日外客数（総数）より作成

[資料2]　日本人訪問者数　国・地域別ランキング

	2018年	
第1位	3,493,313人	アメリカ (注)
第2位	2,948,527人	韓国
第3位	2,689,662人	
第4位	1,969,151人	台湾
第5位	1,655,996人	タイ

（注）　北マリアナ諸島（サイパン等）・グアム・米領サモア・プエルトリコ・米領バージン諸島などもふくむ。
　　　うち，ハワイ：1,489,778人　グアム：566,588人

出典：外務省ホームページ／日本人が多く訪問している国・地域より作成

［資料3］　日本のおもな輸出入相手国　国・地域別ランキング〈統計年／2020年〉

	輸出（2020年）金額による輸出相手国・地域の割合		輸入（2020年）金額による輸入相手国・地域の割合	
第1位	22.0 %	☐	25.8 %	☐
第2位	18.5 %	アメリカ	11.3 %	アメリカ
第3位	7.0 %	韓国	5.6 %	オーストラリア
第4位	5.0 %	香港	4.2 %	韓国
第5位	4.0 %	タイ	3.7 %	タイ

出典：データブック　オブ・ザ・ワールド 2022 より作成

問2　下線部②について，次の円グラフは，世界で「きわめて貧しい暮らしを強いられる人びと」の数をあらわしています。この円グラフから読みとれる説明Ⅰ～Ⅳについて，正しいものの組合せを，下のア～エの中から1つ選び，記号で答えなさい。（　　　　）

【きわめて貧しい暮らしを強いられる人びとの数】

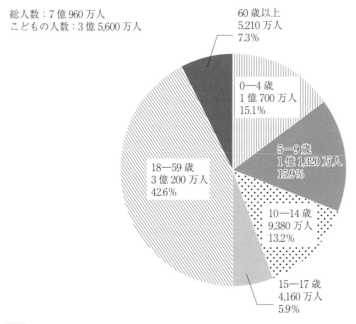

出典：「日本ユニセフ協会ホームページ/SDGs Club/SDGs17の目標/1.貧困をなくそう/世界にあるこんな問題」より

Ⅰ．極度の貧困状態で暮らしている総人数は，合計で10億人をこえている。

Ⅱ．極度の貧困状態で暮らしている子ども（0—17歳）の人数は，総人数の半数をこえている。

Ⅲ．極度の貧困状態で暮らしている子ども（10—17歳）は，日本の総人口より少ない。

Ⅳ．極度の貧困状態で暮らしている高齢者（60歳以上）は，全体の10％未満である。

　　ア．Ⅰ・Ⅲ　　　イ．Ⅰ・Ⅳ　　　ウ．Ⅱ・Ⅲ　　　エ．Ⅱ・Ⅳ

問3　下線部③について，次の2つの円グラフは，青年海外協力隊の国別派遣者数とその割合を地域別に集計したグラフです。この円グラフから読みとれる説明としてもっとも適切なものを，あとのア～エの中から1つ選び，記号で答えなさい。（　　　　）

【青年海外協力隊　国別派遣実績―地域別集計表】

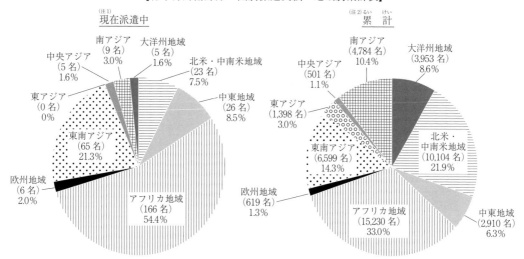

(注1) 2022年3月31日時点における「派遣中の人数とその割合」をあらわしています。
(注2) 1965年から2022年まで派遣された「合計人数とその割合」をあらわしています。

出典：「JICA 海外協力隊ホームページ　青年海外協力隊／海外協力隊派遣実績」より

ア．「現在派遣中」の人のうち，アジア地域へ派遣されている人数は，全派遣地域の過半数をしめている。

イ．「現在派遣中」の人のうち，北米・中南米地域へ派遣されている人の割合は，近年増加している。

ウ．今まで日本から各地域に派遣された「累計」人数は，500 人をこえている。

エ．今まで日本から各地域に派遣された「累計」割合は，アフリカ・中東地域で過半をしめている。

2　≪国際社会の歴史と現在≫　次の文章を読んで各問いに答えなさい。　　　　　　　　（大阪女学院中）

　国際社会はおたがいの主権を重んじて，協調することが大切です。けれども歴史をふりかえると，世界をまきこんだ大きな戦争が20世紀に2回起こりました。

　1914年に起き，おもにヨーロッパを戦場とした（　1　）と，1939年にヨーロッパで起き，日本も1941年（　2　）に参戦した（　3　）です。

　（　3　）の末期にはアメリカが開発した（　4　）が日本の広島と長崎に投下され，大きな被害をもたらしました。

　（　4　）は終戦後にいくつもの国が開発し，世界はソ連（当時）とアメリカを筆頭とする2つの陣営に分かれ，1989年まで44年間対立しました。これを「東西の（　5　）」といいます。

　1945年に発足した国際連合は「国際平和」をかかげていますが，安全保障理事会の常任理事国のあいだで意見が対立し，戦争や紛争の解決がむずかしいことがあります。

問1．（　1　）～（　5　）に当てはまる語句を答えなさい。なお，（　2　）はあてはまる日付（日本時間の月日）を答えなさい。(1)(　　　)　(2)(　　月　　日)　(3)(　　　)　(4)(　　　)　(5)(　　　)

問2．下線部の5つの国に共通することがらを，本文と関係する内容で一つ答えなさい。

　（　　　　　　　　　　　　　　　　　　　　　　　　　　　　　　　　　　　　　）

問3．国際社会では国と国の対立や紛争はどのようにして解決すればよいでしょうか。日本国憲法
　　第9条のことばや内容をふまえて答えなさい。

　　　（　　　　　　　　　　　　　　　　　　　　　　　　　　　　　　　　　　　　　　）

3　《SDGs》　国際連合が示している SDGs に関する問いに答えなさい。　　　　（京都産業大附中）

問1　SDGs についての説明として正しいものを，次のア〜エの中から1つ選び，記号で答えな
　　さい。（　　　）
　　ア　持続可能な努力目標　　イ　ミレニアム努力目標　　ウ　持続可能な開発目標
　　エ　ミレニアム開発目標
問2　この図にある 17 の目標を何年までに達成すべきとされていますか。次のア〜エの中から1つ
　　選び，記号で答えなさい。（　　　）
　　ア　2025 年　　イ　2030 年　　ウ　2035 年　　エ　2040 年
問3　17 の目標に関する次の(I)〜(II)の問いに答えなさい。

(I)　　　　　具体的な内容として，「感染症以外の病気で人々が早く命を失う割合を3
　　　　分の1減らす。心の健康への対策や福祉もすすめる」というものがあります。
　　　　日本において，健康や福祉，医療を主として担当する省庁の名前を答え
　　　　なさい。（　　　）

(II)　　　　　具体的な内容として「災害によって命を失う人や被害を受ける人の数を大
　　　　きく減らす」というものがあります。日本では，災害発生直後，都道府県や
　　　　市町村，日本赤十字社などの団体や国民の協力のもとに，国が応急的に必要
　　　　な救助活動を行い，被災者の保護や社会秩序の保全を行うための法律が存在
　　　　します。この法律名を**漢字**で答えなさい。（　　　）

4 ≪2022年の外国のできごと≫　次の文 A～E は，2022 年に外国で起きたできごとについて書いた
ものです。あとの問いに答えなさい。　　　　　　　　　　　　　　　　　　　　　　　　（天理中）

A　ジャカルタから首都を移転する法案が可決されました。首都の移転先はカリマンタン島となり，
新都市名は「ヌサンタラ」となることが決まりました。11 月には G20 サミットがバリ島で開か
れ，各国首脳による話し合いが行われました。

B　大谷翔平選手は，MLB の歴史上初めて投打の二刀流で規定投球回と規定打席を同一シーズン
に達成しました。

C　君主として歴代最長となる 70 年にわたって在位してきた（　　）女王が 96 歳で亡くなりまし
た。9 月にウェストミンスター寺院で国葬が行われました。

D　旧ソ連の最後の指導者で，東西冷戦を終結に導いた（　　）氏が 91 歳で亡くなりました。

E　第 24 回冬季オリンピック競技（　　）大会は 2 月 20 日夜，（　　）市の国家体育場で閉会式が
行われました。新型コロナウイルスが世界的に流行する中で行われたこの大会は，2021 年夏の東
京五輪よりも厳格に外部と隔てられた「バブル方式」による大会でした。

(1)　文 A，B，C はどこの国のできごとか，国の名前を答えなさい。

　　A（　　　　）　B（　　　　）　C（　　　　）

(2)　文中 C の（　　）に当てはまる人物の名前を答えなさい。（　　　　　）

(3)　文中 D の（　　）に当てはまる人物の名前を答えなさい。（　　　　　）

(4)　文中 E の（　　）に当てはまる都市の名前を答えなさい。（　　　　　）

5 ≪最新の入試問題から≫　次の文章を読んで，後の各問いに答えなさい。　　　　（関西大学北陽中）

　　①国連は第二次世界大戦後の 1945 年に世界の平和と安全を守り，人々のくらしをよりよいものに
するために設立された国際平和機関です。設立当初の加盟国は 51 か国でしたが，2023 年 12 月現在
は世界の約 200 の国のうち，□□□□ が加盟しています。日本は 1956 年に加盟しました。現在では，
②たくさんの活動費用を負担したり，多くの人が職員として働いたりして，国連の活動を支えてい
ます。国連は，国家間の争いや，③地球環境問題など世界各地で起こっているさまざまな問題を解
決するために会議を開いたり，目的に応じた多くの④国連機関を通じて働きかけを行ったりします。

　　国連は総会，安全保障理事会，事務局などの主要な機関から構成されています。総会は，すべて
の加盟国で構成される審議機関です。各国が 1 票の投票権を持ち，多数決によって決議が行われま
す。総会で決定されたことがらは，世界の国々の声を代表する重みを持ちます。⑤安全保障理事
会は，世界の平和と安全に責任を持つ機関です。常任理事国と非常任理事国で構成されています。
事務局は，国連の日常的な業務を行う機関です。最高責任者である事務総長と，全世界で活動する
およそ 4 万人の職員で構成されています。

　　日本には国連の加盟国の 1 つとして，政治や経済の面でも世界の平和を実現するため，世界各地
でいろいろな⑥国際協力の活動を行うことが求められています。

問 1　下線部①について，次の各問いに答えなさい。

　(1)　国連の正式名称を**漢字**で答えなさい。（　　　　）

　(2)　文中の□□□□にあてはまる国の数を次のア～エから 1 つ選び，記号で答えなさい。（　　　　）

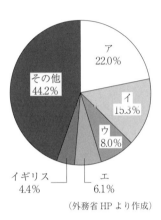

（外務省 HP より作成）

　　　ア　63 か国　　イ　176 か国　　ウ　193 か国　　エ　206 か国

問2　下線部②について，右のグラフは 2022 年の国連分担金の負担
　　割合を表したものです。グラフ中のア～エは日本・アメリカ・中国・
　　ドイツのいずれかの国のものです。このうち日本の割合を示したも
　　のをア～エから1つ選び，記号で答えなさい。（　　　）

問3　下線部③について，1997 年に京都で採択された地球温暖化の主
　　な原因である温室効果ガスの具体的な削減目標の約束を何というか
　　答えなさい。（　　　）

問4　下線部④について，国連機関の1つとしてユネスコがある。こ
　　の活動について述べた文として正しいものを次のア～エから1つ選
　　び，記号で答えなさい。（　　　）

　　ア　核兵器の拡散を防ぎ，すべての国が原子力科学と技術を平和目的に，安全に安心して利用で
　　　きるようにするための活動を行っている。

　　イ　すべての人々が可能な最高の健康水準に到達することを目的に，全世界の人々の健康を守る
　　　ための活動を行っている。

　　ウ　北半球に多い先進国と南半球に多い発展途上国との間の経済格差を縮めていくことを目的に
　　　活動を行っている。

　　エ　文化遺産の修復や保存をはじめとして，教育や文化などの分野で世界の平和につながる活動
　　　を行っている。

問5　下線部⑤について，これについて述べた次の A～C の文のうち，正しいものはどれか。あて
　　はまるものをすべて選び，その組合せとして正しいものを下のア～キから1つ選び，記号で答え
　　なさい。（　　　）

　　A　2022 年の国連総会において日本は，安全保障理事会の5つある非常任理事国の1つに選出さ
　　　れ，現在2年間の任期を務めている。

　　B　安全保障理事会の常任理事国を務める国は，アメリカ，イギリス，ロシア，フランス，中国
　　　の5か国である。

　　C　安全保障理事会の常任理事国と非常任理事国の反対投票は拒否権と呼ばれ，その行使はとも
　　　に決議を拒否する力を持っている。

　　　ア　A　　イ　B　　ウ　C　　エ　AとB　　オ　AとC　　カ　BとC
　　　キ　AとBとC

問6　下線部⑥について，貧しさなどの理由で困っている国の人々の生活をよくするために政府が
　　資金や技術の援助を行うことを何というか，アルファベットの略称で答えなさい。（　　　）

1 ＜新聞記事の内容から＞　以下の新聞記事を読み，あとの問いに答えなさい。　　（立命館宇治中）

　岸田首相は記者会見で新型コロナウイルスの感染拡大や(a)ウクライナ侵攻，物価高を当面の課題に挙げた。「戦後最大級の危機に直面し，(b)有事の政権運営を考えなければならない」と説いた。

　従来の物価高対策には「結果として物価が上がっている。国民が十分とは言えないというのは当然だ」と言及し不十分だとの認識を示した。

　食料品やエネルギーの価格上昇への既存の対策が最優先だと指摘した一方で「新しい対策も用意する」と触れた。物価・賃金・生活総合対策本部を今週開き，追加策を検討する。

　政府はガソリンや灯油の価格高騰への補助金で1.8兆円を拠出すると決定した。一律の補助には巨額の費用がかかる。物流費の高騰で経営の苦しい中小企業などに支援を絞り，化石燃料への依存を脱するためのエネルギー転換への投資を手厚くする必要がある。

　コストプッシュ型の物価上昇への対応には，生産性向上や(c)賃上げも重要になる。ばらまきだけではなく経済成長のビジョンを描けるかが課題だ。

　直近の課題としては電力の(d)需給逼迫もある。岸田首相は記者会見で懸念払拭に努めた。(e)火力発電所の運転再開を通じて「この夏は安定供給に必要となる水準を確保できる見通しだ」と明言した。

　政府の要請に基づき，参院選前には老朽火力発電所2基あわせて130万キロワットの再稼働が決まった。7月は東京電力ホールディングス管内で電力需要への供給余力を示す予備率は3.1％から3.7％に改善した。だが最低ラインとされる3％をわずかに上回る水準で，予想外の暑さが続けば需給は逼迫しやすい。

　火力発電所は二酸化炭素（CO_2）の排出が多く，(f)脱炭素に逆行する。日本は安全保障のためにも再生可能エネルギーの普及や原子力発電所の活用を進めざるを得ない。

　　　　　　　　　　　　　　　（日本経済新聞7月12日1面より。出題のため，一部改変）

(1)　下線部(a)について，ロシアのこの侵攻に対して，国際平和を維持する役割を担う国際連合が，即時に有効な対応を行えなかった理由を，「安全保障理事会」という言葉を用いて説明しなさい。

　　（　　　　　　　　　　　　　　　　　　　　　　　　　　　　　　　　　　　　　　　）

(2)　下線部(b)に関連して，日本に対する直接の武力攻撃でなくとも，日本と密接な関係にある他国に対する武力攻撃が発生した際に，自衛隊を出動させ，防衛行動を可能にする権利を漢字6字で答えなさい。□□□□□□

(3)　下線部(c)について，次のグラフⅠはアメリカ，イギリス，韓国，日本の1990年から2020年の平均賃金をあらわしたものです。日本の平均賃金の推移を示すものとして最も適当なものを，グラフⅠ中A〜Dから一つ選び，記号で答えなさい。（　　　　）

［グラフⅠ］　平均賃金の推移

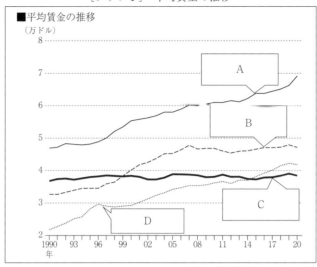

（出典：東洋経済オンラインより）

(4)　下線部(d)について，ブランド品についての需要と供給を考えるとき，国民の所得が高くなると，ブランド品の均衡価格はどう変化するか答えなさい。（　　　　）

(5)　下線部(e)に関連して，次のグラフⅡは，2019年の日本，中国，アメリカ，フランス，イタリア，ドイツにおける発電電力量に占める，天然ガス，石油その他，水力，石炭，原子力，再生可能エネルギーの割合をあらわしたものです。グラフⅡ中のA～Cには，石炭，原子力，再生可能エネルギーのいずれかが当てはまります。A～Cの発電方法の組み合わせとして，最も適当なものをあとのア～カから一つ選び，記号で答えなさい。（　　　　）

［グラフⅡ］　主要国の発電電力量に占める発電方法の比率

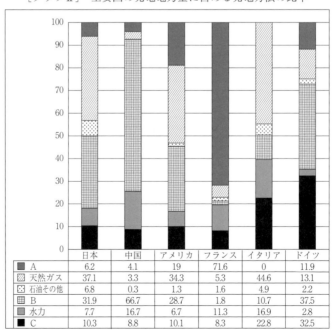

	日本	中国	アメリカ	フランス	イタリア	ドイツ
A	6.2	4.1	19	71.6	0	11.9
天然ガス	37.1	3.3	34.3	5.3	44.6	13.1
石油その他	6.8	0.3	1.3	1.6	4.9	2.2
B	31.9	66.7	28.7	1.8	10.7	37.5
水力	7.7	16.7	6.7	11.3	16.9	2.8
C	10.3	8.8	10.1	8.3	22.8	32.5

出典：経済産業省資源エネルギー庁
「日本のエネルギー　2020年度版　エネルギーの今を知る10の質問」をもとに作成

　ア　A—原子力　　　B—再生可能エネルギー　　　C—石炭

　イ　A—原子力　　　B—石炭　　C—再生可能エネルギー

　ウ　A—再生可能エネルギー　　　B—原子力　　　C—石炭

　エ　A—再生可能エネルギー　　　B—石炭　　C—原子力

　オ　A—石炭　　　B—原子力　　　C—再生可能エネルギー

　カ　A—石炭　　　B—再生可能エネルギー　　　C—原子力

(6)　下線部(f)について，2015年の気候変動枠組条約締約国会議で採択された，「世界の平均気温上昇を産業革命以前に比べて2℃より十分低く保ち，1.5℃に抑える努力をする」ことなどを掲げた協定の名称を答えなさい。（　　　　協定）

2　≪SDGs・憲法≫　次の各問に答えなさい。　　　　　　　　　　　　　　　　（プール学院中）

問1　下の図は国際連合が立てた，世界を変えるための17の目標です。2016年から2030年の間に世界の国々が実現することを目指しています。これについて，あとの各問に答えなさい。

(1)　これらの目標は，豊かな生活と環境とのバランスを考えながら「○○○○な社会」を実現するために設定されました。○○○○にあてはまる語句を**漢字4字**で答えなさい。（　　　　）

(2)　目標3「すべての人に健康と福祉を」に関して，手すりのついた多機能トイレなど，すべての人にとって使いやすく作られたデザインを何というか答えなさい。（　　　　）

(3)　目標3「すべての人に健康と福祉を」に関して，日本において国民の健康や労働などに関する仕事を中心となって行っている省を答えなさい。（　　　　）

(4)　目標13「気候変動に具体的な対策を」に関して，地球温暖化の原因と考えられている二酸化炭素などのガスを何というか答えなさい。（　　　ガス）

(5)　2022年2月，ウクライナに軍事侵攻を開始した国を答えなさい。（　　　　）

(6)　国際連合の本部がある都市を次のア～エから一つ選び，記号で答えなさい。（　　　　）

　ア．パリ　　　イ．ロンドン　　　ウ．ニューヨーク　　　エ．ジュネーヴ

問2　日本国憲法における国民の義務として**誤っているもの**を次のア～エから一つ選び，記号で答えなさい。（　　　　）

　ア．選挙で投票する義務　　　イ．子どもに教育を受けさせる義務　　　ウ．働く義務

　エ．税金を納める義務

問3　国会とその仕事についての説明として**誤っているもの**を次のア～エから一つ選び，記号で答えなさい。（　　　）

ア．衆議院と参議院からなる。　　　イ．予算案を提出する。　　　ウ．法律をつくる。

エ．内閣総理大臣を指名する。

問4　都道府県や市町村が議会で話し合って決めるきまりを何というか答えなさい。（　　　　　）

③　≪2022年のできごと①≫　2022年におこったできごとをカードにまとめた。あとの問いに答えなさい。

(同志社香里中)

> 最高裁判所は，海外に住む日本人が（　1　）に投票できないことは，①<u>憲法</u>に違反しているという判決を出しました。（　1　）は，②<u>最高裁の裁判官が，その職にふさわしいかどうかを投票によって判断する制度です。</u>

> 9月1日，東京外国為替市場で円相場が1ドル＝（　2　）円台を約24年ぶりに記録しました。（　3　）が急激に進んだ要因は，アメリカと日本の金利の差が拡大したことです。金利の（　4　）いアメリカでお金を運用するほうが大きな利益を望めるので，円を売り，ドルを買う動きを強めました。

> ロシアがウクライナへ侵攻しました。これに対してアメリカは，③<u>国連にロシア軍の撤退を求める決議案を提出しました。</u>一般市民への被害も出ており，他国へ逃れた④<u>難民</u>の救済が求められています。

> ⑤<u>選挙</u>後，岸田首相は⑥<u>内閣改造</u>を行い，第二次改造内閣が発足しました。岸田首相は，新内閣の取り組むべき課題として新型コロナウイルスへの対応や，物価高への対策をあげています。10月からはじまった⑦<u>国会</u>でこれらの課題について議論が行われました。

問1　文中（　1　）にあてはまる語を次より選び，記号で答えなさい。（　　　　）

あ．世論調査　　い．裁判員制度　　う．国事行為　　え．国民審査

問2　文中（　2　）にあてはまる数字を次より選び，記号で答えなさい。（　　　　）

あ．80　　い．100　　う．120　　え．140

問3　文中（　3　）（　4　）にあてはまる語の組み合わせとして正しいものを次より選び，記号で答えなさい。（　　　　）

あ．（　3　）円安　　（　4　）低　　い．（　3　）円安　　（　4　）高

う．（　3　）円高　　（　4　）低　　え．（　3　）円高　　（　4　）高

問4　文中＿＿①～⑦について，次の問いに答えなさい。

①　日本国憲法の施行を記念した祝日を次より選び，記号で答えなさい。（　　　）

あ．2月11日　　い．5月3日　　う．8月11日　　え．11月3日

②　このほかに国民が政治に参加する権利として正しいものを次より選び，記号で答えなさい。

（　　　）

あ．国務大臣を任命することができる　　い．国会を召集することができる

う．市長をやめさせる請求ができる　　え．法律を制定することができる

③　国連の機関ではないものを次より選び，記号で答えなさい。（　　　）

あ．ユネスコ　　い．青年海外協力隊　　う．ユニセフ　　え．安全保障理事会

④　国連難民高等弁務官事務所の略称を次より選び，記号で答えなさい。（　　　）

あ．UNHCR　　い．ODA　　う．PKO　　え．AMDA

⑤　選挙について述べた文a)・b)について，正誤の組み合わせとして正しいものをあとより選び，記号で答えなさい。（　　　）

a)　衆議院議員選挙は4年ごとに，参議院議員選挙は6年ごとに行われる。

b)　衆議院議員選挙に立候補できる年齢は25歳以上，参議院議員選挙に立候補できる年齢は30歳以上である。

あ．a　正　　b　正　　い．a　正　　b　誤　　う．a　誤　　b　正

え．a　誤　　b　誤

⑥　内閣の仕事ではないものを次より選び，記号で答えなさい。（　　　）

あ．最高裁判所の長官を指名する　　　　い．条約を結ぶ

う．予算案をつくって国会に提出する　　え．条例を制定する

⑦　国会の仕事として正しいものを次より選び，記号で答えなさい。（　　　）

あ．法律が憲法に違反していないか審査する　　い．衆議院を解散する

う．憲法改正の発議をする　　　　　　　　　　え．天皇の国事行為に助言や承認をおこなう

4　≪2022年のできごと②≫　メイさんと先生の会話文を読んで，あとの問いに答えなさい。

（賢明女子学院中）

先生：メイさんは2022年のどんなニュースが印象に残っているかな？

メイ：①日本のニュースだと2022年7月の②国会議員の③選挙のために応援演説をしていた政治家が撃たれた事件をおぼえています。有名な政治家が白昼堂々と命をねらわれたというニュースを聞いてショックでしたから。今までにこんな事件はあったんですか？

先生：政治家が命をねらわれた事件は過去にも起こっているよ。戦前には，現役の④内閣総理大臣が命を奪われた事件も起きているね。世界のニュースではどんなものをおぼえているかな？

メイ：ロシアがウクライナにとつぜん攻め込んだというニュースを聞いた時には驚きました。世界の⑤平和を守るための⑥国際連合があるのに，なぜ戦争が起きてしまうんだろうと疑問に思いましたし，ロシアが核兵器を使うのではないかとか，他の国も戦争に加わって世界大戦になるんじゃないかと思ってすごくこわくなりました。

先生：これらの2つの事件は，ある点が共通しているね。

メイ：えーっと，両方とも暴力を使って自分の主張を通そうとしているという点ですかね。人には それぞれ言い分や主張があるけど，暴力で他人の命や⑦<u>権利</u>を奪うことは許されないことだと 思います。

先生：そうだね。私たちはこのような暴力を許さないことと同時に，なぜこのような事件が起きた のかということも考えないといけないね。⑧<u>社会で起きている出来事</u>の背景はとても複雑で， それらを正しく理解することは本当に難しいけどね。

メイ：社会で起きている出来事について正しく知るにはどうしたらいいのでしょうか？

先生：情報化が大きく進展した現代では，新聞やテレビ以外にもインターネットによってたくさん の情報を得ることができるね。ただしこれらの情報には正しくないものが含まれている場合も あるから，自分に必要な情報を選び取る能力や情報の正しさを見極める能力などがとても重要 になっているんだ。こうした能力をメディアリテラシーと言うよ。

メイ：なるほど。でもニュースを見たり聞いたりしても難しくて分からないことばかりなんです よね。

先生：はじめはみんなそうだよ。でも⑨<u>世界が密接に結びついている現代</u>では，世界各地で起きて いる出来事は，私たちの生活に関わってくるものなんだ。ニュースで見聞きする出来事を他人 事だと思わず，関心をもって考え続けることが大切だね。

問1　下線部①について，日本と密接な関係にある国としてアメリカ合衆国が挙げられます。これ について次の(1)・(2)の問いに答えなさい。

(1)　日本にはアメリカ軍の基地が置かれています。その基地のうち約7割が集中している都道府 県はどこですか。都道府県名を漢字で答えなさい。（　　　　）

(2)　2021年に就任したアメリカ合衆国の大統領を，次のア～エのうちから1つ選び，記号で答え なさい。（　　　　）

ア 　　イ 　　ウ 　　エ

問2　下線部②について，国会について述べた文として**まちがっているもの**を，次のア～エのうち から1つ選び，記号で答えなさい。（　　　　）

ア　衆議院議員の任期は4年であるが，衆議院が解散されると直ちに議員でなくなる。

イ　衆議院議員は参議院議員よりも議員数が多いため，選挙の時に半数が改選される。

ウ　参議院議員の任期は6年で，30歳になった国民が立候補できる。

エ　日本の参議院は，第二次世界大戦後に貴族院に代わって新たに設置された。

問3　下線部③に関連して，選挙によって国民の代表者である国会議員を選ぶというしくみには， どのようなメリット（長所）がありますか。文章で答えなさい。

（　　）

問4　下線部④について，内閣のもとでさまざまな仕事を受けもつ省や庁について説明した文として最も適当なものを，次のア～エのうちから1つ選び，記号で答えなさい。（　　　）

ア　総務省は，マイナンバーの管理など国民の生活の基盤（きばん）づくりとともに，経済・社会支援を専門としている省庁である。

イ　法務省は，経済の発展とエネルギーの確保を専門とし，電気や石油などのエネルギー管理や，企業（きぎょう）や特許に関係する業務を担当している省庁である。

ウ　経済産業省は，出入国管理や裁判に関係する業務を担当し，経済産業大臣は死刑執行（しけいしっこう）命令を下す権限を持つ省庁である。

エ　外務省は，日本の安全維持（いじ），自衛隊の運用，各国との防衛協力を担っており，国際平和維持活動（国連 PKO）への協力も担当している省庁である。

問5　下線部⑤について述べた文として最も適当なものを，次のア～エのうちから1つ選び，記号で答えなさい。（　　　）

ア　核戦争の危機が高まっている近年の国際情勢をふまえて，日本は非核三原則を見直すことを決定した。

イ　近隣（きんりん）諸国との友好関係が進展したことで日本が国際紛争（ふんそう）に巻き込まれる可能性はほとんど無くなったため，防衛費の削減（さくげん）が大きく進んでいる。

ウ　日本と同盟関係にあるアメリカ合衆国は平和外交を進めており，日本のアメリカ軍基地はほとんどが閉鎖（へいさ）された。

エ　日本は，韓国やロシアと領土問題を抱（かか）えているが，それぞれの立場や考え方は異なっており，解決の見通しは立っていない。

問6　下線部⑥について，2015年に国連総会は17の国際目標から成る SDGs を採択（さいたく）しました。SDGs に関する次の(1)・(2)の問いに答えなさい。

(1)　SDGs とは Sustainable Development Goals の略語です。Development は「開発」，Goals は「目標」という意味です。では Sustainable はどのような意味ですか。答えなさい。（　　　）

(2)　SDGs の国際目標とそれに深く関連した語句を正しく組み合わせているものを，あとのア～エのうちから1つ選び，記号で答えなさい。（　　　）

　　A　すべての人に健康と福祉を　　　B　ジェンダー平等を実現しよう
　　C　海の豊かさを守ろう　　　　　　D　人や国の不平等をなくそう
　　あ　フェアトレード　　い　マイクロプラスチック　　う　ユニバーサルデザイン
　　え　育児休業

　　ア　A―あ　　B―い　　C―う　　D―え
　　イ　A―あ　　B―い　　C―え　　D―う
　　ウ　A―う　　B―え　　C―い　　D―あ
　　エ　A―う　　B―え　　C―あ　　D―い

問7　下線部⑦について，日本国憲法に規定された国民の権利について述べた文としてまちがっているものを，次のア～エのうちから1つ選び，記号で答えなさい。（　　　）

ア　健康で文化的な最低限度の生活を営む権利を保障している。

イ　教育を受ける義務を定めるとともに，教育を受ける権利を保障している。

ウ　生まれや性別のちがいによる差別を受けない権利を保障している。

エ　一定の年齢(ねんれい)に達した国民が参政権を持つことを保障している。

問8　下線部⑧について，次の(1)・(2)の問いに答えなさい。

(1)　社会は税金によって支えられています。税金について述べた文として**まちがっているもの**を，次のア〜エのうちから1つ選び，記号で答えなさい。（　　　）

ア　税金は，商品や住民・会社の資産，いろいろな活動によって得た収入などに対してかけられる。

イ　国や市が行う仕事の大半は，税金でまかなわれており，わたしたちには，納税の義務がある。

ウ　税金の使い道については，内閣が予算の案を国会に提出し，国会議員が話し合ってそれを決めている。

エ　国の収入のうち，約9割が税金で残りの約1割が公債金(こうさいきん)（借金）であり，それを社会保障や教育，公共事業などに使っている。

(2)　社会では争いごとや犯罪が起きることがあります。このようなときに問題を解決し，国民の権利を守る仕事をしているのが裁判所です。裁判所について述べた文として**まちがっているもの**を，次のア〜エのうちから1つ選び，記号で答えなさい。（　　　）

ア　法律が憲法に違反(いはん)していないかを調べる権限を持っており，憲法に違反する場合は，その法律を改正する権限を持っている。

イ　人々の間に起きた争いなどについて，原告側と被告(ひこく)側に分かれて裁判を行い，判決を出す。

ウ　罪を犯した疑いのある人が有罪か無罪かの裁判を行い，有罪の場合は刑罰(けいばつ)の重さも決める。

エ　国民はだれでも裁判を受ける権利をもっており，判決の内容に不服がある場合は，3回まで裁判を受けられる制度になっている。

問9　下線部⑨についての次の文を読み，（　　　）にあてはまる語句を**カタカナ**で答えなさい。（　　　）にはすべて同じ語句が入ります。（　　　）

社会的・経済的に国や地域を超えて世界規模でその結びつきが深まることを（　　　）化という。20世紀後半になると，鉄道や飛行機などの移動手段が充実(じゅう)するようになって（　　　）化の動きは加速し，現代におけるインターネット技術の発達は，（　　　）化の動きを急速に進め，確かなものにした。

5　≪国際社会と日本の政治≫　次の文は，小学校6年生のかおるさんが夏休みの課題で書いた作文です。この文を読んで，あとの問いに答えなさい。

（常翔学園中）

夏休みは，家族で広島県に旅行に行きました。初日は，宮島に行き，①世界遺産の厳島(いつくしま)神社を参拝(さんぱい)しました。2022年現在，厳島神社は修復工事中で，大鳥居は工事用の囲いで囲まれていました。フェリーで宮島口(みやじまぐち)に戻った後は，名物のあなご飯ともみじ饅頭(まんじゅう)を食べました。

2日目は，原爆(げんばく)ドームと②平和記念公園，そして広島国際大学に行きました。平和記念公園で

146　−

は8月6日に, ③内閣総理大臣, ④国会議員の他, ⑤国連事務総長も参列し, 原爆死没者慰霊式並びに平和祈念式が行われていました。数年前にはアメリカのオバマ大統領（当時）も広島を訪れ, そのときに折られた折り鶴が今でも展示されていました。広島国際大学では, コロナ禍で久しく会えていなかった姉にも会うことができました。姉は広島国際大学の看護学部で学び, 将来は⑥看護師を目指しています。

3日目は, 呉市にある大和ミュージアムへ行き, 10分の1戦艦「大和」を見ました。同じ呉市には⑦自衛隊（海上）の基地があり, 施設見学をした後は名物の海軍カレーを食べました。その後, 夜景が有名な灰ヶ峰に行き, 呉市内と瀬戸内海を一望することができました。

帰りは, 父が四国方面をドライブしたいと言ったので, しまなみ海道を渡り, 四国を横断し, 大阪へ帰りました。途中, ⑧香川県に寄って金刀比羅宮にも行きました。とても思い出深い旅行となりました。来年は中学生になるので, ⑨海外旅行にも行きたいです。

問1　下線部①について, 日本では2022年現在, 25カ所が世界遺産として登録されています。世界遺産として誤っているものを次の中から1つ選び, 記号で答えなさい。（　　　）

(ア) 小笠原諸島（東京都）　　(イ) 鎌倉（神奈川県）　　(ウ) 姫路城（兵庫県）

(エ) 屋久島（鹿児島県）

問2　下線部②について, この公園には「安らかに眠って下さい　過ちは繰返しませぬから」という慰霊碑があります。しかし世界では, 戦後も対立や紛争が続いています。現在, ウクライナと紛争状態にある国名を答えなさい。（　　　）

問3　下線部③について, 日本は議院内閣制と呼ばれる政治制度を採用しています。日本の政治制度に関する説明として誤っているものを次の中から1つ選び, 記号で答えなさい。（　　　）

(ア) 国会は, 衆議院及び参議院の両議院で構成され, 両議院とも全国民を代表する選挙された議員で組織されている。

(イ) 内閣は, 不信任決議案が可決または信任決議案が否決されたときは, 30日以内に衆議院を解散するか, 総辞職しなければならない。

(ウ) 内閣総理大臣は, 国会議員の中から国会の議決で指名される。

(エ) 法律案は, 衆議院で可決し, 参議院でこれと異なった議決をした場合に, 衆議院において出席議員の3分の2以上の多数で再び可決すれば法律となる。

問4　下線部④について, 次の表は, 衆議院と参議院の違いについてまとめたものです。空欄A〜Dにあてはまる語句の組合せとして正しいものを後の中から1つ選び, 記号で答えなさい。（　　　）

衆議院		参議院
465	定数	248
A	任期	B
満18歳以上	選挙権	満18歳以上
満25歳以上	被選挙権	満30歳以上
C	解散	D

(ア) A　4年　　B　6年　　C　あり　　D　なし

　(イ)　A　4年　　B　6年　　C　なし　　D　あり

　(ウ)　A　6年　　B　4年　　C　あり　　D　なし

　(エ)　A　6年　　B　4年　　C　なし　　D　あり

問5　下線部⑤について，現在の日本と世界の国々との関係性について述べた文として誤っているものを次の中から1つ選び，記号で答えなさい。（　　　）

　(ア)　日本の発展途上国へのODA（政府開発援助）額は，世界最大である。

　(イ)　現在，日本の最大貿易相手国は中国である。

　(ウ)　日本には，近隣諸国との間に領土をめぐる問題がある。

　(エ)　2025年，「万博」が大阪で開催される予定である。

問6　下線部⑥は，以前「看護婦」とよばれていましたが，両性の本質的平等の視点から呼称がかわりました。雇用の分野や職場での男女平等を確保するため，1985年に制定された法律名を答えなさい。（　　　法）

問7　下線部⑦について，日本国憲法では，自衛隊の最高指揮官である内閣総理大臣は，「文民でなければならない」と定められています。このように指揮・統制を軍人ではなく，文民が行う原則を次の中から1つ選び，記号で答えなさい。（　　　）

　(ア)　シビリアン・コントロール　　(イ)　チェック・アンド・バランス

　(ウ)　ノーマライゼーション　　(エ)　ユニバーサル・デザイン

問8　下線部⑧について，香川県は四国にある県の中で唯一，高等裁判所が設置されています。香川県以外に高等裁判所が設置されている都道府県として誤っているものを次の中から1つ選び，記号で答えなさい。（　　　）

　(ア)　愛知県　　(イ)　青森県　　(ウ)　広島県　　(エ)　福岡県

問9　下線部⑨について，2022年に，海外で起こった出来事として誤っているものを次の中から1つ選び，記号で答えなさい。（　　　）

　(ア)　中国の習近平国家主席は新たな指導部を発足させ，3期目政権に突入した。

　(イ)　カタールで，中東・アラブ地域初となるFIFAワールドカップが開催された。

　(ウ)　南スーダン共和国は独立し，世界で最も新しい国として知られている。

　(エ)　イギリスではチャールズ皇太子が新国王に即位し，国王チャールズ3世となった。

問10　日本の裁判制度に関する説明として誤っているものを次の中から1つ選び，記号で答えなさい。（　　　）

　(ア)　正しい裁判を実現するために3回まで裁判を受けられるという三審制度が採用されている。

　(イ)　法廷で行われる裁判は，原則として誰でも見ることができる。

　(ウ)　裁判員制度は，国民の中から選ばれた裁判員が刑事裁判に参加する制度である。

　(エ)　日本の刑事裁判では，裁判官だけが被疑者を起訴することができる。

問11　日本国憲法は，1946年11月3日に公布され，1947年5月3日に施行されました。日本国憲法の3つの基本原理について，誤っているものを次の中から1つ選び，記号で答えなさい。

（　　　）

　(ア)　基本的人権の尊重　　(イ)　国民主権　　(ウ)　国連主義　　(エ)　平和主義

6 ≪最新の入試問題から≫ 卒業式後の先生から児童へのお話を読んで，後の問いに答えなさい。

(近大附中)

先生：今日でみんなは卒業ですね。小学校生活は新型コロナウイルス感染症の影響で，学校行事も学校生活もこれまでのものと①大きく変わりました。日常生活においてもマスク着用が当たり前になってしまい，みんなの満面の笑みが見られない状況が続いていましたね。しかし，2023年の5月8日以降の②5類感染症移行により，③「濃厚接触者」として特定されることはなくなりました。

　思い起こせば，みんなが生まれた2011年と2012年はいろんなことがあった年でした。④東日本大震災によって，とても大きな被害が出ました。国内だけでなく，海外からもいろんな援助と励ましを受けました。2012年には山中伸弥さんがノーベル生理学・医学賞を受賞し，日本に希望をもたらしてくれました。そして2014年には，なんと⑤17歳の少女がノーベル平和賞を受賞しました。史上最年少での受賞です。みんなも将来，努力したことが報われるといいですね。みんなが小学校へ入学してから元号が令和へ改まり，新しい⑥天皇が即位されましたね。同じ年，2000年に城壁などが⑦世界文化遺産に登録された沖縄のシンボルでもあった首里城が焼失し，また，⑧アフガニスタンを支援するペシャワール会の現地代表で医師の中村哲さんが銃撃され，亡くなりました。中村さんは1984年からパキスタンなどで医療活動に従事し，2000年にアフガニスタンで起きた大干ばつを機に，井戸や農業用水路の整備などに取り組まれてきたので，国内外から長年の功績をたたえ，いたむ声が相次ぎました。そして，新型コロナの流行により，⑨オリンピック・パラリンピックも1年延期となりました。

　このように，これからは本当に何が起こるか分からない世の中です。昨日まで当たり前でなかったことが，明日以降の当たり前になっていくことをみんなは経験しました。その経験を心にとどめ，どんな世の中でも生き抜いていける知識と考える力が必要になります。そのための土台を今後入学する中学校で，身に付けていって下さいね。みんなの人生に大いに期待しています。

(1) 下線部①について，私たちが暮らしている現在の日本にいたる社会全体の様子の変化として，あやまっているものを次のア～エの中から1つ選び，記号で答えなさい。（　　　）

ア　夫婦や，親と子の2世代で暮らす核家族とよばれる世帯の割合が増えている一方，一人暮らし世帯の割合は少子化で減ってきています。

イ　医療の進歩などによって日本人の平均寿命が延びていき，65歳以上の高齢者の割合が増えていきました。

ウ　女性の社会進出等により，子育てと育児との両立が難しく，生まれてくる子どもの数は年々減少しています。

エ　生まれてくる子どもの数よりも亡くなる人の数の方が多く，人口が減り続けていく人口減少社会を迎えているといわれています。

(2) 下線部②について，日本国内において，感染症の予防や対策を含む国民の健康などに関する仕事を行う省を何といいますか，次のア～エの中から1つ選び，記号で答えなさい。（　　　）

ア　総務省　　イ　厚生労働省　　ウ　環境省　　エ　経済産業省

(3) 下線部③について，国内でもコロナがはやり始めたのち，感染者やその周りの人々が嫌がらせを受けることも起こりました。日本国憲法に規定されている三つの原則のうち，人が生まれながらにして持っている，おかすことのできない権利として保障されているものを何といいますか。漢字5文字で答えなさい。□□□□□

(4) 下線部④について，次の問いに答えなさい。

Ⅰ　被災した人々を救命・救出するなどの活動をするため，災害時に都道府県が派遣要請（はけんようせい）をし，国（政府）が出動の命令を出す組織を何といいますか。漢字3文字で答えなさい。□□□

Ⅱ　東日本大震災からの復興をすみやかに進めるため，東日本大震災復興基本法が制定され，この法律にもとづいた復興を計画的に進めるため，復興庁という新しい役所が設けられました。こうした法律や特別な予算などを話し合う機関を何といいますか，漢字2文字で答えなさい。□□

(5) 下線部⑤について，この少女はマララ＝ユスフザイさんです。ノーベル賞を受賞した理由として正しいものを，次のア～エの中から1つ選び記号で答えなさい。（　　　）

ア　日本語の「もったいない」という言葉に影響（えいきょう）を受け，環境保護活動を熱心に行いました。

イ　女子児童にも教育をとうったえ，銃撃されても信念を貫（つらぬ）き，世界にうったえ続けました。

ウ　気候変動を食い止めるための国際的な活動を行っており，温暖化サミットで各国の代表を前に痛烈（つうれつ）な演説を行いました。

エ　「核なき世界」の実現に向けた国際社会への働きかけを行いました。

(6) 下線部⑥について，日本国憲法では天皇を「日本国の象徴（しょうちょう）」と定めており，国の政治についての権限はもたず，憲法で定められた仕事を行います。このような憲法で定められた仕事を何といいますか，漢字4文字で答えなさい。□□□□

(7) 下線部⑦について，ユネスコは教育や文化などの分野で，世界の平和につながる活動をしており，国際連合の機関の一つです。その国際連合の本部が置かれ，国際連合の活動費用の負担割合が近年最も多い国を答えなさい。（　　　）

(8) 下線部⑧について，平和や人権，環境などの問題に対して，国の違（ちが）いをこえて協力して活動している民間の団体を何といいますか，アルファベットで答えなさい。（　　　）

(9) 下線部⑨について，2020年の開催（かいさい）が決定していたオリンピック・パラリンピックの開催都市として正しいものを次のア～エの中から1つ選び，記号で答えなさい。（　　　）

ア　ロンドン　　イ　パリ　　ウ　東京　　エ　リオデジャネイロ

12 複合問題

1 《地理・歴史・公民》 (1) 地震や津波などの自然災害による被害が予想される範囲を表し，避難場所や避難経路を示した地図を何といいますか，カタカナで答えなさい。（　　　　） （平安女学院中）

(2) 近畿地方で都道府県名と県庁所在地名が異なり，海に面していない都道府県名を答えなさい。
（　　　　）

(3) 次のグラフは，品目ごとの都道府県別生産額の割合を示したものです。自動車を示したものを，1つ選びなさい。（　　　　）

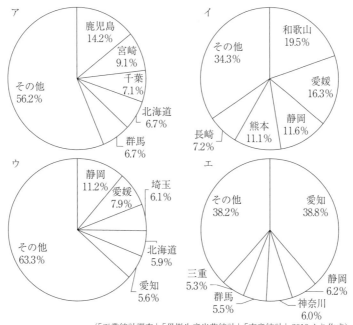

（「工業統計調査」「果樹生産出荷統計」「畜産統計」2018 より作成）

(4) 台湾のすぐ東にあり，日本の最西端に位置する島として正しいものを，次のア～エから1つ選びなさい。（　　　　）

ア．与那国島　　イ．択捉島　　ウ．南鳥島　　エ．沖ノ鳥島

(5) 次の説明文にあてはまる公害が起こった地域として正しいものを，右の地図ア～エから1つ選びなさい。（　　　　）

神通川上流の鉱山から出されたカドミウムが原因。骨がもろくなり，いたいいたいと言って，とても苦しむ。

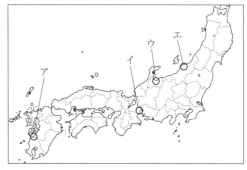

(6) 次のA～Cの雨温図は，静岡市・那覇市・札幌市のものです。A～Cにあてはまる都市の組合せとして正しいものを，あとのア～カから1つ選びなさい。（　　　　）

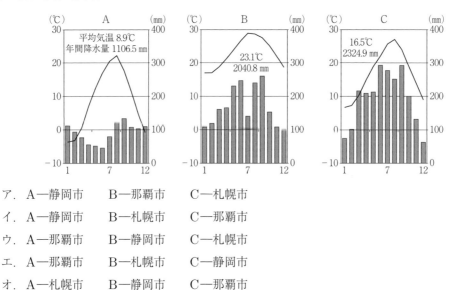

ア．A―静岡市　　　B―那覇市　　　C―札幌市

イ．A―静岡市　　　B―札幌市　　　C―那覇市

ウ．A―那覇市　　　B―静岡市　　　C―札幌市

エ．A―那覇市　　　B―札幌市　　　C―静岡市

オ．A―札幌市　　　B―静岡市　　　C―那覇市

カ．A―札幌市　　　B―那覇市　　　C―静岡市

(7)　次の地図は平安女学院中学校の周辺をあらわした地図です。平安女学院中学校の東には京都御所があり，その周辺には卍がいくつも存在します。この地図記号は何を表しますか，答えなさい。

（　　　　）

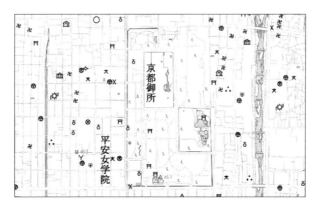

(8)　地球には6つの大陸と3つの海洋があります。3つの海洋のうち，アフリカ大陸以外の5大陸に接している次の図中Aの海洋名を答えなさい。（　　　　）

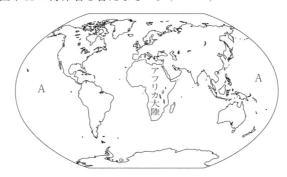

(9)　次の説明文にあてはまる宗教名を答えなさい。（　　　　）

　　コーランという聖典があり，1日5回聖地に向かい祈りをささげます。豚肉やお酒は口にして

はいけません。また，ラマダンとよばれる1か月間の日中に食べ物を口にしない断食の義務があります。

⑽　古墳について述べた文として正しいものを，次のア～エから1つ選びなさい。（　　　）

　ア．古墳の表面には樹木が隙間なく植えられた。

　イ．大仙古墳が日本最大の古墳である。

　ウ．古墳からたくさんの土偶が発見された。

　エ．古墳の上には王や豪族の住居が建てられた。

⑾　次のA～Cのできごとを時代の古い順に正しく並べたものを，下のア～カから1つ選びなさい。

（　　　）

　A　聖武天皇が仏教の力で社会不安を鎮めるため，国分寺を建てることを命じた。

　B　藤原道長が娘を天皇のきさきにして力を強め，権力をにぎった。

　C　中大兄皇子が大化の改新で天皇中心の国づくりを行った。

　　ア．A→B→C　　イ．A→C→B　　ウ．B→A→C　　エ．B→C→A

　　オ．C→A→B　　カ．C→B→A

⑿　鎌倉幕府を開いた源頼朝の死後，執権についたある一族が幕府の政治を行いました。この一族の名を解答欄に合わせて答えなさい。（　　　氏）

⒀　次のA～Dの文のうち，室町文化の説明として正しい組合せを，下のア～エから1つ選びなさい。（　　　）

　A　清少納言が宮廷でのできごとなどをつづった随筆を著した。

　B　中国から帰国した雪舟が新しい水墨画の画法を広めた。

　C　葛飾北斎が富士山をのぞむ風景を浮世絵で描いた。

　D　観阿弥と世阿弥によって能が大成された。

　　ア．A・C　　イ．A・D　　ウ．B・C　　エ．B・D

⒁　次のA～Cのできごとを時代の古い順に正しく並べたものを，下のア～カから1つ選びなさい。

（　　　）

　A　飢饉への幕府の対応を批判して，大塩平八郎が大阪で反乱を起こした。

　B　九州の島原・天草でキリスト教の信者が中心となり，大規模な一揆を起こした。

　C　長篠の戦いで織田軍が鉄砲を活用し，武田軍に勝利した。

　　ア．A→B→C　　イ．A→C→B　　ウ．B→A→C　　エ．B→C→A

　　オ．C→A→B　　カ．C→B→A

⒂　明治政府の政策について述べた文として誤っているものを，次のア～エから1つ選びなさい。

（　　　）

　ア．徴兵令を出し，20歳になった男子は軍隊に入ることを義務づけた。

　イ．官営の模範工場として，群馬県に富岡製糸場を開設した。

　ウ．国の収入を安定させるため，納税方法を現金から米で納めるしくみに変えた。

　エ．藩を廃止し，新たに県や府を置き，政府が任命した役人が治めることにした。

⒃　伊藤博文がドイツを手本に憲法案をつくり，1889年に憲法が発布されました。この憲法を何と

いいますか，解答欄に合わせて答えなさい。□□□□□憲法

⒄　江戸時代の終わりに幕府が欧米諸国と結んだ条約は，日本にとって不平等なものでした。1894年に条約の一部を改正し，領事裁判権をなくすことに成功しました。この条約改正に成功した外務大臣を，次のア～エから1つ選びなさい。（　　　）

ア．大隈重信　　イ．伊藤博文　　ウ．陸奥宗光　　エ．小村寿太郎

⒅　日本が関係した戦争を時代の古い順に並べたとき，2番目になるものを，次のア～エから1つ選びなさい。（　　　）

ア．第一次世界大戦　　イ．日露戦争　　ウ．日清戦争　　エ．太平洋戦争

⒆　国際連合に関連する文として誤っているものを，次のア～エから1つ選びなさい。（　　　）

ア．2030年までの開発目標として，SDGsが立てられた。

イ．設立当初から日本は加盟し，安全保障理事会の常任理事国となっている。

ウ．ユニセフは，世界の子どもたちの健康と教育を守るための活動をしている。

エ．現在193カ国が加盟しており，本部はニューヨークに置かれている。

⒇　戦後，産業を急速に発展させた日本は，1950年代に豊かさの象徴として3つの電化製品が「三種の神器」とよばれました。「三種の神器」にふくまれないものを，次のア～エから1つ選びなさい。（　　　）

ア．白黒テレビ　　イ．電気洗濯機　　ウ．電気冷蔵庫　　エ．電子レンジ

(21)　1972年，アメリカに統治されていた領土が返還され，日本に復帰した都道府県名を答えなさい。（　　　）

(22)　日本国憲法における国民の権利について述べた文として誤っているものを，次のア～エから1つ選びなさい。（　　　）

ア．どの学問を勉強してもいい。

イ．居住や移転，職業を選ぶ自由がある。

ウ．税金を納めなくてはいけない。

エ．裁判を受けることができる。

(23)　日本の政治のしくみについて，首相を中心に国会で決められた予算や法律にもとづいて実際に政治を行う機関を何といいますか，答えなさい。（　　　）

(24)　近年若者の投票率が低くなっています。現在，選挙権（投票する権利）が認められているのは満何歳からですか。算用数字で答えなさい。（満　　　歳）

(25)　近年，スマートフォン等の普及にともない，多くの情報を受け取ることができるようになりました。そこで，情報の中から必要なものを自分で選び出し，内容の正しさを確認し，活用する能力や技術が必要とされています。このような情報に対する能力や技術を何といいますか，答えなさい。（　　　）

2 ≪地理・歴史・公民≫ 次の文章を読み，後の問いに答えなさい。 (明星中)

昨年の5月15日，沖縄は本土に復帰して あ 年を迎えました。第二次世界大戦終戦後，アメリカ軍の占領地となりましたが，国民全体の願いによって(a)日本に返還されました。

沖縄は(b)美しい海をはじめとする自然豊かな場所で，(c)貴重な動植物がたくさん生息しています。また，かつては琉球王国として栄えた歴史を持ち，中国や東南アジアなどの国々と行われた活発な(d)貿易や交流の影響を受けた(e)むかしの建物や特色のある食べ物，エイサーに代表されるおどりや歌など，独自の伝統的な文化が受け継がれている場所です。

観光地として多くの(f)観光客が訪れる沖縄ですが，その一方で，アメリカ軍基地の問題を抱えています。日本とアメリカとの取り決めにより日本各地に(g)軍用地が存在しますが，約70％は沖縄にあり，その規模は沖縄本島面積の15％を占めるほど大きなものです。基地問題とは，軍用機の騒音や墜落事故，軍関係者によって引きおこされる多くの事件や事故，基地移転にともなう(h)環境破壊など，現地が抱えるさまざまな問題をさしますが，同時に9000人を超える県民の就職先であることも事実です。基地問題は，(i)日本の国土を守るという政治的な課題と，県民の生活を守るという現実的な課題とのはざまで，解決の難しい複雑な問題として存在しています。

問1．文中の空らん あ にあてはまる数字を答えなさい。（　　）

問2．下線部(a)に関して，

(1) この年におこった出来事として正しいものを，次のア〜エから1つ選びなさい。（　　）

　ア．オリンピック東京大会が開かれた。

　イ．日韓基本条約が結ばれて韓国と国交が開かれた。

　ウ．日中共同声明が出されて中国との国交が正常化した。

　エ．大阪で日本万国博覧会が開かれた。

(2) これを実現した内閣総理大臣で，のちにノーベル平和賞を受賞した人物を，次のア〜エから1つ選びなさい。（　　）

　ア．湯川秀樹　　イ．佐藤栄作　　ウ．福井謙一　　エ．川端康成

問3．文中の下線部(b)に関して，「海の豊かさを守ろう」という14番目の目標を含み，2030年までによりよい世界の実現を目指して定められた17項目の国際目標をSDGsと呼びます。この国際目標を全会一致で採択した2015年9月に開かれた国際会議を何といいますか。SDGsということばを参考にして，解答らんに従って答えなさい。　国連 □□□□□□ サミット

問4．文中の下線部(c)に関して，生物の多様性を守るために結ばれた地球規模の条約の1つに「ラムサール条約」があります。日本国内の登録例を参考にしながら，この条約の内容を説明した後の文a・bの正誤の組み合わせとして正しいものを，後のア〜エから1つ選びなさい。（　　）

登録地	特徴
宮古島　与那覇湾（沖縄県）	マングローブと海草・海藻の群生場所。絶滅危惧種のクロツラヘラサギやツクシガモなどの貴重な鳥類の飛来地で，また絶滅危惧種のタイマイ（ウミガメ）や日本固有種のミヤコカナヘビ（トカゲ）の生息地でもある。

登録地	特徴
串本沿岸海域 （和歌山県）	世界最北の大サンゴ群生域があり，オオナガレハナサンゴの群生は国内最大規模。イシサンゴ類などのサンゴ礁は「海中の熱帯雨林」と呼ばれ，この海域には黒潮の影響を受けて，多種多様な海洋生物が生息している。
宍道湖 （島根県）	240種類を超える水鳥に加え，数万羽のカモ類が集まる国内最大級の越冬地の1つ。淡水と海水が混ざり合う汽水域であり，ヤマトシジミのほか，絶滅危惧種であるシンジコハゼなど多数の魚介類が生息している。
阿寒湖 （北海道）	淡水のカルデラ湖。マリモなど多くの珍しい淡水藻類が生息し，日本最大級の淡水魚であるイトウやヒメマスの重要な生息地でもある。さらに，周囲の森林にはヒグマやエゾシカなど20種類以上の哺乳類，天然記念物のオオワシやシマフクロウなど100種類以上の鳥類が生息している。

a．水鳥にとって重要な生息地である湿地を保全することで，水鳥を守っていこうとする条約。

b．水辺に住む絶滅危惧種や固有種などの多様な生物の生態系がある場所も含め，様々な湿地を保全の対象とした条約。

　　ア．a―正　　　b―正　　　イ．a―正　　　b―誤　　　ウ．a―誤　　　b―正

　　エ．a―誤　　　b―誤

問5．文中の下線部(d)に関して，1980年代以降，日本はアメリカなどとの間で貿易摩擦が激しくなりました。貿易摩擦について述べた文として**誤っているもの**を，次のア～エから1つ選びなさい。ただし，**誤っているものがない場合は，オ**と答えなさい。（　　　　）

　　ア．日本の工業製品が大量に輸出されると，相手国は自国の工業製品が売れなくなり，産業が衰退することがある。

　　イ．日本の工業製品が大量に輸出されると，相手国は自国の産業を守ろうとして，輸入の制限を行うことがある。

　　ウ．貿易摩擦を解消するために，日本の会社は相手国内に工場を移して，相手国で生産するようになることがある。

　　エ．日本国内の会社の生産が外国につくった工場へと移転することで，日本国内の産業が衰えていくことがある。

問6．文中の下線部(e)に関して，琉球王国時代に築かれた城を中心とした遺跡群は，世界遺産にも登録されたことで有名です。そのなかの1つである首里城は2019年秋に焼失し，現在全国から50億円をこえる寄付があつまるなかで県の主導で復興が進められています。これに対し，行政主導ではなく市民の手で，自然環境や貴重な歴史的建造物を寄付したり買い取ったりして，守っていこうとする運動を何といいますか。（　　　　運動）

問7．文中の下線部(f)に関して，日本を訪れる外国人観光客から聞こえてくる不満のひとつとして，インターネットが利用しにくい点があげられ，早急な改善が望まれています。アクセスポイントと呼ばれる中継設備を使って，パソコンなどの情報通信機器に電波をつなぎ，インターネットを利用できるようにするしくみを何といいますか。解答らんに従って**アルファベット3字**で答えなさい。無線 ☐☐☐

問8．文中の下線部(g)に関して，日本は国として，外国との争いを絶対に戦争によって解決しない

ことを憲法で定めているため，日本が所有する軍用地はありません。次にあげる憲法の条文中の
空らんにあてはまる語句の組み合わせとして正しいものを，後のア～エから1つ選びなさい。

（　　　　）

> 陸海空軍その他の　い　は，これを保持しない。国の　う　は，これを認めない。

ア．い：戦力　　　う：実力行使　　イ．い：戦力　　　う：交戦権

ウ．い：実力　　　う：実力行使　　エ．い：実力　　　う：交戦権

問9．文中の下線部(h)に関して，森林伐採なども環境破壊につながる大きな問題と位置づけられて
います。日本の森林を守る林業について述べた文として誤っているものを，次のア～エから1つ
選びなさい。ただし，誤っているものがない場合は，オと答えなさい。（　　　　）

ア．木材にかわる材料の増加と外国産の木材の輸入量の増加により，国内の木材生産量が減少し，
林業で働く人たちが少なくなって高齢化が進むとともに，後継者不足の問題をかかえている。

イ．住宅用の木材が大量に必要となったため多くの森林が伐採されたが，そのあとに生長が早く
育てやすい杉やひのきがたくさん植えられ，花粉症を引きおこすきっかけの1つとなった。

ウ．外国産の木材との競争によって，国内産の木材のねだんが安くなりすぎたため，木が切られ
なくなってきた。

エ．間伐などの手入れができず，しっかりと育った樹木が密集しすぎた人工林では，樹木が根を張
ることができず土を抱える力が弱くなったため，少しの雨でも土砂崩れがおこるようになった。

問10．文中の下線部(i)に関して，日本固有の領土であるにも関わらず，他国が領有を主張して問題
となっている島があります。その島と領有を主張している国（地域）の組み合わせとして誤って
いるものを，次のア～エから1つ選びなさい。（　　　　）

ア．尖閣諸島・中国　　イ．竹島・韓国　　ウ．澎湖諸島・台湾　　エ．歯舞群島・ロシア

3 ≪歴史・公民≫　次の関西の3つの都市に関する文章を読んで，各問いに答えなさい。

（雲雀丘学園中）

1990年に始まり，現在も続くJR西日本の観光キャンペーンに「三都物語」というものがあります。ここでいう「三都」とは，「大阪」「京都」「神戸」を示します。この3つの都市は成り立ちもそれぞれ異なり，現在ではまったく異なる特色をもった町として一般的には考えられていますが，①歴史的に見ると，意外な共通点もあります。

大阪は，②江戸時代には（　1　）と呼ばれたことから，商業都市のイメージがありますが，古代以来，政治的，③外交的にも重要な都市でした。

京都は，第二次世界大戦時の空襲をほとんど受けなかったこともあり，④多くの寺社が残り，さまざまな時代の文化財を見ることができます。

神戸は，⑤[ア　鎌倉時代　　イ　室町時代　　ウ　江戸時代]の終わりに，幕府によっていくつかの国に開港され，外国人が多く居住する港町として栄えてきましたが，古代から港が整備されており，それ以前から海外との結びつきの強い場所でもありました。1995年1月17日早朝に起こっ

た地震では大きな被害を受けました。この災害は，被害を受けた範囲から（　2　）大震災と呼ばれています。

　みなさんは，この3つの都市に行ったことがある人も多いと思いますが，改めて訪れて歴史的な場所を訪ね，都市の成り立ちをふり返ってみても良いでしょう。

(1)　文中の（　1　）・（　2　）に入る適語を答えなさい。1（　　　　）2（　　　　）

(2)　大阪・京都・神戸の3つの市は，その下にはさらに小さな行政単位に分けられています。例えば，大阪市では「東淀川」，京都市では「中京」などがあります。その行政単位を漢字1文字で答えなさい。（　　　　）

(3)　下線部①に関して，大阪・京都・神戸の3つの都市の歴史的共通点として述べた文として，正しいものを次のア～エから1つ選び，記号で答えなさい。（　　　　）

　ア　世界文化遺産に登録された文化財がある。

　イ　都が置かれたことがある。

　ウ　豊臣秀吉が天下を治めるための城を築いたことがある。

　エ　東海道の宿場町が置かれたことがある。

(4)　下線部②に関して述べた次の文のうち，（　1　）と呼ばれた理由として正しいものを次のア～エから1つ選び，記号で答えなさい。（　　　　）

　ア　全国の大名の年貢米が集まり，米の値段がここで決められたから。

　イ　古くからさまざまな料理が発達し，「食いだおれ」と呼ばれていたから。

　ウ　江戸時代に使われていた金属のお金をここですべて作っていたから。

　エ　外国との貿易の窓口となる港町だったから。

(5)　下線部③に関して，大阪は江戸時代には朝鮮王国からやって来た使節が，ここで瀬戸内海の船旅を終えて，淀川を船でさかのぼり，京から陸路で江戸に向かいました。この使節の名前を何といいますか。漢字で答えなさい。（　　　　）

(6)　大阪で2025年に開催が予定されている国際的な行事として正しいものを次のア～エから1つ選び，記号で答えなさい。（　　　　）

　ア　オリンピック　　　　　　　イ　主要国（先進国）首脳会議（サミット）

　ウ　国際博覧会（万国博覧会）　エ　国連環境会議

(7)　下線部④に関して，次の文化財とそれが初めて造られた時代の組合せとして誤っているものを次のア～エから1つ選び，記号で答えなさい。（　　　　）

　ア　金閣寺―室町時代　　イ　清水寺―奈良時代　　ウ　二条城―江戸時代

　エ　銀閣寺―鎌倉時代

(8)　文中の⑤から正しいものをア～ウから1つ選び，その記号を書きなさい。（　　　　）

(9)　神戸市に最初におかれた兵庫県庁の建物が2021年11月に復元されました。最初の県庁で働いていた，兵庫県の初代県知事（県令）で，後に初代内閣総理大臣になった人物の名前を，漢字で答えなさい。（　　　　）

(10)　神戸は，古代以来，外国からやってきた多くの人々が活躍した場所でもありました。しかし，現在外国のルーツをもつ人々に対して，街頭やネットの中などで差別的な言葉を使って攻撃する人

達がいます。この差別的な発言や行動を「〇〇〇スピーチ」もしくは「〇〇〇クライム」と呼びます。「〇〇〇」に当てはまるカタカナ 3 文字を答えなさい。（　　　　）

4 ≪地理・歴史・公民≫　次の新聞記事を読んで，後の問いに答えなさい。　　　　　　（育英西中）

捨て猫を悲しげに見つめるワカメ。拾ってきたものの，家族に飼うのを反対され，元の場所に戻したところなのだろう。「大ムカシ」にも「ノラ恐竜」を拾ってきて，母親に叱られる子どもがいたのではないかと想像する。皮肉にも，ワカメのかたわらには，「ドウブツあいご週間」の看板が。

漫画が載ったのは 1968 年 9 月 22 日。当時は「秋分の日」を中心とした 1 週間」が a 動物愛護週間にあてられていたから，タイミングをあわせた掲載だった。

現在は，b 1973年制定の動物保護管理法（動管法，現動物愛護法）により 9 月 20 日からの 1 週間と定められている。今でこそ動愛週間と言えば，秋に行われるという印象があるが，時期も主催者も変遷してきたのだ。

始まりは c 大正時代にさかのぼる。　A　省によると 1915（大正 4）年，世界で初めて，米国で動愛週間が行われるようになる。日本では同じ年，d 新渡戸稲造の妻メリーや米国大使館付武官チャールズ・バーネットの妻（バーネット夫人）らが中心となって「日本人道会」が発足。当初は主に牛馬の保護にあたり，後に捨て犬や捨て猫の不妊・去勢手術などにまで活動を広げた。同会の提唱で 1927（昭和 2）年，日本の動愛週間は始まる。期間は 5 月 28 日から 6 月 3 日まで。e 明治天皇の妻・昭憲皇太后の誕生日（地久節）を記念したとされている。

日本人道会による動愛週間がいつまで続いていたのか，よくわからない。f 日中戦争から太平洋戦争へと戦争が拡大するなかで，中断したと考えられる。復活するのは戦後，　B　の指令によってだ。

公益財団法人「日本動物愛護協会」（1948 年設立）に残る資料によると 1949 年 2 月，　B　から日本 g 畜産協会に対して「春分の日」を動物愛護デーとして実施するように」と指示があったという。日本畜産協会は「動物愛護協会が主催すべきものではないか」と持ちかけ結局この後，日本動物愛護協会が主催者となる。　A　省の野村 環・動物愛護管理室長は，「　B　は当時，文化や福利厚生にかかわる指令をいくつか出している。その一環だったのではないか」と言う。

h 1951年には「1 日では効果が少ない」として，春分の日」を中心とした「週間」に変更。そして 1954 年，現在の 秋分の日 前後に移る。同協会理事長などを務めた斎藤弘吉が会報に残した記事によると，春分の日 前後だと「関東以北は未だ寒く戸外の催しが不適当であるばかりでなく，学校は休み中」であることなどが理由だったという。（後略）

（「（サザエさんをさがして）動物愛護週間　時期も期間も主催者も変遷」2022 年 4 月 30 日　朝日新聞朝刊　より抜粋。一部表記を改めた。）

(1)　　A　について，行政改革に伴う省庁再編により 2001 年 1 月に誕生し，廃棄物対策，公害規制，野生動植物保護などの施策を実施する行政機関を何というか，当てはまる語句を答えなさい。

（　　　　　）

(2)　　B　について，終戦直後に東京に設置され，マッカーサーが最高司令官を務めた組織を何というか，当てはまる語句をアルファベット 3 字で答えなさい。｜　｜　｜　｜

(3) 秋分の日, 春分の日 について，1年の中で国民の祝日を暦通り並べた時，各祝日の次の祝日は何か，その組み合わせとして正しいものを，次のア〜エから1つ選び，記号で答えなさい。

（　　　）

	秋分の日の次の祝日	春分の日の次の祝日
ア	スポーツの日	憲法記念日
イ	敬老の日	昭和の日
ウ	スポーツの日	昭和の日
エ	敬老の日	憲法記念日

(4) 下線 a について，動物を大切に扱い，適正に飼養する事について理解や関心を深める事は持続可能な社会を築いていく上でも重要な事である。動物愛護について取り組む事は，2015年9月の国連サミットで加盟国の全会一致で採択された「持続可能な開発のための2030アジェンダ」に記載された，2030年までに持続可能でよりよい世界を目指す国際目標（SDGs）の中のどの目標と関連するか，最も適当なものを，次のア〜エから1つ選び，記号で答えなさい。（　　　）

ア　　　　　　　　　　　　　　　　　イ
5　ジェンダー平等を実現しよう　　15　陸の豊かさも守ろう

ウ　　　　　　　　　　　　　　　　　エ
10　人や国の不平等をなくそう　　16　平和と公正をすべての人に

(5) 下線 b について，この年にはサウジアラビアなどの産油国が原油価格を大幅に引き上げた事で世界経済が混乱する出来事が起こった。この出来事を何というか，答えなさい。（　　　）

(6) 下線 c について，大正時代に起こった出来事について述べた文として誤っているものを，次のア〜エから1つ選び，記号で答えなさい。（　　　）

ア　大日本帝国憲法が発布され，日本は欧米諸国にならって憲法をもとに政治を行うようになった。
イ　関東大震災が起こり，日本経済は大きな打撃を受けた。
ウ　日本で初めてラジオ放送が開始され，野球中継などが茶の間の人気を集めた。
エ　日本政府は治安維持法を制定し，政治や社会のしくみを変えようとする運動や思想を厳しく取り締まった。

(7) 下線 d について，彼は「太平洋の橋たらん（太平洋の架け橋でありたい）」という信念のもと，国際理解と世界平和のために力を尽くした人物である。彼が事務次長を務め，1920年に世界の平

和を守るために設立された国際組織を何というか，漢字4字で答えなさい。□□□□

(8) 下線eについて，次の〈絵Ⅰ〉～〈絵Ⅲ〉はすべて，明治天皇の在位期間に起こった出来事について描いたものである。それぞれの絵について述べた〈文Ⅰ〉～〈文Ⅲ〉の正誤の組み合わせとして正しいものを，後の表中のア～クから1つ選び，記号で答えなさい。（　　　　）

〈絵Ⅰ〉

（歌川国貞（三代）（1873）「東京銀座煉瓦石繁栄之図　新橋鉄道蒸気車之図」東京都立図書館）

〈絵Ⅱ〉

（ビゴー（1899）「身体検査の助言者」）

〈絵Ⅲ〉

（ビゴー（1887）「魚釣り遊び（漁夫の利）」）

〈文Ⅰ〉〈絵Ⅰ〉は今から約150年前に日本で初めて新橋・横浜間に開通した鉄道と，当時の東京の銀座の街並みを描いたものである。このように明治時代になると，西洋の制度や技術が導入されるようになり，人々の暮らしの中にも西洋風の生活様式がもたらされるようになった。このような風潮を明治維新という。

〈文Ⅱ〉〈絵Ⅱ〉は1873年に制定された徴兵令に基づき，検査担当の将校のもと，人々が徴兵検査を受けている様子を描いたものである。当時の日本では国を守るのは国民の義務であるという考えに基づいて徴兵制度が整えられ，25歳以上の男子には3年間軍隊に入る事が義務づけられた。

	〈文Ⅰ〉	〈文Ⅱ〉	〈文Ⅲ〉
ア	正	正	正
イ	正	正	誤
ウ	正	誤	正
エ	正	誤	誤
オ	誤	正	正
カ	誤	正	誤
キ	誤	誤	正
ク	誤	誤	誤

〈文Ⅲ〉〈絵Ⅲ〉は日清戦争が起こる直前の東アジアを取り巻く国々の状況を風刺して描かれたものである。朝鮮半島を魚にたとえ，日本と中国（清）のどちらが手に入れるのかを釣りで勝負しており，その様子を橋の上からロシアがうかがっている。

(9) 下線fについて，日中戦争が始まってから太平洋戦争が終結するまでの日本の状況について述べた文として誤っているものを，次のア～エから1つ選び，記号で答えなさい。（　　　　）

ア　日中戦争は中国各地に広がり，日本軍は上海や南京などの主な都市を占領していった。

イ　戦時体制が強まり，国民や物資のすべてを統制できる権限を日本政府に与えた法律が制定された。

ウ　日本がハワイのアメリカ軍基地とイギリスのマレー領を攻撃した事で太平洋戦争が始まった。

エ　日本・ドイツ・ソ連の3国は軍事同盟を結び，アメリカ・イギリスなどの連合国との対立を深めていった。

⑽　下線gについて，次の表は日本の畜産業における家畜（乳用牛・肉用牛・豚・肉用若鶏）の都道府県別の飼育頭数の割合を表したものである。豚の都道府県別の飼育頭数の割合を表した表として適当なものを，次のア～エから1つ選び，記号で答えなさい。（　　　）

ア

都道府県名	全国合計に対する割合
宮崎県	20.4 %
鹿児島県	20.2 %
岩手県	15.7 %
青森県	5.0 %
北海道	3.6 %
その他	35.1 %

（統計年次は 2019 年）

イ

都道府県名	全国合計に対する割合
鹿児島県	13.9 %
宮崎県	9.1 %
北海道	7.6 %
群馬県	6.9 %
千葉県	6.6 %
その他	55.9 %

（統計年次は 2019 年）

ウ

都道府県名	全国合計に対する割合
北海道	20.5 %
鹿児島県	13.3 %
宮崎県	9.6 %
熊本県	5.2 %
岩手県	3.6 %
その他	47.8 %

（統計年次は 2020 年）

エ

都道府県名	全国合計に対する割合
北海道	60.7 %
栃木県	3.9 %
熊本県	3.3 %
岩手県	3.1 %
群馬県	2.5 %
その他	26.5 %

（統計年次は 2020 年）

（『日本国勢図会 2021／22』（2021）より作成。）

⑾　下線hについて，この年に調印されたサンフランシスコ平和条約と日米安全保障条約について述べた次の文Ⅰ・Ⅱの正誤の組み合わせとして正しいものを，下のア～エから1つ選び，記号で答えなさい。（　　　）

Ⅰ　サンフランシスコ平和条約では，日本の独立が認められ，沖縄が日本に返還される事が決められた。

Ⅱ　日米安全保障条約では，日本の独立後もアメリカ軍が日本国内の基地に留まる事が決められた。

ア　Ⅰ―正　　Ⅱ―正　　イ　Ⅰ―正　　Ⅱ―誤　　ウ　Ⅰ―誤　　Ⅱ―正

エ　Ⅰ―誤　　Ⅱ―誤

5 ≪地理・歴史≫　和歌山県に関する設問に答えなさい。　　　　　　　　　　（龍谷大付平安中）

問1　和歌山県の水産業に関する設問に答えなさい。

　漁業には，大きく分けて，海で漁をする「海面漁業」と，川や池などで淡水魚をとる「内水面漁業」があり，それぞれに人工的に飼育する「　W　業」もあります。これらの和歌山県の生産量を示したのが，表1です。このデータから，和歌山県の漁業が我が国全体のそれに占める割合は，（　①　）ことが分かります。

　図1は全国と和歌山県の漁業就業者数の推移を，図2は全国と和歌山県の漁船数の推移を示したものです。これらの図から，漁業に従事する人が以前と比べて（　②　）ことが分かります。表2中の海面漁業に従事する人数と漁船数は，いずれも我が国全体の2％未満です。日本には，長野県，岐阜県，奈良県など海に接していない県が全部で　X　県ありますから，人口比率からしても，この割合は決して多いとは言えません。

　我が国の漁業は，戦後の高度経済成長の時代（昭和30～40年代）に大きく発展しました。物価が上昇し，魚の値段も年々上がりました。漁船の性能が大きく向上し，遠い外国の海までどんどん出かけて漁をしていました。しかし，昭和50年代に，それぞれの国の岸から200海里（約370キロメートル）以内で外国の船は勝手に入って漁をしてはいけないという国際的なルールが決まり，遠洋漁業から撤退せざるを得なくなったのです。

　その後も，スーパーマーケットなどが外国から輸入される水産物を多く扱うようになったこと，（　③　）ことなど様々な理由により，漁業の経営環境は次第に厳しくなってきました。

　和歌山県は，日高郡の日ノ御埼を境に，北の紀伊水道沿岸と南の太平洋沿岸の2つの漁場に分かれ，それぞれ異なる漁法で魚をとっています。魚類はたいへん種類が多く，その生態もさまざまであり，地域によっても季節によってもとれる種類が変わります。

　表3は，令和2年の全国と和歌山県の海面漁業による魚種別の漁獲量を示したものです。全国ではまぐろ・かつお類の他，さけ・ます・たらといった魚種も見られます。一方，和歌山県では，さけ・ます・たらなどの魚種は見られず，いわし・あじ・さば・まぐろといった魚が中心となります。

（参照　和歌山県ホームページより作成）

表1　和歌山県の漁業生産量一覧（令和2年）

	海面漁業	海面 W 業	内水面漁業	内水面 W 業
全国	3,213,035 トン	970,081 トン	21,745 トン	29,087 トン
和歌山県	13,065 トン	3,303 トン	7 トン	648 トン
割合	0.41 ％	0.34 ％	0.03 ％	2.23 ％
順位	29 位	23 位	35 位	11 位

（参照　農林水産省「令和2年漁業・ W 業生産統計」より作成）

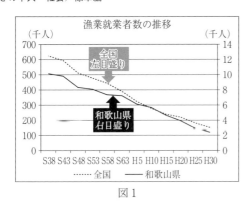

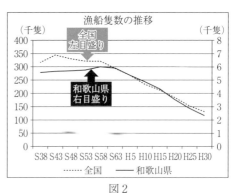

図1　　　　　　　　　　　　　　　図2

（出典　農林水産省「2018年漁業センサス」）

表2　海面漁業従事者数及び漁船数（平成30年）

	漁業従事者	漁船数
全国	151,701 人	132,201 隻
和歌山県	2,402 人	2,327 隻
割合	1.58 ％	1.76 ％
順位	23 位	23 位

（出典　農林水産省「2018年漁業センサス」）

表3　海面漁業の魚種別漁獲量（令和2年）（トン）

	全国	和歌山県
まぐろ類	177,029	1,006
かつお類	195,900	623
さけ・ます類	62,694	なし
にしん	14,110	なし
たら	216,631	なし
いわし類	944,027	2,105
さば類	389,750	3,049
あじ類	110,558	1,808
その他	1,102,236	4,474
合計	3,213,035	13,065

（参照　和歌山県ホームページより作成）

(1) 　W　にあてはまる語句をひらがなで答えなさい。（　　　　）

(2) （　①　）にあてはまる文を，次のア・イのどちらか一つを選び記号で答えなさい。（　　　）

　　ア　とても大きい　　イ　それほど大きくない

(3) （　②　）にあてはまる文を，次のア・イのどちらか一つを選び記号で答えなさい。（　　　）

　　ア　増えている　　イ　減っている

(4) 　X　にあてはまる数字を答えなさい。（　　　　）

(5) （　③　）には日本の漁業環境が厳しくなった理由があてはまります。あてはまる文を考えて書きなさい。

　　　（　　）

(6) 和歌山県で水揚げされる魚がいわし・あじ・さば・まぐろなどが中心となっているのは、和歌山県の沖合を流れる海流が影響していると考えられます。解答らんの暖流か寒流のどちらかを○で囲み、海流の名前を答えなさい。（ 暖流・寒流 ） 海流名（　　　　）

(7) 漁業を持続的なものにするための内容として適切でないと考えられるものを、次のア～エの中から一つ選び記号で答えなさい。（　　　　）

ア　魚はとれるときにできるだけたくさんとっておくようにする

イ　網の目を大きくすることで、まだ成長途上の小さな魚は網の目から逃げられるようにする

ウ　個体数が減っている魚などはできるだけとらないように心掛ける

エ　海のエコラベルなどの認証制度を受けた水産物を広めるようにする

問2　みかん好きのえりこさんとお母さんの会話文を読んで設問に答えなさい。

えりこさん　「生産量日本一を誇っている和歌山県産のみかんはおいしいね。」

お母さん　「和歌山県のほかにも　Y　で多く生産されているみたいだね。」

えりこさん　「そういえば最近、写真1のような果肉と皮が離れてしまっている『浮皮』という現象が起こっているみたいだよ。なぜこのような現象が起こっているのだろう。」

お母さん　「おもに　Z　が原因となって引き起こされているみたいだね。そのため、現在は収穫時期を従来よりも早めたりすることで浮皮を防ぐ対策をしているそうだよ。」

写真1

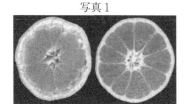

左側は浮皮の状態　右側は正常の状態
（出典　農研機構）

(1)　Y　には2つの県があてはまります。この2つの県の形の組み合わせとして正しいものを、下のア～カの中から一つ選び記号で答えなさい。なお、縮尺は一定ではありません。

（　　　　）

A

B

C

D

ア　AとB　イ　AとC　ウ　AとD　エ　BとC　オ　BとD　カ　CとD

(2)　Z　にあてはまる内容を考えて書きなさい。（　　　　）

問3　次の資料1・2を読んで設問に答えなさい。

資料1

　和歌山市内で1100人以上が犠牲となった昭和20年の「和歌山大空襲」は、9日で76年を迎える。南海和歌山市駅近くでたばこ店を営む坂田俊博さん（82）は当時小学1年。一家7人で近くの市堀川に逃げ、川の中に潜んで戦火をしのいだ。「生き残ったのは偶然に過ぎない」と振り返り、「大空襲を記憶する最後の世代になった。戦争体験を語り継ぐ責任を果たしていきたい」と力を込める。

　坂田さんによると、空襲当時、一家は市駅近くで建具店を営んでいた。

　　9日深夜に空襲警報が発令。父親は警防団員として近隣を巡回中で留守だった。坂田さんは，小学6年の姉から1歳の妹までの5人きょうだい。みんなで店舗兼自宅を出て，近くの空き地にある防空壕に身を寄せた。

　　照明弾が落ちてくると，「辺りが真昼のようにまぶしく照らし出され，今度は地鳴りのような音があちこちで響いてきました」。身の危険を感じ，小学6年の姉と4年の兄は防空壕を飛び出した。母親は1歳の妹を背負い，坂田さんと5歳の弟の手を引いて歩き出した。母親が途中，はだしの坂田さんに気付き，靴を置き忘れた防空壕にいったん戻って，坂田さんは靴を履いた。

(参照　産経新聞 2021 年 7 月 7 日記事より作成)

資料2

　　負けそうになってきた1943年，旧制の中学校や高等学校の卒業が1年早められました。また，大学生や専門学校生の徴兵延期の制度も中止となり，一般の男性と同じ扱いになりました。和歌山高等商業学校や和歌山師範学校（ともに現在の和歌山大学の前身）でも，学問をやめて軍人になる学生も出てきました。男性が20歳になると兵隊になる義務は，1年下げられて19歳となりました。さらに，1944年には満17歳以上の男子が兵役に加えられるようになりました。中学校の生徒は飛行予科練習生などの募集にも参加しました。多くの青少年はペンを銃に持ちかえて，戦場へと向かったのです。

(参照　和歌山県ふるさと教育副読本わかやま発見第 2 編より作成)

(1) 資料 1・2 に関する設問に答えなさい。

　① どちらの資料もある戦争の戦時中のようすをあらわしたものです。その戦争の名前を答えなさい。（　　　）

　② この時代の憲法の内容として正しいものを，次のア～エの中から一つ選び記号で答えなさい。（　　　）

　　ア　天皇の国事行為は内閣の助言と承認に基づいておこなわれた

　　イ　国の政治を進める主権は国民にあった

　　ウ　天皇は軍隊を統率することができた

　　エ　国民が衆議院・参議院議員を選挙で選んでいた

(2) 資料 1 の下線部に関して，自身の戦争体験を語り継ぐ人は今後さらに減っていきます。平和の想いを次の世代に紡いでいくためにはどういった取り組みがあれば良いと思いますか。考えて書きなさい。

　　（　　　）

(3) 資料 2 の内容を示す語句として正しいものを，次のア～エの中から一つ選び記号で答えなさい。（　　　）

　　ア　勤労動員　　イ　集団疎開　　ウ　青空教室　　エ　学徒出陣

(4) 文化や宗教などが異なっていても，互いに認め合い平和な社会をつくっていくために人々は様々な取り組みをしています。和歌山市でも非核平和都市とすることを宣言しています。資料 3 は和歌山市のホームページにある「広島平和バス事業」の紹介文です。次の 　　　 にあてはまる月日を答えなさい。（　　月　　日）

資料3

┌───┐
│　　　　　　　　　　□□□□あなたも広島記念式典に参加しませんか　　　　　　　　　　│
│　平和意識高揚と恒久平和実現のため，市民の代表を被爆地広島に派遣し，毎年□□□□に開催され│
│る平和記念式典への参列や広島平和記念資料館の見学等から，非核平和への理解を深めていただくこ│
│とを目的に平成4年度から実施しています。　　　　　　　　　　　　　　　　　　　　　　　│
└───┘

（参照　和歌山市ホームページより作成）

6 ≪最新の入試問題から≫　次の地図は夏休みに高山市を訪れた小学生のユリコさんが作成したもの
である。この地図について，また高山市に関することについて，あとの問いに答えなさい。

（帝塚山学院中）

問1　地図から読み取れることとして適当なものを，次のア～エから一つ選び，記号で答えなさい。

（　　　）

ア　島川原町周辺には標高580m以上の地点がある。

イ　愛宕町は10年以内に建てられた新しい家屋が多く，40歳以下の住人が多い。

ウ　高山駅と櫻山八幡宮の直線距離は約500mである。

エ　市役所は高山駅の北東に位置し，周辺には高層ビルがたくさん建っている。

問2　次の写真①～③は，地図中の A ～ C のいずれかの場所で撮影したものである。それぞれの写
真の撮影場所として正しい組み合わせを，あとのア～カから一つ選び，記号で答えなさい。

（　　　）

	ア	イ	ウ	エ	オ	カ
写真①	A	A	B	B	C	C
写真②	B	C	A	C	A	B
写真③	C	B	C	A	B	A

問3　地図中の櫻山八幡宮で毎年10月に行われる高山祭では,「屋台」と呼ばれる山車が披露され,その飾りの美しさから日本の三大美祭として有名である。高山祭と同じ日本の三大美祭の一つが,毎年7月に京都で行われ,高山祭と同様に,美しくかざられた山車が披露される。その様子を写した右の写真を参考に,祭の名称として適当なものを,次のア～エから一つ選び,記号で答えなさい。(　　　　)

　　ア　天神祭　　イ　竿灯祭　　ウ　ねぶた祭　　エ　祇園祭

問4　ユリコさんは高山市内の「白川郷」と呼ばれる地域も訪れた。この地域は世界文化遺産に登録されており,特に右の写真のような家屋の様子が高く評価されている。写真を参考に,この地域の気候について述べた文として最も適当なものを,次のア～エから一つ選び,記号で答えなさい。(　　　)

　　ア　台風の被害が多いため,強い風にたえられるように屋根が高い。

　　イ　雪が多いため,雪が落ちやすいように屋根の角度が急になっている。

　　ウ　一年中雨が少ないため,乾燥に強い植物で屋根を作っている。

　　エ　一年中暑いため,窓を大きくして家の中を涼しくしている。

問5　次の特徴を手がかりに,高山市が位置する県として適当なものを,あとのア～エから一つ選び,記号で答えなさい。(　　　)

【県の特徴】

　　・海に面していない内陸の県である。

　　・県の西側は近畿地方と接している。

　　・県の南側には輪中が見られる。

　　ア　山梨県　　イ　長野県　　ウ　岐阜県　　エ　奈良県

問6　地図を見ると,高山市には国分寺があることがわかる。奈良時代,全国に国分寺を建てることを命じた天皇は誰か,解答欄に合うように答えなさい。(　　　　天皇)

A book for You
赤本バックナンバーのご案内

赤本バックナンバーを1年単位で印刷製本しお届けします!

弊社発行の「**中学校別入試対策シリーズ（赤本）**」の収録から外れた古い年度の過去問を1年単位でご購入いただくことができます。

「**赤本バックナンバー**」はamazon（アマゾン）の*プリント・オン・デマンドサービスによりご提供いたします。

定評のあるくわしい解答解説はもちろん赤本そのまま,解答用紙も付けてあります。

志望校の受験対策をさらに万全なものにするために,「**赤本バックナンバー**」をぜひご活用ください。

⚠ *プリント・オン・デマンドサービスとは,ご注文に応じて1冊から印刷製本し,お客様にお届けするサービスです。

ご購入の流れ

① 英俊社のウェブサイト https://book.eisyun.jp/ にアクセス

② トップページの「中学受験」 赤本バックナンバー をクリック

③ ご希望の学校・年度をクリックすると,amazon（アマゾン）のウェブサイトの該当書籍のページにジャンプ

④ amazon（アマゾン）のウェブサイトでご購入

⚠ 納期や配送,お支払い等,購入に関するお問い合わせは,amazon（アマゾン）のウェブサイトにてご確認ください。

⚠ 書籍の内容についてのお問い合わせは英俊社（06-7712-4373）まで。

⚠ 表中の×印の学校・年度は,著作権上の事情等により発刊いたしません。あしからずご了承ください。

※価格はすべて税込表示

学校名	2019年 実施問題	2018年 実施問題	2017年 実施問題	2016年 実施問題	2015年 実施問題	2014年 実施問題	2013年 実施問題	2012年 実施問題	2011年 実施問題	2010年 実施問題	2009年 実施問題	2008年 実施問題	2007年 実施問題	2006年 実施問題	2005年 実施問題	2004年 実施問題	2003年 実施問題	2002年 実施問題
大阪教育大学附属 池田中学校	赤本に収録	1,320円 44頁	1,210円 42頁	1,210円 42頁	1,210円 40頁	1,210円 40頁	1,210円 40頁	1,210円 42頁	1,210円 40頁	1,210円 42頁	1,210円 38頁	1,210円 40頁	1,210円 38頁	1,210円 38頁	1,210円 36頁	1,210円 36頁	1,210円 40頁	1,210円 40頁
大阪教育大学附属 天王寺中学校	赤本に収録	1,320円 44頁	1,210円 38頁	1,210円 40頁	1,210円 40頁	1,210円 40頁	1,210円 40頁	1,210円 40頁	1,320円 44頁	1,210円 40頁	1,210円 42頁	1,210円 38頁	1,210円 38頁	1,210円 38頁	1,210円 38頁	1,210円 40頁	1,210円 40頁	
大阪教育大学附属 平野中学校	赤本に収録	1,210円 42頁	1,320円 44頁	1,210円 36頁	1,210円 36頁	1,210円 34頁	1,210円 38頁	1,210円 38頁	1,210円 36頁	1,210円 34頁	1,210円 36頁	1,210円 36頁	1,210円 34頁	1,210円 32頁	1,210円 30頁	1,210円 26頁	1,210円 26頁	
大阪女学院中学校	1,430円 60頁	1,430円 62頁	1,430円 64頁	1,430円 58頁	1,430円 64頁	1,430円 62頁	1,430円 64頁	1,430円 60頁	1,430円 60頁	1,430円 62頁	1,430円 60頁	1,430円 60頁	1,430円 58頁	1,430円 56頁	1,430円 56頁	1,430円 58頁	1,430円 58頁	
大阪星光学院中学校	赤本に収録	1,320円 50頁	1,320円 48頁	1,320円 48頁	1,320円 46頁	1,320円 44頁	1,320円 44頁	1,320円 46頁	1,320円 46頁	1,320円 44頁	1,320円 44頁	1,320円 42頁	1,210円 42頁	1,320円 44頁	1,210円 40頁	1,320円 40頁	1,210円 42頁	
大阪府立咲くやこの花 中学校	赤本に収録	1,210円 36頁	1,210円 38頁	1,210円 38頁	1,210円 36頁	1,210円 36頁	1,430円 42頁	1,210円 62頁	1,320円 42頁	1,320円 46頁	1,320円 44頁	1,210円 50頁						
大阪府立富田林 中学校	赤本に収録	1,210円 38頁	1,210円 40頁															
大阪桐蔭中学校	1,980円 116頁	1,980円 122頁	2,090円 134頁	2,090円 134頁	1,870円 110頁	2,090円 130頁	2,090円 130頁	1,980円 122頁	1,980円 114頁	2,200円 138頁	1,650円 84頁	1,760円 90頁	1,650円 84頁	1,650円 80頁	1,650円 88頁	1,650円 84頁	1,650円 80頁	1,210円 38頁
大谷中学校〈大阪〉	1,430円 64頁	1,430円 62頁	1,320円 50頁	1,870円 102頁	1,870円 104頁	1,980円 112頁	1,980円 116頁	1,760円 98頁	1,760円 96頁	1,760円 96頁	1,760円 94頁	1,870円 100頁	1,760円 92頁					
開明中学校	1,650円 78頁	1,870円 106頁	1,870円 106頁	1,870円 110頁	1,870円 108頁	1,870円 104頁	1,870円 102頁	1,870円 104頁	1,870円 102頁	1,870円 100頁	1,870円 102頁	1,870円 104頁	1,870円 104頁	1,760円 96頁	1,760円 96頁	1,870円 100頁		
関西創価中学校	1,210円 34頁	1,210円 34頁	1,210円 36頁	1,210円 32頁	1,210円 32頁	1,210円 34頁	1,210円 32頁	1,210円 32頁	1,210円 32頁									
関西大学中等部	1,760円 92頁	1,650円 84頁	1,650円 84頁	1,650円 80頁	1,320円 44頁	1,210円 42頁	1,320円 44頁	1,210円 42頁	1,320円 44頁	1,320円 44頁								
関西大学第一中学校	1,320円 48頁	1,320円 48頁	1,320円 48頁	1,320円 48頁	1,320円 44頁	1,320円 46頁	1,320円 44頁	1,320円 44頁	1,210円 40頁	1,320円 40頁	1,210円 44頁	1,320円 40頁	1,210円 44頁	1,210円 40頁	1,320円 40頁	1,210円 40頁	1,210円 40頁	
関西大学北陽中学校	1,760円 92頁	1,760円 90頁	1,650円 86頁	1,650円 84頁	1,650円 88頁	1,650円 84頁	1,650円 82頁	1,430円 64頁	1,430円 62頁	1,430円 60頁								
関西学院中学部	1,210円 42頁	1,210円 40頁	1,210円 40頁	1,210円 40頁	1,210円 36頁	1,210円 38頁	1,210円 40頁	1,210円 40頁	1,210円 40頁	1,210円 40頁	1,210円 38頁	1,210円 36頁	1,210円 34頁	1,210円 36頁	1,210円 34頁	1,210円 36頁	1,210円 34頁	1,210円 36頁
京都教育大学附属 桃山中学校	1,210円 40頁	1,210円 38頁	1,210円 38頁	1,210円 36頁	1,210円 34頁	1,210円 36頁	1,210円 34頁	1,210円 38頁	1,210円 36頁	1,210円 38頁	1,210円 32頁	1,210円 40頁	1,210円 36頁	1,210円 36頁	1,210円 34頁	1,210円 42頁	1,210円 38頁	

近畿の中学（五十音順）

学校名	2019年実施問題	2018年実施問題	2017年実施問題	2016年実施問題	2015年実施問題	2014年実施問題	2013年実施問題	2012年実施問題	2011年実施問題	2010年実施問題	2009年実施問題	2008年実施問題	2007年実施問題	2006年実施問題	2005年実施問題	2004年実施問題	2003年実施問題	2002年実施問題
京都女子中学校	1,540円	1,760円	1,760円	1,650円	1,650円	1,650円	1,650円	1,430円	1,430円	1,430円	1,430円	1,430円	1,430円	1,430円	1,430円	1,430円		
	68頁	92頁	90頁	86頁	86頁	80頁	84頁	62頁	60頁	62頁	60頁	58頁	58頁	56頁	56頁	56頁		
京都市立西京高校附属中学校	赤本に収録	1,210円	1,210円	1,210円	1,210円	1,210円	1,210円	1,210円	1,210円	1,210円	1,210円	1,210円						
		36頁	38頁	38頁	40頁	34頁	32頁	32頁	34頁	26頁	24頁	24頁	24頁					
京都府立洛北高校附属中学校	赤本に収録	1,210円	1,210円	1,210円	1,210円	1,210円	1,210円	1,210円	1,210円	1,210円	1,210円	1,210円						
		40頁	40頁	40頁	36頁	34頁	32頁	32頁	36頁	28頁	24頁	26頁	26頁					
近畿大学附属中学校	1,650円	1,650円	1,650円	1,650円	1,650円	1,650円	1,650円	1,650円	1,540円	1,650円	1,540円	1,540円	1,540円	1,540円	1,540円	1,540円		
	86頁	80頁	82頁	84頁	80頁	80頁	78頁	78頁	76頁	78頁	78頁	70頁	76頁	74頁	70頁	68頁		
金蘭千里中学校	1,650円	1,650円	1,540円	1,980円	1,980円	1,320円	1,430円	1,430円	1,320円	1,540円	1,540円	1,540円	1,540円	1,540円	1,540円	1,540円		
	78頁	80頁	74頁	116頁	116頁	48頁	58頁	56頁	50頁	72頁	56頁	74頁	70頁	66頁	72頁	72頁		
啓明学院中学校	1,320円	1,320円	1,320円	1,320円	1,320円	1,320円	1,320円	1,320円	1,320円	1,320円	1,320円	1,210円	1,210円					
	44頁	46頁	46頁	46頁	48頁	44頁	44頁	46頁	46頁	44頁	44頁	42頁	42頁					
甲南中学校	1,430円	1,540円	1,540円	1,540円	1,540円													
	62頁	76頁	74頁	74頁	72頁													
甲南女子中学校	1,650円	1,540円	1,650円	1,650円	1,650円	1,540円	1,540円	1,540円	1,540円	1,540円	1,540円	1,540円	1,430円					
	84頁	76頁	82頁	78頁	80頁	74頁	72頁	72頁	72頁	70頁	74頁	72頁	56頁					
神戸海星女子学院中学校	1,540円	1,540円	1,540円	1,430円	1,430円	1,430円	1,430円	1,540円	1,540円	1,430円	1,320円	1,210円	1,210円					
	74頁	72頁	68頁	64頁	62頁	64頁	64頁	68頁	70頁	58頁	44頁	38頁	40頁					
神戸女学院中学部	赤本に収録	1,320円	1,320円	1,320円	1,320円	1,320円	1,320円	1,320円	1,210円	1,210円	1,210円	1,210円	1,210円	1,210円	1,210円	1,210円	1,210円	1,210円
		48頁	48頁	48頁	44頁	44頁	44頁	46頁	44頁	42頁	42頁	40頁	38頁	40頁	38頁	38頁	36頁	36頁
神戸大学附属中等教育学校	赤本に収録	1,320円	1,320円	1,320円	1,320円													
		50頁	52頁	46頁	44頁													
甲陽学院中学校	赤本に収録	1,320円	1,320円	1,320円	1,320円	1,320円	1,320円	1,320円	1,320円	1,320円	1,210円	1,210円	1,210円	1,210円	1,210円	1,210円	1,210円	1,210円
		50頁	46頁	44頁	44頁	44頁	44頁	44頁	44頁	44頁	42頁	42頁	42頁	42頁	40頁	42頁	42頁	40頁
三田学園中学校	1,540円	1,540円	1,430円	1,430円	1,430円	1,540円	1,430円	1,430円	1,430円	1,430円	1,430円	1,430円	1,430円	1,430円	1,430円	1,430円	1,210円	
	66頁	68頁	64頁	62頁	66頁	62頁	58頁	54頁	60頁	58頁	60頁	62頁	58頁	54頁	54頁	38頁		
滋賀県立中学校（河瀬・水口東・守山）	赤本に収録	1,210円	1,210円	1,210円	1,210円	1,210円	1,210円	1,210円	1,210円	1,210円	1,210円	1,210円	1,210円					
		24頁	24頁	24頁	24頁	24頁	24頁	24頁	24頁	24頁	24頁	24頁	24頁					
四天王寺中学校	1,320円	1,320円	1,320円	1,320円	1,320円	1,320円	1,320円	1,320円	1,320円	1,210円	1,320円	1,320円	1,320円	1,430円	×	1,430円	1,430円	1,430円
	52頁	46頁	50頁	50頁	50頁	48頁	44頁	48頁	46頁	42頁	44頁	46頁	48頁	62頁	×	56頁	56頁	54頁
淳心学院中学校	1,540円	1,540円	1,540円	1,430円	1,430円	1,430円	1,320円	1,320円	1,320円	1,320円	1,320円	1,320円	1,210円					
	66頁	70頁	66頁	62頁	62頁	60頁	44頁	44頁	44頁	44頁	44頁	46頁	42頁					
親和中学校	1,760円	1,870円	1,760円	1,540円	1,540円	1,540円	1,540円	1,540円	1,430円	1,430円	1,430円	1,430円	1,430円					
	94頁	108頁	94頁	76頁	74頁	76頁	74頁	74頁	56頁	54頁	54頁	54頁	56頁					
須磨学園中学校	1,980円	2,090円	2,090円	1,980円	2,090円	1,980円	1,980円	1,870円	1,980円	1,980円	1,980円	1,980円	1,980円	1,980円	1,980円	1,870円		
	118頁	124頁	134頁	120頁	124頁	112頁	114頁	110頁	116頁	122頁	122頁	118頁	120頁	116頁	114頁	104頁		
清教学園中学校	1,210円	1,540円	1,540円	1,540円	1,540円	1,540円	1,540円	1,540円	1,540円	1,540円	1,540円	1,540円	1,430円					
	38頁	72頁	70頁	70頁	72頁	70頁	66頁	68頁	68頁	70頁	68頁	68頁	64頁					
清風中学校	2,200円	2,090円	2,090円	2,200円	2,090円	2,090円	2,090円	2,090円	1,870円	1,980円	1,870円	1,870円	1,650円	1,540円	1,650円	1,540円		
	142頁	128頁	134頁	140頁	134頁	136頁	136頁	128頁	108頁	114頁	110頁	108頁	82頁	76頁	78頁	74頁		
清風南海中学校	赤本に収録	1,760円	1,760円	1,760円	1,760円	1,760円	1,760円	1,760円	1,760円	1,760円	1,760円	1,760円	1,760円	1,650円	1,650円	1,760円	1,650円	1,650円
		98頁	96頁	94頁	92頁	92頁	90頁	92頁	98頁	96頁	90頁	90頁	94頁	88頁	86頁	90頁	82頁	82頁
高槻中学校	1,870円	1,650円	1,650円	2,090円	1,980円	1,980円	2,090円	1,980円	1,540円	1,650円	1,540円	1,540円	1,540円	×	1,540円	×	1,540円	1,650円
	106頁	88頁	82頁	124頁	120頁	114頁	126頁	114頁	72頁	78頁	74頁	68頁	68頁	×	76頁	×	74頁	78頁
滝川中学校	1,760円	2,090円	1,870円	1,870円	1,760円													
	96頁	128頁	104頁	100頁	98頁													
智辯学園和歌山中学校	1,650円	1,650円	1,540円	1,540円	1,540円	1,540円	1,540円	1,540円	1,430円	1,540円	1,540円	1,540円	1,320円					
	80頁	80頁	74頁	72頁	72頁	70頁	74頁	74頁	64頁	74頁	76頁	70頁	46頁					
帝塚山中学校	2,090円	2,310円	2,310円	2,310円	2,310円	2,090円	2,090円	2,090円	2,090円	2,310円	2,090円	2,090円	2,200円	2,310円	1,540円	1,430円	1,430円	
	124頁	156頁	156頁	154頁	152頁	124頁	130頁	148頁	154頁	148頁	150頁	152頁	140頁	156頁	66頁	62頁	60頁	
帝塚山学院中学校	1,210円	1,210円	1,210円	1,210円	1,210円	1,210円	1,210円	1,210円	1,210円	1,210円	1,210円	1,210円	1,210円					
	42頁	38頁	36頁	36頁	38頁	36頁	36頁	34頁	36頁	34頁	34頁	34頁	36頁					
帝塚山学院泉ヶ丘中学校	1,320円	1,320円	1,210円	1,760円	1,650円	1,650円	1,650円	1,650円	1,320円	1,210円	1,210円	1,210円	1,210円					
	50頁	46頁	42頁	92頁	84頁	84頁	82頁	86頁	50頁	42頁	42頁	42頁	42頁					
同志社中学校	1,320円	1,320円	1,210円	1,210円	1,210円	1,210円	1,210円	1,210円	1,210円	1,210円	1,210円	1,210円	1,210円	1,210円	1,210円	1,210円	1,210円	1,210円
	48頁	44頁	40頁	40頁	40頁	40頁	40頁	40頁	42頁	40頁	40頁	40頁	42頁	40頁	38頁	40頁	38頁	36頁
同志社香里中学校	1,650円	1,650円	1,540円	1,650円	1,650円	1,650円	1,650円	1,650円	×	×	1,210円	1,210円	1,210円	1,210円	1,210円	1,210円	1,210円	
	86頁	78頁	76頁	78頁	80頁	78頁	80頁	78頁	×	×	38頁	38頁	40頁	40頁	38頁	42頁	40頁	
同志社国際中学校	1,320円	1,320円	1,320円	1,320円	1,320円	1,210円	1,210円	1,210円	1,210円	1,210円	1,210円	1,210円	1,210円					
	52頁	52頁	48頁	46頁	44頁	42頁	36頁	34頁	36頁	34頁	34頁	32頁	34頁					
同志社女子中学校	1,760円	1,760円	1,760円	1,760円	1,650円	1,650円	1,650円	1,650円	1,320円	1,320円	1,210円	1,210円	1,210円	1,210円	1,210円	×	1,320円	1,320円
	96頁	98頁	96頁	92頁	84頁	86頁	82頁	86頁	46頁	46頁	46頁	42頁	42頁	40頁	42頁	×	44頁	44頁

※価格はすべて税込表示

学校名	2019年実施問題	2018年実施問題	2017年実施問題	2016年実施問題	2015年実施問題	2014年実施問題	2013年実施問題	2012年実施問題	2011年実施問題	2010年実施問題	2009年実施問題	2008年実施問題	2007年実施問題	2006年実施問題	2005年実施問題	2004年実施問題	2003年実施問題	2002年実施問題
東大寺学園中学校	赤本に収録	1,430円 58頁	1,430円 58頁	1,430円 54頁	1,430円 54頁	1,430円 56頁	1,320円 50頁	1,320円 52頁	1,320円 52頁	1,320円 48頁	1,320円 46頁	1,320円 44頁	1,320円 46頁	1,320円 48頁	1,210円 42頁	1,320円 46頁	1,320円 44頁	1,320円 46頁
灘中学校	赤本に収録	1,320円 48頁	1,320円 48頁	1,320円 52頁	1,320円 48頁	1,320円 46頁	1,320円 44頁	1,320円 44頁	1,320円 44頁	1,320円 46頁	1,320円 46頁	1,320円 46頁	1,210円 42頁	1,320円 46頁	1,320円 46頁	1,320円 46頁	1,320円 46頁	
奈良学園中学校	2,090円 132頁	1,980円 120頁	1,980円 120頁	1,980円 112頁	1,980円 116頁	1,870円 110頁	1,980円 114頁	1,870円 110頁	1,870円 108頁	1,870円 104頁	1,870円 106頁	1,870円 104頁	1,870円 102頁	1,870円 100頁	1,540円 68頁	1,540円 66頁		
奈良学園登美ヶ丘中学校	1,540円 70頁	1,540円 70頁	1,540円 68頁	1,650円 86頁	1,650円 80頁	1,650円 86頁	2,090円 126頁	2,090円 126頁	1,980円 120頁	1,870円 104頁	1,760円 98頁	1,760円 96頁						
奈良教育大学附属中学校	1,320円 44頁	1,210円 42頁	1,210円 38頁	1,210円 36頁	1,210円 38頁	1,210円 38頁	1,210円 36頁	1,210円 38頁	1,210円 36頁	1,210円 38頁	1,210円 36頁	1,210円 38頁	1,210円 38頁	1,210円 36頁	1,210円 38頁	1,210円 38頁	1,210円 38頁	
奈良女子大学附属中等教育学校	1,210円 24頁	1,210円 24頁	1,210円 24頁	1,210円 24頁	1,210円 24頁	1,210円 24頁	1,210円 24頁	1,210円 24頁	1,210円 24頁	1,210円 24頁	1,210円 24頁	1,210円 24頁	1,210円 24頁					
西大和学園中学校	赤本に収録	2,200円 136頁	2,200円 140頁	1,430円 58頁	1,870円 100頁	1,760円 98頁	1,430円 54頁	1,430円 54頁	1,650円 84頁	1,650円 86頁	×	1,650円 80頁	×	1,650円 84頁	1,320円 48頁	1,320円 44頁	1,320円 46頁	1,320円 46頁
白陵中学校	赤本に収録	1,210円 36頁	1,210円 38頁	1,210円 36頁	1,210円 38頁	1,210円 36頁	1,210円 38頁	1,210円 36頁	1,210円 38頁	1,210円 36頁	1,210円 36頁	1,210円 34頁	1,210円 36頁	1,210円 34頁	1,210円 36頁	1,210円 34頁	1,210円 34頁	1,210円 34頁
東山中学校	1,320円 48頁	1,320円 50頁	1,320円 44頁	1,320円 46頁	1,320円 48頁													
雲雀丘学園中学校	1,650円 78頁	1,650円 80頁	1,650円 80頁	1,650円 78頁	1,430円 60頁	1,210円 32頁	1,210円 30頁	1,210円 30頁	1,210円 32頁	1,210円 30頁	1,210円 28頁	1,210円 28頁	1,210円 26頁	1,210円 26頁	1,210円 26頁	1,210円 26頁	1,210円 28頁	
武庫川女子大学附属中学校	1,650円 88頁	1,650円 78頁	1,650円 80頁	1,760円 90頁	1,650円 82頁	1,760円 92頁	1,760円 94頁	1,760円 96頁	1,760円 90頁	1,760円 94頁	1,650円 88頁	1,430円 56頁	1,430円 56頁					
明星中学校	1,980円 118頁	1,980円 116頁	1,980円 122頁	1,980円 116頁	1,980円 112頁	1,980円 112頁	1,980円 118頁	1,760円 92頁	1,650円 86頁	1,650円 86頁	1,650円 86頁	1,650円 86頁	1,650円 80頁	1,650円 84頁	×	1,650円 84頁		
桃山学院中学校	1,540円 74頁	1,650円 82頁	1,650円 80頁	1,540円 76頁	1,650円 78頁	1,650円 78頁	1,540円 74頁	1,540円 74頁	1,650円 78頁	1,540円 72頁	1,540円 68頁							
洛星中学校	赤本に収録	1,760円 98頁	1,870円 100頁	1,760円 96頁	1,760円 96頁	1,760円 92頁	1,870円 100頁	1,870円 102頁	1,760円 96頁	1,760円 96頁	1,760円 94頁	1,760円 96頁	1,760円 94頁	1,760円 94頁	1,650円 84頁	1,650円 82頁	1,650円 82頁	1,650円 84頁
洛南高等学校附属中学校	赤本に収録	1,430円 56頁	1,430円 56頁	1,430円 54頁	1,320円 52頁	1,320円 52頁	1,430円 54頁	1,430円 56頁	1,320円 52頁	1,430円 54頁	1,320円 50頁	1,320円 48頁	1,320円 52頁	1,320円 48頁	×	1,430円 60頁	1,430円 60頁	1,430円 58頁
立命館中学校	1,650円 82頁	1,650円 82頁	1,650円 78頁	1,650円 86頁	1,650円 80頁	1,540円 76頁	1,540円 72頁	1,540円 74頁	1,540円 72頁	1,540円 70頁	1,540円 66頁	1,540円 70頁	×	1,430円 58頁	1,430円 54頁			
立命館宇治中学校	1,650円 86頁	1,650円 82頁	1,650円 80頁	1,650円 78頁	1,540円 76頁	1,540円 76頁	1,540円 68頁	1,540円 72頁	1,540円 74頁	1,540円 74頁	1,540円 72頁	1,320円 52頁	1,320円 52頁	1,320円 52頁	1,320円 52頁	1,320円 52頁		
立命館守山中学校	1,650円 80頁	1,430円 64頁	1,540円 66頁	1,430円 64頁	1,430円 62頁	1,430円 60頁	1,430円 60頁	1,430円 58頁	1,430円 58頁	1,430円 56頁	1,430円 58頁	1,430円 64頁	1,430円 54頁					
六甲学院中学校	1,430円 58頁	1,430円 56頁	1,430円 56頁	1,430円 60頁	1,430円 56頁	1,320円 52頁	1,430円 56頁	1,320円 52頁	1,430円 54頁	1,430円 56頁	×	1,320円 50頁	1,430円 58頁	1,320円 50頁	1,320円 46頁	1,320円 52頁	1,320円 50頁	
和歌山県立中学校（向陽・古佐田丘・田辺・桐蔭・日高附中）	1,210円 34頁	1,760円 90頁	1,760円 90頁	1,650円 86頁	1,650円 80頁	1,650円 88頁	1,540円 70頁	1,650円 78頁	1,760円 98頁	1,870円 108頁	1,650円 88頁	1,650円 78頁	1,540円 74頁					
愛知中学校	1,320円 48頁	1,320円 44頁	1,320円 46頁	1,320円 44頁	1,210円 42頁	1,210円 38頁	1,210円 34頁	1,210円 38頁	1,210円 38頁	1,210円 36頁	1,210円 36頁	1,210円 36頁	1,210円 34頁	1,210円 32頁	1,210円 30頁	1,210円 32頁	1,210円 28頁	
愛知工業大学名電中学校	1,320円 46頁	1,650円 86頁	1,980円 122頁	1,650円 82頁	1,650円 86頁													
愛知淑徳中学校	1,430円 54頁	1,320円 48頁	1,320円 46頁	1,320円 46頁	1,320円 44頁	1,210円 42頁	1,320円 46頁	1,320円 44頁	1,320円 44頁	1,320円 44頁	1,210円 42頁	1,210円 42頁	1,210円 40頁					
海陽中等教育学校	赤本に収録	1,760円 90頁	2,090円 132頁	2,090円 126頁	1,980円 122頁	1,980円 116頁	1,980円 112頁	1,980円 112頁	1,980円 112頁	1,540円 74頁	1,430円 64頁	1,760円 96頁	1,870円 110頁	1,870円 100頁				
金城学院中学校	1,320円 46頁	1,320円 44頁	1,210円 40頁	1,210円 42頁	1,210円 42頁	1,210円 38頁	1,210円 40頁	1,210円 42頁	1,210円 42頁	1,210円 38頁	1,210円 40頁	1,210円 40頁	1,210円 38頁	1,210円 36頁	1,210円 36頁	1,210円 24頁		
滝中学校	1,320円 48頁	1,320円 48頁	1,320円 46頁	1,320円 44頁	1,210円 40頁	1,210円 42頁	1,210円 40頁	1,210円 40頁	1,210円 42頁	1,210円 40頁	1,210円 40頁	1,210円 38頁	1,210円 42頁	1,210円 42頁	1,210円 40頁	1,210円 34頁	1,210円 36頁	
東海中学校	1,320円 50頁	1,320円 48頁	1,210円 38頁	1,320円 44頁	1,210円 42頁	1,320円 44頁	1,320円 44頁	1,320円 40頁	1,320円 44頁	1,210円 40頁	1,320円 40頁	1,210円 38頁	1,210円 40頁	1,210円 38頁	1,210円 36頁	1,210円 40頁	1,210円 36頁	
名古屋中学校	1,430円 56頁	1,320円 52頁	1,320円 50頁	1,320円 48頁	1,320円 50頁	1,320円 44頁	1,320円 44頁	1,320円 44頁	1,210円 40頁	1,210円 40頁	1,210円 36頁	1,210円 34頁	1,210円 40頁					
南山中学校女子部	1,430円 56頁	1,320円 50頁	1,320円 52頁	1,320円 50頁	1,320円 48頁	1,320円 46頁	1,320円 48頁	1,320円 46頁	1,320円 44頁	1,320円 42頁	1,210円 44頁	1,320円 46頁	1,320円 46頁	1,320円 44頁	1,320円 42頁	1,210円 42頁		
南山中学校男子部	1,320円 52頁	1,320円 50頁	1,320円 50頁	1,320円 46頁	1,210円 42頁	1,320円 46頁	1,320円 46頁	1,320円 44頁	1,320円 46頁	1,320円 46頁	1,210円 42頁	×	1,210円 40頁	1,210円 38頁	1,210円 40頁	1,210円 36頁		

愛知の中学（五十音順）

解 答

1．日本のすがた　　　　　　　　　　　　　　　　　　　　　　　　問題 P. 3～11

1 (1)A．関東地方と中部地方を分ける山脈。

B．最上川の下流域に広がる平野。

C．下流域に濃尾平野を形成している。

(2)① 冬は北西，夏は南東から吹き，日本の気候に大きな影響をあたえる。

② 日本海側は北西季節風の影響で，冬の降水量が多くなる。

(3) 肉類や魚介類，果実を中心に食料自給率が低下するとともに，外国からの農林水産物の総輸入額が年々増加傾向にあることをよみとる。

(4)① 水害時の避難場所として高台に水屋がつくられている。

② 水害の起こる地域に建物が多いと，被害が広がる可能性が高くなる。

③ ヨーロッパなどの河川と比べてもこう水が起こりやすくなっている。

答 (1) A．越後(山脈)　B．庄内(平野)　C．木曽(川)　(2)① 季節風　② ア

(3) 外国からの安価な食品の輸入量が増えたため。(同意可)

(4)① 輪中　② ウ　③ 短く流れが急である。(同意可)

2 (1)① 8月の降水量が多いことがポイント。高知市は太平洋側の気候に属しており，黒潮の影響で一年を通して温暖で，梅雨や台風による降水量が多い。

② 1月の降水量が多いことがポイント。金沢市は石川県の県庁所在地で日本海側の気候に属しており，冬に雪が多く降る。

③ 他の都市に比べて，1月・8月ともに降水量が少ないことに注目する。高松市は香川県の県庁所在地で瀬戸内の気候に属しており，年間を通して降水量が少ない。

④ 1月の気温が高いことから，南西諸島の気候に属している那覇市と判断する。

(2)ア．「千島海流」は，北海道・東北地方の太平洋側を南下する寒流。

イ．「夏」ではなく，冬が正しい。夏は太平洋上から南東の風が吹く。

エ．日本列島の北端と南端の緯度の差は約25度。

答 (1)① ウ　② ア　③ イ　④ エ　(2)ウ

3 問1．アはカナダ，イはサウジアラビア，ウはインド，エはニュージーランドの国旗。

問2．排他的経済水域の外側は公海とよばれ，どの国も自由に航行や調査ができる。

問3．北方領土とは，択捉島，国後島，色丹島，歯舞群島を指す。

問4．択捉島は北海道，沖ノ鳥島と南鳥島は東京都，与那国島は沖縄県に属する。

問5．あわせて日本アルプスともよばれる。

問6．残りの約4分の1は平地で，人口のおよそ8割が平地に住んでいる。

問7．国土の3分の2にあたる約2500万ヘクタールが森林となっている。

問8．長野県から新潟県を経て，日本海へ注ぐ河川。

問10．太平洋側は夏の季節風，日本海側は冬の季節風の影響により，降水量が多くなる。

答 問1．エ　問2．排他的経済水域　問3．ロシア　問4．ア　問5．イ　問6．エ　問7．ア　問8．ア　問9．イ　問10．イ

4 (1) 本州の北側には日本海，九州の西側には東シナ海，北海道の北側にはオホーツク海が広がる。

(2) 日本列島から見た地球の正反対側は，ブラジル南部の沖の大西洋上になる。

(3) 地図から，南鳥島と与那国島の経度差は約30度とわかる。経度差15度で1時間の時差が生まれるので，

時差は2時間。東に位置する南鳥島の方が日の入りの時刻が早いことに注意。

(4)①(島名)　日本の最東端は南鳥島，最西端は与那国島，最北端は択捉島。

(都道府県名)　南鳥島と沖ノ鳥島は東京都に属している。

②　排他的経済水域とは，各国の海岸線から200海里以内の範囲（領海をのぞく）に設定された，魚などの水産資源や海底にある鉱産資源を設定国が利用する権利をもつ水域のこと。

(5)　奥羽山脈は日本最長の山脈。信濃川は日本最長の河川。

答　(1) 太平洋　(2) 南アメリカ(大陸)　(3) オ

(4)①（島名）沖ノ鳥島　（都道府県名）東京都　② 日本の排他的経済水域を失わないようにするため。（同意可）

(5) エ

⑤　問1．図1にある外国の河川は日本に比べ，標高の低いところから長い距離をかけて流れていることがわかる。

問2．アの説明にはCが，ウの説明にはDが，エの説明にはAがあてはまる。

問3．夏は太平洋側で，冬は日本海側で降水量が多くなる。

答　問1．日本の河川は，流れが急で短い。（15字）（同意可）　問2．イ　問3．ア

⑥　(1)A．日本周辺にはユーラシアプレート，北アメリカプレート，太平洋プレート，フィリピン海プレートの4つのプレートが集まっている。

B．「南海トラフ」はフィリピン海プレートとユーラシアプレートが接する海溝。中部・近畿の各地方の南部や四国地方・九州地方東部で大地震が起こると考えられている。

(2)ⅰ）　アは北海道，イ（一般に御嶽山と表記）は岐阜県と長野県の県境，ウは熊本県にある火山。

ⅱ）C．火山の熱を利用した発電は地熱発電という。

(3)　新潟県上越市など日本海側の地域は，季節風の影響で冬の降水量が多い。

答　(1)A．プレート　B．トラフ　(2)ⅰ）エ　ⅱ）ウ　(3) イ　(4) 減災

⑦　問1．等高線の数が最も少ないものを選ぶ。

問3．等高線は10mごとに引かれている。

問4．地図記号は，国土地理院によって定められている。

問5．標高が高いところへ登り，その後，標高が低いところへ下っている。

答　問1．A（山）　問2．南東　問3．E. 290（m）　F. 290（m）　G. 270（m）

問4．あ．畑（または，牧草地）　い．果樹園（または，果物畑）　う．茶畑　問5．ウ

⑧　問1．Ⅰ．讃岐国は現在の香川県の旧国名にあたる。

Ⅱ．関西国際空港が立地する島は，埋め立てによってできた人工島。

問2．1．浜名湖は静岡県浜松市と湖西市にまたがる汽水湖。

2．屋久島は樹齢数千年をこえる原生的な天然林がある世界自然遺産。

3．島の数が多い順に，長崎県，北海道，鹿児島県となっている。

問3．ア．軍艦島（または，端島）は，世界文化遺産「明治日本の産業革命遺産　製鉄・製鋼，造船，石炭産業」の構成遺産の一つ。

イ．平安時代末期には，平清盛が一族の繁栄を願って「平家納経」をおさめた。

ウ．2021年7月に日本で5件目の世界自然遺産として登録された。

問4．北方四島（または，北方領土）は，択捉島，国後島，色丹島，歯舞群島の順に面積が大きい。

問5．2023年2月以前のデータでは，1987年に海上保安庁が発表した「6852島」が広く用いられていた。

問6．海に面していない栃木県，群馬県，埼玉県，山梨県，長野県，岐阜県，滋賀県，奈良県の8県と大阪府の計9府県。

問8．日本の国土面積は世界第61位だが，領海を含む排他的経済水域の面積は世界第6位の広さになる。

答　問1．Ⅰ．香川県　Ⅱ．大阪府　問2．1．お　2．い　3．え　問3．ア．え　イ．い　ウ．お
問4．い　問5．う　問6．え　問7．う　問8．え

2．日本の産業

問題 P. 12〜19

1　問1．(1)　北海道の北東に位置する，樺太・カムチャツカ半島・千島列島に囲まれた海洋。

　　　　(3)　約370km。排他的経済水域が設定されている。

　　　　(4)　各国の排他的経済水域や領海に含まれない海洋。

　　問2．①　ピーマンの収かく量1位は茨城県。

　　　　③　別名は親潮。

　　　　④　栽培漁業の対象になっている代表的な水産物は，ほかにニシン・マダイ・カレイなど。

　　　　⑤〔1〕　日本最北端の島。

　　　　　〔2〕　「はぼまいぐんとう」と読む。ほか，国後島・色丹島が北方領土に含まれる。

　　　　⑥　女川は宮城県，銚子は千葉県の漁港。

　　問3．〔1〕b）　「世界の海面漁業の生産量」はほとんど変化していない。

　　　　〔2〕Ⅲ．魚介類は人間に欠かせないものなので，「鉱物資源」や「森林資源」と同じように「水産資
　　　　　　源」と呼ばれている。

　　答　問1．(1)あ　(2)え　(3)あ　(4)う
　　　問2．①い　②う　③あ　④う　⑤〔1〕えとろふ（とう）　〔2〕い　⑥あ
　　　問3．〔1〕い　〔2〕(Ⅰ)い　(Ⅱ)あ　Ⅲ．資源

2　問1．(1)　愛知県では，豊田市を中心に自動車工業がさかんであることから，輸送用機械の割合が最も高い
　　　　ウがあてはまる。アは神奈川県，イは静岡県，エは大阪府，オは兵庫県の工業出荷額のうちわけを
　　　　示している。

　　　　(2)X．「基準線」とは，東経135度の日本標準時子午線のこと。

　　　　　Y．「茶」の生産量は日本一の県。

　　　　(3)　神奈川県の県庁所在地は横浜市，愛知県の県庁所在地は名古屋市，兵庫県の県庁所在地は神戸市。

　　問2．太平洋ベルトは工業がさかんなだけではなく，人口が集中している地域でもある。

　　問3．(1)　アとイは両方ともオーストラリアが1位だが，上位にインドネシアのあるグラフが石炭，マレー
　　　　シアのあるグラフが液化天然ガス。

　　問4．Bは極端に貨物の割合が小さくなっていることから航空機。Cは貨物の割合が大きいことから，重量
　　　　のあるものの輸送に適している船舶。

　　問5．必要としている施設や団体，困窮世帯などに無償で提供されている。

　　答　問1．(1)ウ　(2)X．兵庫県　Y．静岡県　(3)2(つ)　問2．太平洋ベルト
　　　問3．(1)(原油)ウ　(石炭)ア　(2)イ　問4．オ　問5．イ

3　問1．反対に，しゅんの時期より遅らせてさいばいする方法は抑制さいばいという。

　　問2．さとうきびは沖縄など，暖かい地域でさいばいされている。

　　問3．野菜の生産量は，高度経済成長期から1980年代ごろにかけて人口増加による需要の拡大などを背景
　　　　に増加したが，1980年代後半から農業就業者の高齢化や労働力不足などを理由に減少してきている。

　　問4．輸入が拡大するとフードマイレージが高くなり，環境への負担を増やすことになる。

　　問5．小麦や大豆の食料自給率は低く，ほとんどを輸入にたよっている。

　　問6．地元でとれた野菜をスーパーなどで売ったり，学校の給食に出したりするなど，さまざまな取り組み
　　　　が行われている。

答 問1．促成（さいばい）　問2．ウ　問3．ア　問4．エ　問5．イ　問6．地産地消

4　問1．(1)　太平洋ベルトには，四大工業地帯や東海工業地域，瀬戸内工業地域などがふくまれている。

　　　　　(2)　石炭・石灰石とともに製鉄業の原料となっている。

　　　問2．(1)（レタス）　長野県や群馬県では，高原地域の夏でも涼しい気候を生かした抑制栽培によるレタスの
　　　　　　　　栽培がさかん。

　　　　　　（豚）　鹿児島県や宮崎県は，シラス台地における畜産がさかんで，「かごしま黒豚」などのブランド
　　　　　　　　化も進められている。なお，ぶどうはア，まぐろはエ，乳牛はオにあてはまる。

　　　　　(2)　アは「ジャストインタイム方式」，イは「POSシステム」についての説明。

　　　　　(3)　各地域の農業を活性化することにもつながるとして期待されている。

　　　問3．(1)　日本は加工貿易で発展してきたが，日本企業が海外の工場で自動車や機械製品を生産し，逆輸入
　　　　　　　することなども増え，現在はその傾向はうすれてきている。

　　　　　(2)あ．比較的全国に広がって立地していることがポイント。

　　　　　　い．愛知県や静岡県に集中が見られることがヒント。なお，「石油化学工業」は太平洋側の臨海部に
　　　　　　　工場が集中している。

　　　問4．安く大量に輸入された品物の影響から，国内の生産品が売れなくなると，国内の生産が衰退し，雇用
　　　　　不安なども生じる恐れがある。

　　答　問1．(1)太平洋ベルト　(2)エ　問2．(1)（レタス）イ　（豚）ウ　(2)ウ　(3)地産地消

　　　問3．(1)加工（貿易）　(2)ウ　問4．イ

5　(1)　にせのウェブサイトにアクセスさせられ，クレジットカードの情報をぬすみ取られるなどのひ害が急増
　　している。

　(2)　インターネットではさまざまな情報を簡単に送受信できる一方で，一度出回った情報を削除することが
　　難しいため，取りあつかいには注意が必要。

　答　(1)ア

　(2)（例）①　個人情報に関することを書き込まない。②　知らない相手から来たメールは開封しない。

3．日本各地の様子
問題 P．20〜32

1　問1．対馬海流は日本海を北上する暖流。

　　問2．島原半島は，ユネスコ世界ジオパークにも認定されている。

　　問3．梅雨時の降水量が多く，比較的気温が高いことが特徴。アは仙台市，ウは新潟市，エは那覇市の雨
　　　温図。

　　問4．アは奈良県，イは広島県，ウは沖縄県，エは群馬県にある。

　　問5．江戸時代の1641年にオランダ商館が平戸から長崎の出島に移され，鎖国の体制が完成した。

　　問6．ア．「大浦天主堂」は江戸時代末期に建てられた建築物。ウ．建設された時期は，地図からはわからな
　　　い。エ．南西部にも寺院の地図記号がある。

　　問7．Aは[ウ]，Bは[ア]，Cは[イ]で撮影された。

　　答　問1．対馬　問2．島原　問3．イ　問4．ウ　問5．イ　問6．イ　問7．[エ]

2　問1．（松江）「日本海側の気候」に属しており，冬の降水量が多い。

　　　　（岡山）「瀬戸内の気候」に属しており，年間を通して降水量が少ない。

　　　　（高知）「太平洋側の気候」に属しており，黒潮の影響で一年を通して温暖で，梅雨や台風による降水
　　　　　量が多い。

　　問2．鍾乳洞の秋芳洞は，山口県中央部に位置する日本最大のカルスト台地である秋吉台国定公園の地下に
　　　ある。

問4．「さとうきび」ではなく，みかんが正しい。Dの地域のある愛媛県では，伊予かんやデコポンなどのかんきつ類の生産がさかん。

問5．アは沖合漁業，イは沿岸漁業，エは遠洋漁業のグラフ。

問6．「明石海峡大橋」ではなく，瀬戸大橋が正しい。明石海峡大橋は，兵庫県神戸市と淡路島を結んでいる。

問7．長所には，「少ない資源で電力が得られる。」，短所には，「放射性廃棄物の処理に課題がある。」「放射線の影響を踏まえると立地が限定される。」などの記述も可。

答　問1．（松江）ウ　（岡山）ア　（高知）イ　問2．イ　問3．エ　問4．エ　問5．ウ　問6．エ
問7．（例）（長所）二酸化炭素（または，温室効果ガス）を排出しない。（短所）大事故を起こした時の被害が深刻である。

3　問1．京都府の一部の都市なども通る経線。

問2．日本の標準時子午線は東経135度なので，ロンドン（経度0度）との経度差は135度。経度差15度で1時間の時差が生じるので，135÷15から時差は9時間となる。日本の方が時刻が早いので，ロンドンが1月10日午後10時のとき，日本はその9時間後となる。

問3．A．本州の北には日本海，南には太平洋が広がっている。

　　B．琵琶湖は日本最大の湖で，滋賀県の面積の約6分の1の広さがある。

　　C．淡路島は瀬戸内海最大の島で，明石海峡大橋によって兵庫県神戸市と，大鳴門橋によって徳島県鳴門市とつながっている。

問4．冬の降水量が多いことからイは日本海側の気候に属する鳥取，夏の降水量が多いことからエは太平洋側の気候に属する潮岬，年間の降水量が少ないことからウは瀬戸内の気候に属する高松，残るアが京都となる。

問5．Aはエの奈良県，Bはイの滋賀県，Cはアの兵庫県，Dはオの和歌山県の説明。よって，ウの三重県の説明文がない。

問6．(1)ア．1990年と2018年は「牛乳・乳製品」の消費量が最も多い。

　　イ．小麦や牛乳・乳製品の消費量も増え続けている。

　　ウ．2018年は魚介類よりも肉類の消費量が多い。

　　(2)　米が余るようになり，最近まで減反政策も行われてきた。

問7．(1)　あ の沿岸にあるのは，阪神工業地帯と瀬戸内工業地域。表中のアは中京工業地帯，イは京浜工業地帯，ウは阪神工業地帯，エは瀬戸内工業地域。

　　(2)イ．日本の工場のほとんどは中小工場だが，生産額は大工場の方が多い。

　　ウ．自動車の部品は現在もたくさんの関連工場でつくられている。

　　エ．伝統技術が用いられた製品の多くは手作業による持続可能な環境にやさしいものであり，SDGsの観点からも必要とされている。

　　(3)　伊勢湾に面する三重県四日市市で，大気汚染による四日市ぜんそくが発生した。

問8．(1)　若狭湾沿岸は，地盤が強く，大量の水が得られ，広い敷地が確保できたことなどの理由から，多くの原子力発電所が立地している。

　　(2)　日本のエネルギー自給率は11.3％（2020年）で，化石燃料のほとんどは海外からの輸入に頼っている。

問9．(1)　長ぐつは，中に水が入ると重くなって動きにくく，また，歩くと脱げやすいため，避難時にはひも付きのはきなれたスニーカーなどがよい。

　　(2)　「家屋が倒壊したときのことを考え，車のトランクに置く。」などの解答も可。

答　問1．エ　問2．ウ　問3．A．日本(海)　B．琵琶(湖)　C．淡路(島)　問4．ア　問5．ウ
問6．(1)エ　(2)（理由）食生活が洋風になったから。（同意可）　（くふう）（例）米粉を使用したパンやパスタをつくる。

問7．(1) ウ・エ　(2) ア　(3) ア　問8．(1) エ　(2) イ

問9．(1) ③　(2)（例）すぐに持ち出せるように玄関の近くに置く。問10．カ．岐阜(市)　キ．徳島(市)

④ 問1．(1)A．流氷がはぐくむ豊かな海洋の生態系と多様な生物の宝庫であることが評価され，2005年に世界
自然遺産に登録された。

B．広大なブナの天然林とその生態系が世界的に貴重な価値と認められ，1993年に世界自然遺産に
登録された。

(2)　Yの富士山は，開発やごみの放置などによる自然環境の悪化などにより世界自然遺産には登録さ
れなかった。しかし，古くから信仰の対象であることや美しい姿が和歌や浮世絵などの芸術の源泉
になったことが評価され，世界文化遺産として登録された。

問2．Yは冬の降水量が夏よりも多い日本海側の気候なので都市C。Zは冬の気温が0度を下まわっている
北海道の気候なので都市E。

問3．道県庁所在地はそれぞれ，Dが仙台市（宮城県），Eが札幌市（北海道），Fが盛岡市（岩手県）。

問4．さくらんぼの収かく量は山形県が約7割を占めている。みかんは和歌山県，ももは山梨県，りんごは
青森県が収かく量1位の県。

問6．写真の行事は秋田県男鹿市の「なまはげ」。

問7．東日本大震災は，海のプレート（太平洋プレート）と陸のプレート（北米プレート）の境界にあたる
水深6000m以上の深い海溝でおこった「海溝型地震」だった。地震にともない，海水がおし上げられるこ
とで大きな津波が発生した。

答 問1．(1) A．知床(半島)　B．白神(山地)　(2)(イ)　問2．(ウ)　問3．D・E・F　問4．(ア)
問5．鹿児島県　問6．(オ)　問7．(イ)

⑤ 問1．D．日本の標準時子午線は，兵庫県の明石市などを通る。

E．香川県は瀬戸内の気候に属するため，年間を通して比かく的降水量が少ない。

問2．若狭湾などでもみられる海岸。

問3．Aは長崎県の説明。

問4．陸奥湾は，ほたての養殖に適している冷たい海域となっている。

問5．山間部を流れる川から運ばれてきた大きめの土砂が，広い平地に出たところに積もってできた地形。

問6．淡路島と本州は明石海峡大橋で結ばれている。

問7．アは大阪府，イは奈良県，エは京都府にある池。

答 問1．D．神戸〔市〕　E．高松〔市〕　問2．リアス海岸　問3．エ　問4．イ　問5．扇状地
問6．大鳴門橋（または，鳴門大橋）　問7．ウ

⑥ (1)　Aは兵庫県，Cは滋賀県。

(2)ⅱ）上流部では瀬田川，中流部では宇治川と呼ばれ，京都府と大阪府の境界付近では淀川と呼ばれるよう
になり，大阪湾へ注ぐ。

(3)　①は冬の降水量が多い日本海側の気候，②は年間を通して比かく的降水量が少ない瀬戸内の気候，③は
夏の降水量が多い太平洋側の気候の各雨温図。

(4)　Fは奈良県。近畿地方には活火山がないため誤り。

(5)ア．「府全域」が認定されているわけではない。

イ．「もも」ではなく，みかんやかきの生産量が日本一。

ウ．奈良県に東海道新幹線の駅や国際空港はない。

(6) ⅰ）Wは神奈川県，Yは群馬県，Zは栃木県。

ⅱ）人口密度は（人口）÷（面積）で求められる。Dの大阪府の人口密度は8810000÷1905からおよそ
4624.7となる。

ⅲ）Ⅰ．関東地方は近畿地方より総人口が多いが，総面積は近畿地方とほぼ変わらないことから人口密度

　　　　が高いことがわかる。

　　　Ⅱ．東京都，神奈川県，埼玉県の人口は 3059 万人で，関東地方の総人口の約 70.2 ％を占めている。

答 (1) A．神戸(市)　C．大津(市)　(2) ⅰ) 琵琶湖　ⅱ) イ　(3) ア　(4) エ　(5) エ

(6) ⅰ) ウ　ⅱ) エ　ⅲ) ア

4．世界と日本のつながり　　　　　　　　　　　　　　　　　　　　問題 P. 33〜40

1　問 1．インスタントラーメンは日本で発明され，1958 年に初めて販売された。なお，インスタントの味噌汁
　　　も日本で開発されたが，A〜C はめんやスープについて説明していることから，ウが適切。

　　問 2．C．地図中で赤道が通るのは，ウのブラジル，オのコンゴ民主共和国，キのインドネシアの 3 国。イ
　　　スラム教では豚肉を食べることが禁じられているため，世界で最もイスラム教徒の数が多いインド
　　　ネシアとなる。

　　問 3．ⅰ) パスタはイタリア発祥の食品。

　　　　　ⅱ) 北海道をのぞく日本の気候は小麦の生産に向いていないが，国内での消費量が多いため，自給率
　　　は低くなっている。

　　問 4．イスラム教を信仰する人は，アフリカ北部や中東，中央アジア，インドネシア，マレーシアなどで多い。

　　問 5．A 国はドイツ。世界三大料理はフランス料理・中華料理・トルコ料理で，このうちフランスがドイツ
　　　と国境を接している。

　　答 問 1．ウ　問 2．B．ウ　C．キ　問 3．ⅰ) エ　ⅱ) イ　問 4．エ　問 5．フランス

2　(1) 公用語は英語とフランス語。ケベック州ではフランス語が話される。

　　(2) 1549 年に日本に初めてキリスト教を伝えたフランシスコ・ザビエルの出身国でもある。

　　(3) 国の東側がミャンマー，西側がインドと国境を接している。日本よりも人口が多い。

　　答 (1) オ　(2) キ　(3) ア

3　問 1．イギリスの首都ロンドンにある旧グリニッジ天文台を通る。

　　問 2．B の下側の線が緯度 0 度の赤道。メルカトル図法は，赤道からはなれて高緯度になるほど面積も実際
　　　より大きく表される。

　　問 3．秋田県の八郎潟付近を北緯 40 度線が通る。イギリスはおよそ北緯 50 度よりも北に，オーストラリア
　　　は南半球に，シンガポールは赤道付近に位置しているため，いずれもあてはまらない。

　　問 4．メルカトル図法の地図は航海図に利用されることが多い。角度は正しいが，方位や面積は正しくない。

　　答 問 1．本初子午線　問 2．(ア)　問 3．(エ)　問 4．(エ)

4　問 1．本初子午線とは経度 0 度の経線で，イギリスのロンドン郊外にある旧グリニッジ天文台を通る。

　　問 2．バチカン市国の面積は，約 0.44km^2。

　　問 3．① アメリカは機械などを使用し，広大な農地で効率よく作物を育てている。

　　　　　② アメリカ北西部やカナダでは春に種をまき，秋に小麦を収かくする「春小麦」がさいばいされて
　　　いる。

　　　　　③ オーストラリア西部では鉄鉱石が，東部では石炭が多く産出される。

　　問 5．日本の標準時子午線は東経 135 度。経度差 15 度で 1 時間の時差が生じるため，(135 ＋ 75)÷15 か
　　　ら 14 時間の時差があるとわかる。日本の方が時刻は進んでいるので，14 時間進ませた，3 月 22 日午前 9
　　　時が日本の時刻となる。

　　答 問 1．エ　問 2．バチカン〔市国〕　問 3．① アメリカ　② カナダ　③ オーストラリア

　　問 4．エルサレム　問 5．3 (月) 22 (日) 午前 9 (時)

5　問 1．フィリピンの島の数は 7000 を超えている。

　　問 2．「ロンドン」にある旧グリニッジ天文台は本初子午線上に位置する。

問3．経線は南極と北極を結ぶ線。オーストラリアは日本から見て，ほぼ南に位置する国。

問4．アジアとヨーロッパにまたがっている国としては，トルコの他にロシアもある。

問5．アメリカ合衆国の南部には，サンベルトと呼ばれる工業が発達した地域がある。

問6．アはアメリカ合衆国，ウはブラジル，エは中国の国旗を示している。

答 問1．エ　問2．イギリス　問3．イ　問4．ウ　問5．アメリカ合衆国　問6．イ

6 問1．日本の標準時子午線は，兵庫県明石市などを通る東経135度の経線。オーストラリア大陸のほぼ中央を通る。

問2．①はオーストラリア，②はインドネシアにあたる。地図中のアはフィリピン，イはベトナム。

問3．「衣類」の割合が高いことに注目する。ベトナムは，日本企業の進出増加により国内の工業化が進んだため，主な輸出品が資源や食料品から機械類などの工業製品に変化した。②はオーストラリア，③はインドネシア，④はフィリピン。

答 問1．C　問2．①エ　②ウ　問3．イ

7 衣類の輸入が多いことから①は東京港，石油の輸入と石油製品の輸出が多いことから②は千葉港，軽量で高価な品目を輸出入していることから③は成田国際空港，自動車関連の輸出が多いことから④は名古屋港と判断。アは神戸港，エは中部国際空港，カは博多港の説明。

答 ①キ　②ウ　③オ　④イ

5．地理総合

問題 P. 41〜62

1 (1)問1．アは記念碑，ウは老人ホーム，エは裁判所の地図記号。

問2．京都には長らく都が置かれていたため，「国宝・重要文化財」の数が多い。

問3．ア・ウは北海道，イは山口県の特別天然記念物。

(2)問1．（豚肉）豚の飼育頭数は，鹿児島県が全国1位，宮崎県が2位となっているなど，九州地方での飼育頭数が多い。ただし，佐賀県よりも秋田県の方が飼育頭数は多い。

（みかん）和歌山県は，みかんの生産量が全国で最も多い。②はうるち米，③はキャベツ。

問2．アはほかの2都市と比べて暖かい近畿地方にある和歌山市，ウは降水量の少ない中央高地の気候に属する長野市。

(3)問1．石狩川は，流域面積が全国2位，河川の長さは3位となっている。①は利根川，③は信濃川。

問2．信濃川は，埼玉県・長野県・山梨県の県境にある甲武信ヶ岳を水源とし，長野県・新潟県を流れている。また，支流は一部群馬県を通っている。

問4．すでに災害が発生しているイは警戒レベル5に相当する。警戒レベル4では，危険な場所から全員が避難するよう呼びかけている。アは警戒レベル2，ウは警戒レベル3。

答 (1)問1．イ　問2．①　問3．エ　(2)問1．（豚肉）①　（みかん）④　問2．イ

(3)問1．②　問2．イ　問3．イタイイタイ病　問4．エ　(4)問1．沖ノ鳥島　問2．ア

2 (1) 陸地は北半球に多く，海洋は南半球に多く広がっている。

(2) ヨーロッパ州とアジア州からなる最大の大陸。

(3) 地球は完全な球体ではないが，地球の一周の距離は約4万kmとなっている。

(4) 群馬県，埼玉県，山梨県，静岡県，愛知県，岐阜県，富山県，新潟県の8県と隣接している。

(5) かつて最も小さかった大阪府は，うめ立てが進んだために香川県の面積を追いこした。

(6) 阪神工業地帯は大阪府と兵庫県を中心に広がっている。

(7) 太平洋ベルトには日本の人口の約6割が集中している。

(8) (ウ)の中京工業地帯は機械工業の割合が特に高く，製造品出荷額は全国で最も多い。

(9) 1月の気温が0度前後となることがポイント。(ア)は上越市，(イ)は静岡市，(エ)は那覇市の雨温図。

⑽　大陸から吹く季節風が暖流の対馬海流の上を過ぎると湿気を含み，日本海側に大雪を降らせる要因となる。

答 ⑴(イ)　⑵ユーラシア(大陸)　⑶(ウ)　⑷(ウ)　⑸香川県　⑹(イ)　⑺太平洋ベルト　⑻B　⑼(ウ)

⑽北西から吹く**季節風**が山地にぶつかって雪を降らせるから。(同意可)

③ 問1．海岸線から200海里までの，領海をのぞく海域のこと。

問2．⑴　地球の赤道から北を北半球，南を南半球という。

⑵　南アメリカ大陸では，アマゾン川河口付近やエクアドルなどを通っている。

問3．この「海洋」は太平洋を指す。

問4．日本の北のはしは択捉島。

問5．日本のまわりには大陸棚が広がっており，良い漁場となっている。

答 問1．排他的経済水域　問2．⑴赤道　⑵エ　問3．ウ　問4．オ　問5．大陸棚

④ ⑴ア．削減量は2割未満のため誤り。

イ．計画収集量は2019年の方が増えている。

ウ．削減量は2割未満のため誤り。

⑵　レタスの発芽適温は15度から20度であるため，冷涼な気候での栽培が適している。

⑶　エは奈良県の伝統野菜。

⑷　日本における食品ロスは約500万トンにおよび(2020年)，国民1人あたりでは年間40kg程度にのぼる。

⑸　過疎化が進み，65歳以上の人口が50％をこえた集落は，限界集落とよばれる。

⑹　機械化が難しく，小規模な生産にとどまる水田が多い。

⑺　中国の人口は2023年現在，世界第2位。工業も発展していることから，温室効果ガスの排出量が最も高くなっている。

⑻　太平洋側を流れる暖流が黒潮(日本海流)，日本海側を流れる暖流が対馬海流。

答 ⑴エ　⑵レタス　⑶エ　⑷食品ロス(または，フードロス)　⑸過疎〔化〕　⑹棚田　⑺ウ

⑻黒潮(または，日本海流)

⑤ 問1．①　化石燃料の埋蔵量は有限で，いずれ枯渇することが懸念されている。

②　地球温暖化は，二酸化炭素やメタンなどの温室効果ガスの増加が原因とされる。

③　アは石炭，イは天然ガス，エは鉄鉱石のグラフ。

④　アは自動車工場，イは半導体工場，ウは製紙工場の分布。

⑥　日本は，1955年から1973年までの間，年平均で10％程度の経済成長を続けた。

問2．「オゾン層破壊」ではなく，地球温暖化が正しい。

問3．①　ヨーロッパ連合，欧州連合ともいう。

②　デンマークやスウェーデンなどユーロを導入していない加盟国もある。

③　イギリスは，2016年に行われたEU離脱の是非を問う国民投票にて，離脱を決定した。

問4．①　酸性雨は，工場の煙や自動車の排気ガスなどに含まれる硫黄酸化物や窒素酸化物が雨にとけこむことで起こる。

②　アはオランダ，ウはフランス，エはイギリスについての説明。

③　両陣営の全面的な戦争にはならなかったが，厳しい対立を続けたことから，実際の戦争と対比して「冷戦」と呼ぶ。

問5．①　環太平洋造山帯は，ロッキー山脈，アンデス山脈，日本，ニュージーランドなど太平洋を取り囲むように連なる造山帯。

②　フォッサマグナを境にして，本州の東と西では地形や岩石の特徴が大きく異なる。

　　③　このあたりの地域を「日本の屋根」と呼ぶこともある。

　　⑤　ニュージーランドでは羊毛が重要な輸出品の一つとなっている。

　　⑥　ニュージーランドは南半球に位置することから6～9月の平均気温が低いウ，日本は温暖湿潤気候に属するため1年を通して気温の差が大きく降水量の多いイとなる。

答 問1. ① 化石燃料　② イ　③ ウ　④ エ　⑤ オイルショック　⑥ エ　問2. ウ

　　問3. ① EU　② エ　③ ア　問4 ① 酸性雨　② イ　③ 冷戦

　　問5. ① 環太平洋造山帯　② フォッサマグナ　③ ウ　④ 国旗にイギリス国旗(または，ユニオンジャック)が描かれているように，両国はその昔イギリスの植民地だった。(同意可)　⑤ エ　⑥ (ニュージーランド) ウ　(日本) イ

6 (2)　図2はオーストラリアの国旗。左上の部分にイギリスの国旗（ユニオンジャック）が見られる。

(3)　赤道はブラジルやエクアドル，インドネシア，ケニアなどの国々を通る。

(4)　Y．ロシア以外の国々の割合の合計は86％となるので，100 － 86 から14％とわかる。

(5)　愛媛県の県庁所在地は松山市。アは福島市，イは福井市，エは山口市の位置。

(6)　Xは沖縄県。「取り決め」とは，日米安全保障条約のこと。

(7)　Yは三重県。「おかげ参り」では，集団で参拝する人々が十分な旅行費用を用意しなくても，通り道の家々が食べ物や宿泊場所をあたえてくれ，それを神のおかげとし，さまたげると天罰が下るとされた。

(8)　Aは佐渡島，Bは〔伊豆〕大島，Dは対馬。

(9)　東京都に属する島。日本の最北端は択捉島，最西端は与那国島，最東端は南鳥島。

答 (1) ユーラシア(大陸)　(2) ア　(3) イ　(4) X. 2019　Y. 14　(5)(記号) ウ　(都市名) 松山(市)　(6) イ

　　(7) 伊勢神宮　(8) C　(9) 沖ノ鳥島　⑩ 大阪府

7 (1)　世界にはユーラシア大陸，アフリカ大陸，北アメリカ大陸，南アメリカ大陸，オーストラリア大陸，南極大陸の6大陸と，太平洋，大西洋，インド洋の3大洋がある。

(2)(カード1)　中国の説明。国際連合によると，2023年にはインドの人口が中国の人口を上回ると予測されている。

　(カード2)　ブラジルの説明。アマゾン川流域の熱帯林を伐採し，工場などが建設されていることが環境保護の点から問題となっている。

　(カード3)　オーストラリアの説明。右側の写真は世界自然遺産に登録されているウルル（エアーズロック）。

　(カード4)　カタールの説明。アラビア半島に位置する国。

　(カード5)　アメリカの説明。星条旗に描かれた星の数は，現在50個ある。

(3)　地理の学習では，日本の地方区分は，北海道地方，東北地方，関東地方，中部地方，近畿地方，中国・四国地方，九州地方の7区分とすることが多い。

(4)ア．本州最北の県。県庁所在地は青森市。

　イ．東海地域に位置する。県庁所在地は静岡市。

　ウ．北部は日本海，南部は瀬戸内海に面している。県庁所在地は神戸市。

　エ．本州最西の県。県庁所在地は山口市。

(5)　(f)は牧ノ原，(g)は津軽平野が最大の産地。

答 (1)(a) 北アメリカ　(b) 大西　(c) アフリカ　(2)(A) カード2　(B) カード4　(C) オ　(D) カ　(E) ア

　　(3)(d) 北海道　(e) 四国　(4) ア．青森県　イ．静岡県　ウ．兵庫県　エ．山口県　(5)(f) イ　(g) ア

8 (1)A．1945年8月6日に広島に原子爆弾が投下された。

　B．毎年2月に札幌で開催される「さっぽろ雪まつり」では，雪像や氷像が展示され，日本全国や海外から多くの観光客が集まる。

　C．堤防で囲まれた集落である「輪中」が見られる。

　D．北九州工業地帯は，かつて八幡製鉄所を中心として栄えた工業地帯。

E．厳しいルールのもとでの審査を経て，認定を受けた商品のみが産地統一ブランド「THE291」を名乗ることができる。

(2)　イは大阪府，ウは静岡県，エは岩手県の都市。

(3)　日本のラムサール条約登録地には，1980年に日本で最初に指定された釧路湿原をはじめ，50以上の地域が指定されている。

(4)　輪作には，収穫量の低下を防ぐはたらきなどもある。

(5)　太陽の光が届きやすく植物プランクトンや海藻(かいそう)がよく育つため，魚がたくさん集まる。

(6)　アは沖合漁業，ウは沿岸漁業，エは海面養殖業のグラフ。

(8)　揖斐川，長良川，木曽川の3つの川をまとめて「木曽三川(さんせん)」という。

(9)　中小工場で作られた部品を大工場で組み立てている。

(10)　アは自然災害による被害を予測し，被害範囲などを地図で表したもの。イは家庭やビル，交通システムなどをITネットワークでつなぎ，地域でエネルギーを有効活用する次世代の社会システム。ウは再生可能な生物由来の有機性資源。

(11)　鯖江市のめがねづくりをはじめ，北陸地方や東北地方の伝統的工芸品は，積雪により農業ができない期間の副業として発展したものが多い。

答　(1) A．広島県　B．北海道　C．岐阜県　D．福岡県　E．福井県　(2) ア　(3) ラムサール条約
(4) 輪作　(5) 大陸だな　(6) イ　(7) 堤防　(8) 長良　(9) 関連(または，部品・協力)(工場)　(10) エ　(11) ウ

9　問1．1．世界の人口は1950年に約25億人，1987年に約50億人，1998年に約60億人，2011年に約70億人と推移してきた。

　　2．インドと中国の人口を合わせると約28億人で，世界の人口の約3割を占める。

　　3．中国は2022年から2年連続で人口が減少している。

　　4．合計特殊出生率を都道府県別にみると，沖縄県が1.70で最も高く，東京都が1.04で最も低い(2022年)。

問2．岸田内閣は子育てに対する経済的支援を中心としたさまざまな政策を，「加速化プラン」としてできる限り前倒しして実施すると発表した。

問3．①　Bがアフリカ，Cがヨーロッパ，Dが北アメリカ，Eが南アメリカ，Fがオセアニア。

　　②　「え」は少子高齢化が進む日本で起こっている過疎化や限界集落の増加についての問題。

　　③　大豆・とうもろこしはブラジルやアメリカ，米はインドやベトナムが輸出量の上位国。

　　④　赤道と0度の経線はギニア湾上で交差している。

　　⑤　日本は米や野菜の食料自給率はおおむね高い傾向にあるが，小麦や大豆などは著しく低い。

　　⑥　年少人口が減り，高齢者が増えてきていることから考えるとよい。

　　⑦(1)　南鳥島と沖ノ鳥島は東京都，択捉島は北海道に含まれる。

　　　(2)　東京都には新聞社や出版社の本社が多く集まっているため，印刷物出荷額が多い。

　　⑧(1)　「い」は図書館，「う」は税務署，「え」は保健所。

　　　(2)　2023年の日本の年齢別人口構成は，15歳未満の人口が約11％，15〜64歳の人口が約60％，65歳以上の人口が約29％。

答　問1．1．う　2．あ　3．い　4．い　問2．少子
　　問3．①う　②え　③う　④あ　⑤あ　⑥う　⑦(1)え　(2)え　⑧(1)あ　(2)い

6．古代～武士の世の中	問題 P．63～80

1 (1)　円墳と方墳が組み合わさった形。

(3)　須恵器をつくる技術や機織り，土木技術や漢字などの文化を伝えた。

(4)　ア・イは 6 世紀後半，ウは 8 世紀，エは 11 世紀半ばの出来事。

(5)　「白村江」は朝鮮の地名。

(7)　「律」は現在の刑法，「令」は現在の行政法などを表す。

(8)　性別では男性の方が女性よりも多く，身分では良民の方が賤民よりも多くあたえられた。

(9)　「さきもり」と読む。任期は 3 年で，移動にかかる費用や武器などもすべて自ら用意する必要があった。

(10)　文章中から，良民の成年男性には，重い負担である調・庸の運送や兵役があったことが読み取れる。

答 (1) 前方後円墳　(2) エ　(3) 渡来人　(4) ウ　(5) 白村江　(6) エ　(7) 大宝律令　(8) エ　(9) 防人

(10)（女性の方が）男性より税負担が軽いから。（同意可）

2 (1)　藤原道長・頼通親子は摂政や関白の地位に就き，政治の実権をにぎった。

(2)　A．「調」と「庸」が逆になっている。また，防人が守った地方は九州地方。

(3)　アは中大兄皇子（のちの天智天皇），イは大海人皇子（のちの天武天皇），エは桓武天皇について述べた文。

(4)　「三角形の木材を組んで」がヒント。

(5)　アは 1156 年，イは 1167 年，ウは 1184 年から 1185 年，エは 1180 年のできごと。

答 (1) 藤原頼通　(2) ウ　(3) ウ　(4) 校倉造　(5) エ

3 問 1．(1)　家康の孫である 3 代将軍の徳川家光が社殿の大改築を行った。

(2)　衆議院とともに帝国議会を構成していた。1947 年に廃止され，参議院が設立された。

(3)　あは 1978 年，うは 1972 年，えは 1890 年のできごと。

(4)　現在の愛知県東部。

問 2．①　家康が幕府を開いた 1603 年から，慶喜の大政奉還が行われた 1867 年の期間。

②　東北地方でおこった前九年・後三年の役をしずめ，東国が源氏の勢力圏となった。

③　鎌倉幕府を開いた源頼朝の妻北条政子の一族。

④　え．3 代将軍徳川家光が行ったこと。

答 問 1．(1) え　(2) う　(3) い　(4) あ　問 2．① う　② い　③ い　④ え

4 (1)①　安土桃山時代に出雲の阿国がはじめたかぶき踊りをもとに発展した。

②　風景画や美人画など幅広いテーマが描かれた。

(2) A．近松門左衛門の作品は芝居小屋で上演され，人気があった。

B．2 は，東海道五十三次の「舞阪」。

C．隠居した後に天文学を学び，測量法と組み合わせて正確な日本地図を作成した。

(3)　江戸時代前期には上方を中心に元禄文化が，後期には江戸を中心に化政文化が広まった。ともに町人から生まれた文化であり，町人をはじめ一般庶民が文化を担えるほど，平和な治世だったといえる。

答 (1)①　歌舞伎　②　浮世絵　③　東海道五十三次

(2)（人物・資料の順に）A．エ・1　B．ア・2　C．ウ・4

(3) 平和が長く続き社会が安定したため，商業が発達し，庶民も学問や文化に親しんだから。（同意可）

5 問 1．A．遣隋使として中国に渡った人物。

B．6 度目の航海でようやく来日を果たした僧。

C．「ある寺」とは相国寺のこと。

D．ザビエルは 1549 年に来日した。

E．ペリーが乗ってきた船は，日本では「黒船」とよばれた。

問2．3．日米和親条約は 1854 年に結ばれ，日本は函館と下田を開港した。その 4 年後の 1858 年には日米修好通商条約が結ばれ，貿易も行われることとなった。

問3．ア．聖徳太子は法隆寺や四天王寺を建てた。「延暦寺」は平安時代に最澄が建てた。

　　　イ．律令が定められたのは聖徳太子が亡くなったあと。

　　　ウ．十七条の憲法は役人の心得を示したもの。

問5．聖武天皇は，都には総国分寺として東大寺を建て，大仏をつくらせた。

問6．アは東大寺の正倉院に用いられている三角形の木材を井げたに組んだ建築様式。イは世界文化遺産に登録されている「白川郷・五箇山の合掌造り集落」にみられる急こう配の屋根をもつ住宅の様式。ウは平安時代の貴族の邸宅(ていたく)などに用いられた。

問7．堺では，有力な商人による自治が行われていた。

問8．当時の日本の人々は，スペイン人やポルトガル人を「南蛮人」とよんでいた。

問9．琉球王国は明治時代に日本に編入され，沖縄県となった。

問10．江戸幕府は宗氏(そうし)の仲立ちで，豊臣秀吉の朝鮮出兵以降とだえていた朝鮮との国交を回復させた。

（答）問1．A．キ　B．エ　C．カ　D．イ　E．コ　問2．1．蘇我　2．唐招提　3．日米和親　問3．エ
　　　問4．イ　問5．国分寺（または，国分尼寺）　問6．エ　問7．ウ　問8．ウ・エ　問9．沖縄県　問10．イ

6　問1．のちに即位して天智天皇となった。

問2．アは古墳時代の大和政権，イは飛鳥時代の聖徳太子，エは奈良時代の聖武天皇の国づくりの内容。

問3．息子の藤原頼通とともに摂関政治の最盛期を築いた人物。

問4．イは菅原道真，ウは阿倍仲麻呂，エは在原業平がよんだ歌。

問5．鎌倉幕府の初代執権となった北条時政の娘。

問6．アは 1467 年，イは 1159 年，ウは 1156 年におこったできごと。

問7．すべて室町幕府の将軍だが，アは初代将軍，イは 15 代将軍，エは 3 代将軍。

問8．アは江戸時代の元禄文化について述べた文。

問9．天下統一を成しとげたのは 1590 年のこと。

問10．エは織田信長がおこなったこと。

問11．大商人から米などを奪い，ききんで苦しむ人々に分け与えようとしたが，成功はしなかった。

問12．Ⅰは 1637 年，Ⅱは 1615 年，Ⅲは 18 世紀末のできごと。

（答）問1．中大兄皇子　問2．ウ　問3．イ　問4．ア　問5．北条政子　問6．エ　問7．ウ　問8．ア
　　　問9．イ　問10．エ　問11．大塩平八郎　問12．ウ

7　問1．「はにわ」がつくられたのは，古墳時代のため誤り。

問2．弥生時代には稲の収かく量などをめぐり，ムラ同士で争いが起こっていたと考えられている。

問3．律令体制下では検地は行われていなかった。

問4．アは室町時代，イは江戸時代，ウは室町時代後期から安土桃山時代にかけての人物。

問5．ヨーロッパの国では，キリスト教を布教するおそれのないオランダのみと貿易を行った。

問6．図3は銀閣。京都の東山に建てられたことから，この時期の文化を東山文化という。

問7．Bは室町時代，Cは飛鳥〜奈良時代，Dは平安時代について説明している。

（答）問1．エ　問2．外敵のしん入を防ぐため。（12 字）（同意可）　問3．エ　問4．エ
　　　問5．キリスト教をはい除するため。（14 字）（同意可）　問6．B　問7．（A→）C→D→B（→E）

8　(1)問1．イ・エは弥生時代，ウは古墳〜飛鳥時代の説明。

　　　問2．アメリカ人の学者モースによって発見され，日本で初めて発掘調査が行われた貝塚。アは弥生時代，イは旧石器時代，エは古墳時代の遺跡。

　(2)　卑弥呼は，魏の皇帝から「親魏倭王」の称号と金印を与えられた。

　(3)　奈良時代は，710 年から 794 年まで続いた。中大兄皇子は，飛鳥時代の 645 年に蘇我氏を滅ぼし，大化

の改新を始めた。アは752年，ウは712年，エは743年のできごと。

(4)問1．ア．平等院鳳凰堂は，道長の息子にあたる「藤原頼通」が11世紀半ばに建立した。

　　　イ．院政は，白河上皇が1086年に始めた。

　　　ウ．道長の娘のうち，妍子の子は天皇になっていない。

　　問2．ア．「天智天皇」ではなく，醍醐天皇が正しい。

　　　イ．「道元」ではなく，空海が正しい。

　　　ウ．平安時代には，「紫式部」が『源氏物語』を，「清少納言」が『枕草子』を著すなど，かな文字を用いた文学作品が生み出された。

(5)　御成敗式目は，1232年に北条泰時が制定した。アの日宋貿易は10世紀から行われ，12世紀後半には平清盛が日宋貿易を振興した。また，イは1185年，ウは10世紀のできごと。

(6)　ウの「見返り美人図」は，江戸時代前半に菱川師宣が描いた。アは鹿苑寺の金閣，イは慈照寺の銀閣，エは雪舟の描いた「秋冬山水図」。

(7)　水野忠邦は，1841年に天保の改革を始め，人返しの法を定めて農民を農村に帰らせたり，株仲間の解散を命じたりした。bは18世紀前半のできごとで，dは18世紀前半の享保の改革で行われた政策。

答 (1)問1．ア　問2．ウ　(2)エ　(3)イ　(4)問1．エ　問2．エ　(5)エ　(6)ウ　(7)ア

9 問1．唐招提寺は鑑真，東大寺は聖武天皇，薬師寺は天武天皇が建立したとされる。

　問2．(イ)　十七条の憲法は役人が守るべき決まりを定めたもの。

　　　(ウ)　大宝律令を制定したのは文武天皇。

　　　(エ)　遣隋使が派遣されたのは推古天皇が政治を行った時期。

　問4．大化の改新は中大兄皇子（のちの天智天皇）と中臣鎌足が中心となって進めた政治改革。

　問5．(ア)は長岡京，(イ)は平安京，(ウ)は藤原京の略地図。

　問6．壬申の乱が起きたのは672年，平安京遷都は794年で時代が異なる。

　問7．親鸞は浄土宗の開祖である法然の弟子で，阿弥陀如来の救いを信じる心を強調した。

　問8．〔1〕　安土城は日本で初めての本格的な天守を持つ城だった。

　　　〔2〕(ア)　「桶狭間の戦い」ではなく，長篠の戦いが正しい。

　　　　(イ)　「すべての宗教」ではなく，一向宗などの敵対する仏教勢力が正しい。

　　　　(エ)　楽市・楽座の政策により，座を廃止するなどして商工業者に自由な活動を行わせようとした。

　問9．一向一揆によって治められていた加賀は，現在の石川県南部に位置する地域。

　問10．〔1〕　太閤検地では，地域によってばらばらだったものさしやますを統一して田畑の面積やよしあしを調べ，予想される収穫量を石高で表した。

　　　〔2〕(ア)　文章中の「不要な武器を持てば，年貢・雑税を出ししぶり，おのずから一揆を企てることにもなる」が当てはまる。

　　　　(イ)　文章中の「大仏を建立する釘・かすがいに使用するのである」が当てはまる。

　　　　(エ)　文章中の「農耕・養蚕に精を出すようにせよ」が当てはまる。

　問11．〔1〕　関ヶ原の戦いは，徳川家康を総大将とする東軍と毛利輝元を総大将とする西軍が激突し，東軍が勝利した戦い。

　　　〔3〕(ア)　鎌倉時代に制定された日本で最初の武家法。

　　　　(ウ)　明治時代に出された政府の基本方針。

　　　　(エ)　徳川吉宗が制定した裁判の基準となる法律。

答 問1．(ウ)　問2．(ア)　問3．(ウ)　問4．(イ)　問5．(エ)　問6．(ア)　問7．親鸞　問8．〔1〕安土城　〔2〕(ウ)　問9．(ア)　問10．〔1〕太閤検地　〔2〕(ウ)　問11．〔1〕関ヶ原(の戦い)　〔2〕征夷大将軍　〔3〕(イ)

10 問1．天智天皇（中大兄皇子）の弟。672年におこった壬申の乱では，天智天皇の息子である大友皇子と戦い，勝利した。

問２．富本銭の写真を選ぶ。エは 708 年に発行された和同開珎。

問３．土地と人民は国家のものであるという考え方。

問４．奈良時代の農民の様子を選ぶ。イは江戸時代，ウは鎌倉時代，エは安土桃山時代。

問５．平氏政権は武家の政権だったが，藤原氏の政治制度をとり入れたことで貴族的性格の強い政治を展開した。

問６．大輪田泊は現在の神戸港の一部にあたる。

問７．1232 年に制定された。裁判の手続きや守護・地頭の義務，相続などについて定めた法。

問８．アは法然，ウは親鸞，エは道元の教え。

問９．1334 年に始まった政治。２年あまりで失敗し，その後は足利尊氏らを中心とする北朝と，後醍醐天皇がひきいる南朝に分かれて対立が続いた。

問10．室町時代の建築物（金閣）を選ぶ。アは平等院鳳凰堂（平安時代），イは日光東照宮（江戸時代），ウは法隆寺（飛鳥時代）。

問12．松平定信は江戸幕府 11 代将軍の時代に老中をつとめた人物。徳川綱吉は５代将軍，新井白石は６・７代将軍に仕えた学者，徳川吉宗は８代将軍。

答 問１．天武　問２．ウ　問３．公地公民　問４．ア

問５．むすめを天皇のきさきとし，生まれた子どもを次の天皇の位につけた。（同意可）　問６．ウ

問７．御成敗式目（または，貞永式目）　問８．イ　問９．建武の新政　問10．エ　問11．株仲間

問12．イ→ウ→エ→ア

7．日本の近・現代　　　　　　　　　　　　　　　　　　　　　　問題 P. 81～88

1　問１．(1)　この条約により，下田と函館を開港した。また，幕府は同様の条約をオランダ，イギリス，ロシアとも結んだ。

　　　　(2)　この条約により，新たに新潟，神奈川（横浜），兵庫（神戸），長崎を開港した。また，幕府は同様の条約をオランダ，イギリス，ロシア，フランスとも結んだ。

　　　　(3)　明治天皇が神に誓うという形で発表された。

　　　　(4)　土地所有者に地券を発行し，地租（土地に対する税）を地価の３％とし，土地所有者に税を現金で納めさせた。これにより政府の財政は安定した。

　　　　(5)　2014 年には世界文化遺産に登録された。

　　　　(7)　西南戦争は，徴兵令によって組織された政府軍により鎮圧された。

　　　　(9)　日本が治外法権を認めていると，外国人による日本国内での犯罪について，日本の法律で裁くことができなかった。

　　　　(10)　1911 年には外務大臣の小村寿太郎が関税自主権を回復することに成功した。

問２．(ア)は江戸幕府を開いた人物。(イ)は８代将軍で，享保の改革とよばれる政治改革を行った。(ウ)は５代将軍で，綱吉が将軍だったころ，上方とよばれていた京都や大阪を中心に元禄文化がさかえた。

問３．江戸時代にも検地は行われたが，「太閤検地」は安土桃山時代に豊臣秀吉が行ったもの。

問４．「国民皆兵」が目指されたが，多くの免除規定もあった。

問５．地券には土地の所有者や面積，地価，地租などが記載されていた。

問６．2024 年度からは一万円札の肖像となる人物。

問７．(イ)は縄文時代の遺跡である大森貝塚を発見するなどした動物学者。(ア)は江戸時代のアイヌ民族の首長。(ウ)は 1549 年に日本にキリスト教を伝えた宣教師。(エ)はスペインの後援を受けて船隊を率いた人物。マゼランは航海の途中で亡くなったが，その後にこの船隊は世界一周を成しとげた。

問８．同じ時期に大隈重信を党首とする立憲改進党もつくられた。

問9.「一定の金額以上の税金」とは，直接国税 15 円以上を指す。

問10. 改正されるまでは，外国の協定によって関税が決められていた。

問11. (ア)は第二次世界大戦が終わってからのこと。(イ)と(ウ)は江戸時代の内容。

答 問1. (1)(ケ) (2)(セ) (3)(ウ) (4)(カ) (5)(テ) (6)(ア) (7)(サ) (8)(エ) (9)(ト) (10)(ス) 問2. (エ) 問3. (ア)
　　問4. 徴兵令 問5. (イ) 問6. (イ) 問7. (イ) 問8. (ウ) 問9. (エ) 問10. 関税自主権 問11. (エ)

②　問1. (1) サイパン島がアメリカ軍にうばわれると，本土への空襲がはげしくなった。

　　　　(2) 1931 年の柳条湖事件をきっかけに，満州事変が起こった。

　　　　(3) 甲午農民戦争がきっかけとなった。

　　　　(4) 日中戦争は盧溝橋事件をきっかけに始まった。

　　　　(5) その後ポーツマス条約が結ばれたが，内容に不満だった人々は日比谷焼き打ち事件を起こすなど
　　　　　　した。

　　問2. (1) 1910 年に韓国併合の調印が行われ，日本の領土となった。

　　　　(2) 植民地などを求めて他の地域に侵攻する考えを，帝国主義という。

　　　　(3) 大正デモクラシーの内容としてあてはまらないものを選ぶ。イは明治時代のできごと。

　　　　(4)⑤　1940 年に日独伊三国同盟が結ばれた。

　　問3. (1)は台湾，(2)は八幡製鉄所が建てられた北九州市，(3)は樺太をそれぞれ選ぶ。

答 問1. (1)(E) (2)(C) (3)(A) (4)(D) (5)(B)
　　問2. (1) 韓国併合 (2) 自国の利益のために新たな資源や市場を求めて支配した地域。(同意可) (3) イ
　　(4)④ 石油 ⑤ ドイツ
　　問3. (1)③ (2)⑦ (3)④

③　問1. (1) サンフランシスコ平和条約が結ばれ，日本は独立を回復した。

　　　　(2) サンフランシスコ平和条約同様，吉田茂首相が調印した。

　　問2. (2) SDGs は持続可能な開発目標の略称で，2015 年の国連サミットで採択された。

　　問3. 冬季オリンピックはその後，1998 年に長野県でも開かれた。

　　問4. アメリカの統治下ではアメリカの通貨が使われていたことから，当時の切手は，アメリカの通貨の表
　　　　示となっている。

　　問5. 日中平和友好条約が結ばれる前の 1972 年に日中共同声明が出され，日本と中国の国交が回復した。

　　問6. ユニセフは国連児童基金の略称。

　　問8. オリンピックが中止になったことは過去にもあったが，延期されたのは初めてのことだった。

答 問1. (1) ア (2) 日米安全保障(条約) 問2. (1) 1(回目) (2) イ 問3. 札幌
　　問4. あ. ドル い. 円 問5. 北京 問6. ユニセフ 問7. 朝鮮民主主義人民共和国
　　問8. 新型コロナウイルス感染拡大のため。(同意可)

④　問1. 約 80 年前は，1943 年ごろで太平洋戦争中だった。

　　問2. 1960 年代には，カラーテレビ，クーラー，自動車が英語での頭文字をとって「3C」とよばれた。

　　問3. 大阪での万国博覧会は 1970 年に開かれた。

　　問4. 1972 年に札幌で冬季オリンピックが開かれ，同じ年に当時の田中角栄首相が中国を訪問して日中共同
　　　　声明を発表し，日本と中国の国交が正常化した。

　　問5. 姫路城は兵庫県にある城で，1993 年に世界文化遺産に登録された。

　　問6. 富岡製糸場は 1872 年に設立された官営模範工場。アは 1872 年から刊行された。イは 1904 年，ウは
　　　　1925 年，エは 1922 年のできごと。

答 問1. 日本がイギリス・アメリカと戦争をしたから。(または，太平洋戦争が起こったから。)(同意可)
　　問2. イ・オ 問3. 大阪府 問4. ウ 問5. 姫路城 問6. ア

⑤　問1. 捕鯨船や貿易船に食料や燃料を補給する基地として日本に開国をせまった。

問２．ペリーは浦賀（現在の神奈川県）に来航した。

問５．エは領事裁判権を撤廃したときの外務大臣。

問６．国際連盟はアメリカ大統領ウィルソンの提唱で設立されたが，議会が反対したためにアメリカは加盟しなかった。

答 問１．ペリー　問２．エ　問３．エ　問４．イ　問５．ア　問６．国際連盟　問７．ア

8．歴史総合　　　　　　　　　　　　　　　　　　　　　　　　　　　問題 P. 89～121

1 (1)A．江戸幕府の８代将軍徳川吉宗の孫で，田沼意次の後に老中となった。

　　B．ドイツ（プロイセン）の憲法を参考にして，君主権の強い大日本帝国憲法を制定した。

　　C．ロシア革命により，世界で初めて社会主義の政府が成立した。

(2)X．鎌倉幕府のしくみについて述べた文。「六波羅探題」は 1221 年の承久の乱後に設置された。

(3)　イは徳川吉宗がおこなった享保の改革の政策。ウは江戸幕府の３代将軍徳川家光が整備した制度。エは水野忠邦がおこなった天保の改革の政策。

(4)　日清戦争で得た賠償金の一部を使い，現在の福岡県北九州市に建てられた。

(5)　オーストリアは，この事件後にセルビアに宣戦布告した。

(6)　Ⅰは 1543 年，Ⅱは 1582 年，Ⅲは 1549 年のできごと。

答 (1) A．松平定信　B．伊藤博文　C．レーニン　(2)ウ　(3)ア　(4)エ　(5)サラエヴォ事件　(6)イ

2 問１．ウは「縄文時代」ではなく，弥生時代が正しい。

問２．発見者はアメリカ人動物学者のモース。大森は東京都に位置する地名。

問３．Ⅰ．卑弥呼は，まじないによってくにを治めていたとされる。

問５．Ⅱ．「8段階」ではなく，12段階が正しい。

問６．十七条の憲法では，第一条で和の大切さを説き，第二条で仏・法典・僧侶の三宝を敬うよう説いている。

問７．「物部氏」ではなく，蘇我氏が正しい。

問８．藤原京は奈良県の橿原市と明日香村にまたがる地域に中国の都を模してつくられた日本初の本格的な都で，持統天皇が 694 年に遷都した。

問10．エは法隆寺が所蔵する飛鳥時代の玉虫厨子。

問11．「随筆」とは，『枕草子』を指している。

問12．ウの平等院鳳凰堂が，藤原頼通によって京都府宇治市に開かれた寺院。

問14．石橋山の戦い（神奈川県）から，富士川の戦い（静岡県），一ノ谷の戦い（兵庫県），屋島の戦い（香川県），壇ノ浦の戦い（山口県）と，戦場が西へと移っていった。

問15．Ⅱ．戦いのないときは，京都や鎌倉の警備にあたった。

問16．東求堂は現在の和室の原型となる書院造の代表的な建物として知られる。

問17．長篠の戦いは，織田・徳川連合軍が武田軍に勝利した戦い。

問18．大阪の陣は，徳川秀忠が２代将軍に在任中のできごと。

問20．ノルマントン号事件では，船が沈没した際に乗組員のイギリス人は救出されたが，乗客の日本人は全員死亡した。領事裁判権にもとづいて行われた裁判によってイギリス人船長は軽い罪に問われただけだった。

問21．下関条約は日清戦争の講和条約。

問22．ポーツマス条約で，ロシアは樺太の北緯 50 度以南の領土を日本へ譲渡することが取り決められた。

問23．エは明治時代の様子。

問24．Ⅰ．「18 歳以上」ではなく，20 歳以上が正しい。

　　　Ⅱ．「男女とも 20 歳」ではなく，男性は 18 歳，女性は 16 歳が正しい。

答 問１．ウ　問２．イ　問３．ウ　問４．イ　問５．イ　問６．和　問７．エ　問８．イ

問9．仏教の力で国家を安定させることを願った。(同意可)　問10．エ　問11．清少納言　問12．ウ

問13．太政大臣　問14．ア　問15．イ　問16．エ　問17．ア　問18．イ　問19．ア

問20．ノルマントン号　問21．ア　問22．イ　問23．エ　問24．エ

3 (1)あ．5〜6世紀ごろ，中国や朝鮮半島から日本にわたってきた人びと。

い．奈良時代に来日した唐の僧。

う．1543年のできごと。鹿児島県にある島。

(2)　織田信長・徳川家康の連合軍が，武田勝頼の軍をやぶった戦い。

(4)え．飛鳥時代から奈良時代にかけて，律令政治のもとで大宰府の警護にあたった兵。

お．1年の間に同じ土地で同じ作物を2回つくる場合は二期作という。

か．江戸時代に発明された農具。

(5)　奈良時代の僧侶。大仏づくりにも協力した。

(7)　7は豊臣秀吉，8は明治天皇，9は聖徳太子（厩戸皇子）が出したもの。

(8)　エは第二次世界大戦中のできごと。

(10)き．1950年に朝鮮半島で起こった戦争。1953年に休戦し，現在にいたる。

く．同じ時期，江戸は「将軍のおひざもと」とよばれた。

け．1945年のできごと。アメリカ軍は3月末に慶良間諸島，4月1日に沖縄本島に上陸した。

(11)　当時の大阪には，販売用の年貢米や特産物を保管するため，各藩が蔵屋敷をおいていた。

(13)13．土佐藩出身。民撰議院設立建白書を政府に提出した人物。

14．薩摩藩出身。坂本龍馬の力を借りて薩長同盟を成立させた。明治新政府では，征韓論を主張した。

15．長州藩出身。大日本帝国憲法の作成にかかわった。

(14)　ドイツの憲法は，君主権を強く認めた憲法だったため，参考とされた。

答 (1)あ．渡来人　い．鑑真　う．種子島　(2)エ　(3)ア　(4)え．防人　お．二毛作　か．千歯こき

(5)4　(6)ア　(7)7．刀狩(令)　8．五箇条の御誓文　9．十七条憲法　(8)エ　(9)オ

(10)き．朝鮮戦争　く．大阪　け．沖縄　(11)ウ　(12)エ　(13)13．板垣退助　14．西郷隆盛　15．伊藤博文

(14)イ　(15)カ

4 問1．① 弥生時代の遺跡。

② 奈良時代の和歌集で，天皇・貴族だけでなく農民や防人たちの歌も数多く収められている。

③ 奈良時代の税制では，「租」は収穫した稲を地方に納める税，「庸」は都での労役か布を納める税，「調」は地方の特産物を都に納める税だった。

⑤ 自治都市として栄えた。

⑥ 武力で天下統一をおし進めたが，家臣の明智光秀に裏切られて自害した。

⑦ 「父のあとをついだ2代将軍徳川秀忠」とあるので，江戸幕府の初代将軍と考える。

⑧ 1854年に日米和親条約を結んで日本を開国させた。

⑨ 「初代内閣総理大臣」がヒント。君主権が強いドイツ（プロイセン）の憲法を手本に大日本帝国憲法の草案を作成した。

⑩ 2015年に「明治日本の産業革命遺産」の一つとして世界文化遺産に登録された。

問2．① 古墳の周りには，埴輪が並べられた。

③ 古墳の中には武器やまが玉などがおさめられた。

④ ヤマト政権は「百済」と友好関係にあった。

問4．②は平安京の説明。平城京は元明天皇が奈良につくらせた。

問5．④は金閣。①は足利義政が建立した銀閣，②は鎌倉時代に建立された円覚寺舎利殿，③は江戸時代に建立された日光東照宮の陽明門。

問6．①〜③はいずれも日本で造られた貨幣。

問7．刀はてこ棒と槌（ハンマー）を使い，玉鋼をたたいて鍛えて作る。①はよろいを作る職人，③は紙を作る職人，④は木を加工して湯おけなどを作る職人。

問8．①・③は織田信長の説明。④の北条氏は関東を支配した戦国大名。

問9．当時の日本では，石見銀山で大量の銀が採掘されていた。

問11．①は安政の大獄，②は享保の改革，③は寛政の改革を行った人物。

問12．「屋久島」は世界自然遺産に登録されている。

問13．日本初の鉄道は，イギリスの技術を導入して開通した。

問14．①は1951年に調印され，翌年に日本が独立を回復した条約。②は1971年に調印され，翌年に沖縄返還が実現した協定。④は日本と中国の平和友好関係を深めるために，1978年に調印された条約。

答 問1．① 登呂　② 万葉集　③ 調　④ 種子島　⑤ 堺　⑥ 織田信長　⑦ 徳川家康　⑧ ペリー　⑨ 伊藤博文　⑩ 八幡

問2．②　問3．大化〔の〕改新　問4．②　問5．④　問6．④　問7．②　問8．②　問9．③

問10．出島　問11．④　問12．①　問13．③　問14．③

5 (2)　インドについての説明を選ぶ。人口が世界1位だったのは中国。

(3)　主に朝鮮から渡ってきた渡来人が学問の他にも技術や文化などを伝えた。

(4)　朝鮮半島に攻め込んだのは「織田信長」ではなく，豊臣秀吉。

(5)　日清戦争は日本の勝利に終わり，下関条約で日本は賠償金や台湾などの領地を獲得した。

答 (1) オ　(2) イ　(3) ウ　(4) ウ　(5) 日清戦争

6 問1．「さきもり」と読む。

問2．天智天皇の弟で，イの夫。「壬申の乱」とは，天智天皇の息子である大友皇子との間でおこった，天智天皇のあとつぎをめぐる争い。

問3．このような政治を摂関政治という。

問4．アはエジプト文明，イは中国文明，エはメソポタミア文明で使用された文字。

問6．「バス」ではなく，人力車が正しい。バスが走るようになったのは1900年代に入ってから。

問7．アは1902年，イは1873年，ウは1951年，エは1941年のできごと。

答 問1．防人　問2．ウ　問3．エ　問4．ウ　問5．藤原定家　問6．ア　問7．ウ

7 (1)　のぼりがまを使って作られた。

(2)　アは旧石器時代，イとエは弥生時代について述べた文。

(4)　正倉院が建てられたのは8世紀，アとイは7世紀，ウは6世紀のできごと。

(5)　アの墾田永年私財法が出されたのは奈良時代。

(7)　あは1232年，いは1221年，うは1205年のできごと。

(8)　水墨画は室町時代に雪舟によって大成された。

(10)　イの狩野永徳は安土桃山時代に活躍した人物。

(11)　伊能忠敬の測量結果は，弟子たちによって「大日本沿海輿地全図」にまとめられた。

(13)　アは大正時代の「成金」，イは明治時代の「ノルマントン号事件」，ウは江戸時代の「ええじゃないか」，エは江戸時代の「大政奉還」を表す図。

(14)　下関条約で，清は朝鮮の独立を認めること，清は日本に遼東半島・台湾・澎湖諸島をゆずること，清は日本に賠償金を支払うことなどが取り決められた。

(15)　衆議院が解散されたときは，解散の日から40日以内に衆議院議員総選挙を行わなければならない。

(16)　アは1925年，イは1937年，ウは1918年，エは1932年のできごと。

(17)　イ．日本国憲法における国民の義務は，「勤労の義務」，「納税の義務」，「子どもに普通教育を受けさせる義務」。

答 (1) 須恵器　(2) ウ　(3) 法隆寺　(4) エ　(5) ア　(6) 紫式部　(7) カ　(8) 水墨画　(9) 馬借　(10) イ

⑾ 伊能忠敬　⑿ エ　⒀ イ　⒁ 下関条約　⒂ 内閣不信任　⒃ ウ　⒄ イ

8　問１．①は三内丸山遺跡で，「北海道・北東北の縄文遺跡群」の構成資産の一つ。

　　問２．ウは土偶。アは弥生時代の銅鐸，イは古墳時代の埴輪，エは708年につくられ始めた和同開珎。

　　問３．吉野ヶ里遺跡は佐賀県にある。

　　問４．日本最大の古墳である大山古墳（仁徳天皇陵）は大阪府堺市にある。

　　問５．「ワカタケル大王の名が記された鉄剣」は埼玉県の稲荷山古墳から見つかっている。

　　問６．仏教の力で国家を守るため，国ごとに国分寺・国分尼寺を建てた。

　　問７．東大寺には大仏が安置されている。

　　問８．アは「五人組」，ウは「村役人」から江戸時代とわかる。イは鎌倉時代の農民のようす。

　　問９．平氏は壇ノ浦の戦いで滅びた。

　　問10．「ご恩」に対して，戦いがおこると鎌倉にかけつけたり，京都や鎌倉の警備をしたりすることを「奉公」という。

　　問11．「国司」は朝廷が諸国を治めるために置いた役人。

　　問13．南蛮貿易とは，ポルトガルやスペインとの貿易を指す言葉。

　　問14．外様大名は関ヶ原の戦いのころから徳川氏に従った大名で，主に江戸から遠い地域に配置された。親藩は徳川氏一門の大名，譜代大名は古くから徳川氏の家臣だった大名。

　　問15．参勤交代は3代将軍徳川家光の時に制度化された。

　　問16．Ⅰは近松門左衛門について述べたもの。杉田玄白は，前野良沢らとともにオランダ語の解剖書を翻訳して『解体新書』を出版した人物。

　　問17．(2)　江戸時代末期の1858年にアメリカなどと結ばれた修好通商条約は，日本が領事裁判権を認めたほか，日本に関税自主権がないなど，不利な内容が含まれていた。

　　　　　(3)　日清戦争の直前に交渉に成功した。

　　　　　(4)　アは1889年，イは1910年，ウは1894年，エは1904年の出来事。

　　答　問１．①　問２．ウ　問３．(場所) ⑤　(名称) 吉野ヶ里 (遺跡)　問４．③　問５．ウ　問６．聖武 (天皇)

　　　　問７．東大寺　問８．エ　問９．お　問10．イ　問11．ア　問12．ザビエル　問13．ア (または，イ)

　　　　問14．外様〔大名〕　問15．エ　問16．イ

　　　　問17．(1) ノルマントン (号)　(2) 領事裁判権 (または，治外法権)　(3) ウ　(4) ア→ウ→エ→イ

9　問１．1885年に内閣制度を創設し，初代内閣総理大臣となった。

　　問２．「土地や人々を国が直接支配」したことを公地公民という。

　　問３．正倉院は東大寺の境内にあり，校倉造で建てられている。

　　問４．中国で仏教を学んだ空海が，高野山に金剛峯寺を開き，真言宗を広めた。

　　問５．源頼朝の妻は北条政子で，初代執権の北条時政の娘だった。

　　問６．ａとｄは足利義政のころの東山文化の説明。

　　問７．「三河」は，徳川家康の出身地。

　　問８．アは江戸時代末期，イは日清戦争直後，ウは日清戦争直前の出来事。

　　問９．第二次世界大戦の終戦までは，男性にのみ選挙権があたえられていた。

　　問10．1933年（昭和8年）の出来事。

　　答　問１．(人物) 伊藤博文　(時代区分) 明治 (時代)　問２．ア　問３．正倉院　問４．イ

　　　　問５．執権 (政治)　問６．ウ　問７．ウ　問８．エ　問９．女性　問10．⑦ (と) ⑧ (の間)

10　問１．(1)　写真の農具は石包丁。

　　　　　(2)　弥生時代の大規模環濠集落の跡。

　　問２．(1)　法隆寺は現存する最古の木造建築物で，世界文化遺産にも登録されている。

　　　　　(2)　遣隋使として小野妹子らが中国に送られた。

問3．元軍は1274年と1281年の2度にわたって日本をせめた。

問4．(2)　書院造は現在の和室のもととなった建築様式。

問5．Ｙ．この時代の貿易ではヨーロッパから主に鉄砲や中国産の生糸が輸入され，日本からは主に銀が輸
　　　出された。

問6．出島には限られた人だけが出入りすることをゆるされた。

問7．杉田玄白らが解剖書『ターヘル・アナトミア』を日本語にほん訳した。

問8．写真はノルマントン号事件の風刺画。治外法権を認めていると，日本国内における外国人の犯罪を日
　　本の法律で裁くことができなかった。

問10．追加のカードは平安時代についての内容。

【答】問1．(1) 稲の穂をかり取る時（同意可）(2) 吉野ヶ里遺跡　問2．(1) 法隆寺　(2) イ
　　問3．元軍と戦ったが，幕府からほうび（または，恩賞）がもらえなかったため，自分の手がらをうったえ
　　ている。（同意可）
　　問4．(1) 雪舟　(2) 書院造　問5．イ　問6．エ　問7．解体新書
　　問8．この事件の裁判では治外法権により，船長の罪が軽いものになったため。（同意可）
　　問9．ア　問10．《Ｃ》(のカードの前)

11 (1)Ａ．三内丸山遺跡は縄文時代の遺跡で，稲作のあとは見つかっていない。

(2)ⅱ) 平清盛が貿易をはじめた相手は宋（中国）であった。

(3)ⅰ) 聖武天皇は741年に，全国に国分寺と国分尼寺を建てるよう命じた。

　　ⅱ) Ｃ．資料1からは仏教の力で国を救おうとする様子が読み取れる。

　　　Ｄ．モンゴル軍が2度にわたり日本に襲来したのは，奈良時代ではなく鎌倉時代の出来事。

(4)ⅰ) Ｅ．「平等院鳳凰堂」ではなく，中尊寺金色堂が正しい。

　　ⅱ) 紫式部は，天皇の后となった藤原道長の娘に仕え，『源氏物語』を完成させた。

(5)　鎖国以前には朱印船貿易がさかんに行われていた。

(7)　スペインかぜは1918年から1920年ごろに世界中で大流行した。

【答】(1) ウ　(2) ⅰ) 渡来人　ⅱ) イ　(3) ⅰ) イ　ⅱ) エ　(4) ⅰ) ウ　ⅱ) 紫式部　(5) ア　(6) エ　(7)(イ)

12 問1．(1)　人が平等であることや学問の大切さを主張した。

　　(3)　北里柴三郎のもとで学んでいた。

問2．(1)　富本銭は，奈良県明日香村の遺跡から発掘された，7世紀後半につくられた貨幣。イは708年に
　　つくられた和同開珎，ウは中国から輸入された貨幣。

　　(2)　『古事記』は712年，『日本書紀』は720年に成立した歴史書。ア・イは，いずれも平安時代の
　　書物。

　　(3)　「天武天皇」ではなく，孝徳天皇が正しい。なお，大海人皇子が壬申の乱で勝利した後，即位して
　　天武天皇となった。

問3．(1)　御家人たちの活躍や暴風雨の影響などにより，元軍は退けられた。

　　(2)　元の要求を拒否し，二度にわたる元軍の襲来を退けた，鎌倉幕府の8代執権。

　　(3)イ．法然が開いた浄土宗や，親鸞が開いた浄土真宗は，南無阿弥陀仏と唱えれば救われると説いた。
　　　　なお，日蓮宗は日蓮によって開かれ，南無妙法蓮華経という題目を唱えれば救われると説いた。
　　　ウ．平安時代初期の説明。
　　　エ．栄西の開いた臨済宗や，道元の開いた曹洞宗は，座禅を重んじる禅宗。

　　(4)　1232年に定められた法令で，武士のしきたりや先例がまとめられ，裁判の基準となった。

　　(5)　アは戦国時代から江戸時代にかけての説明。鎌倉時代の武士は，周囲を堀やへいで囲まれた館に
　　住んでいた。

　　(7)ア．「朱印船貿易」ではなく，日明貿易（勘合貿易）が正しい。「朱印船貿易」は江戸時代初期を中

心に，海外渡航を許可する朱印状を与えられた大名や商人が行った貿易。

イ．室町幕府の8代将軍足利義政の説明。

ウ．法皇とは，出家した上皇の称号。

(8) 日明貿易では，日本は刀剣や硫黄・銅などを輸出し，銅銭や生糸・絹織物などを輸入した。

問4．(1) 江戸幕府の要職には，「譜代大名」や「旗本」が任命された。

(2) 江戸時代には，中国の民間船が「長崎」に来航し，貿易が行われた。なお，「松前藩」には，アイヌとの貿易を独占する権利が与えられた。

問5．北海道の開拓が進むと，アイヌの人々は同化政策の対象となったため，従来の生活を送ることが困難になっていった。

答 問1．(1) 福沢諭吉　(2) 樋口一葉　(3) 野口英世　問2．(1) ア　(2) ウ・エ　(3) ウ

問3．(1) 元寇　(2) 北条時宗　(3) ア　(4) 御成敗式目（または，貞永式目）　(5) ア　(6) 足利義満　(7) エ

(8) 明

問4．(1) ウ　(2) ウ　問5．エ

| 9．政治のしくみとくらし | 問題 P. 122〜132 |

1 問1．1．11月3日は文化の日，5月3日は憲法記念日として，国民の祝日に決められている。

　　　　2．基本的人権とは，人が生まれながらにして持っている，おかすことのできない権利のこと。

　　　　3．日本国憲法の前文と，第9条で定めている。

　　　　4．公職選挙法が改正され，2016年から18才以上に選挙権が引き下げられた。

　　　　5．当時の首相である佐藤栄作により表明された。

　　問2．憲法は日本の最高法規であるため，改正には慎重な手続きが定められている。

　　問3．①　特に若い世代の投票率が低いことが問題となっている。

　　　　②　参議院議員と都道府県知事の被選挙権は満30歳以上。

　　問4．465人のうち，289人が小選挙区制，176人が比例代表制で選ばれ，任期の途中でも解散がある。

　　問5．沖縄は1972年に日本に返還された。

　　答　問1．1．1946　2．基本的人権　3．平和主義　4．18　5．もちこませず　問2．X．ウ　Y．イ
　　問3．①　イ　②　イ　問4．ア　問5．ウ

2 問1．(1)・(2)　高等裁判所，地方裁判所，家庭裁判所，簡易裁判所はまとめて下級裁判所とよばれる。

　　　　(3)　裁判官が自分の良心に従い，憲法と法律にだけしばられるという原則を「司法権の独立」という。

　　　　(5)　第二審の判決に納得できなかった場合は，さらに上級の裁判所に上告することができる。

　　問2．最高裁判所の長官は内閣が指名し，天皇が任命する。

　　問3．最高裁判所の長官以外の裁判官と下級裁判所の裁判官は内閣が任命する。

　　問4．これまでに国民審査の結果で辞めさせられた裁判官はいない。

　　問5．民事裁判は，人と人，人と会社などの間の争いを解決するための裁判で，訴えられた側を被告という。

　　問6．裁判員裁判は，強盗などの重大な犯罪についての刑事裁判のうち，地方裁判所で行われる第一審でとり入れられている。原則として，裁判員6人と裁判官3人がひとつの事件を担当する。

　　答　問1．(1)(イ)　(2)(ア)　((1)・(2)は順不同)　(3)(カ)　(4)(キ)　(5)(ウ)　問2．(ウ)　問3．(イ)　問4．国民審査
　　問5．(イ)　問6．(エ)

3 (1)A．女性議員が3人当選した市町村は香芝市，平群町，斑鳩町，上牧町，広陵町だが，市は香芝市のみ。

　　　B．女性議員が2人当選した村は山添村のみ。

　　(2)　そのほか，育児や介護など，女性だけでなく男性も取得できるようにすることが重要となる。

　　(3)ア．生駒市が9人で最も多い。

　　　イ．桜井市と御所市の2市なので誤り。

　　　エ．女性議員がいないのは13市町村なので誤り。

　　(4)ア．いずれも立候補ができる年齢は満25歳以上。

　　　イ．弾劾裁判所の設置は国会だけに認められている。

　　　ウ．地方自治体の予算については，国会の承認は不要。

　　答　(1)A．香芝　B．山添　(2)(例)　出産　(3)ウ　(4)エ

4 問1．アは1965年から1970年まで，イは1958年から1961年まで，ウは1954年から1957年まで続いた好景気。

　　問2．(1)　イはスタグフレーション，エはインフレーションの説明。

　　　　(2)　「2012年12月に誕生した内閣」とは，安倍晋三内閣のこと。

　　問4．Bは，アメリカの大手証券会社リーマン・ブラザーズの破たんをきっかけに始まった金融危機。イは1973年と1979年の二度発生した。ウが深刻な問題となったのは1980年代。

　　問5．円高とは，ドルに対する円の価値が上がること。具体的には，1ドルと交換するために支払う円の金額が低ければ低いほど，円高になっているといえる。

問7．(1)a．1945年以降イの時期が続いたが，2015年に公職選挙法が改正され，現在の選挙権年齢になった。

　　　　b．衆議院議員の場合はウ。

　　　　c．国会は，日本国憲法で「国の唯一の立法機関」と定められている。

　　(2)　税金をおさめる人と負担する人が同じ場合は，直接税という。

問8．酒類以外の飲料・食料品と新聞の購読料は，軽減税率が適用されている。それ以外のものを購入した場合の税率はT。

答　問1．エ　問2．(1)ウ　(2)アベノミクス　問3．ロシア　問4．D．エ　D．ア　問5．イ・ウ

　　問6．ア　問7．(1)a．ア　b．エ　c．ク　(2)間接税　問8．ウ

5　(1)　スーパーマーケットには郊外型店舗を構えているものも多い。

　(2)　シャンプーのポンプ上部や容器の側面にはぎざぎざした「きざみ」がついている。

　(3)　スーパーマーケットで直接販売するほか，給食での使用や，加工品を観光施設で販売するなどの工夫がされている。

　(4)　あめやガムなどのおかしや，日用品なども見かけられる。

　(5)　レジの待ち時間の短縮や，店員のさく減などの効果がある。

　(6)　環境保護に配慮した消費行動が求められている。

　答　(1)街中からはなれた場所にあり，自動車での移動を想定しているため。(同意可)

　　(2)ユニバーサルデザイン　(3)地産地消　(4)(例)季節品　(5)セルフレジ

　　(6)(例)マイバッグ(または，エコバッグ)を持参し買い物をする。

6　(1)　2015年に公職選挙法が改正されるまでは，20才以上だった。

　(2)Ⅰ．日本国憲法の三大原則のひとつ。他の二つは，基本的人権の尊重と平和主義。

　　　Ⅱ．閣議とは，内閣総理大臣と国務大臣が参加して行う会議のこと。

　(3)Ⅰ．イは天皇の国事行為のひとつ。

　　　Ⅱ．予算をつくるのは内閣。また，予算についての国会での審議は，必ず衆議院から先に行われる。

　(4)　アは国会の仕事。

　(6)　子どもや高齢者，身体の不自由な人などに対する支援や，働く人の健康や老後のくらしを支える保険制度の整備，病気の予防や食品の安全を確かめることなども行っている。

　(7)　フランスの思想家モンテスキューが主張した考え方。

　　答　(1)〔満〕18(才以上)　(2)Ⅰ．国民主権　Ⅱ．エ　(3)Ⅰ．イ　Ⅱ．ウ　Ⅲ．建国記念の日　(4)ア

　　(5)国事行為　(6)厚生労働(省)　(7)三権分立

7　問1．内閣の助言と承認にもとづいて行う天皇の仕事を国事行為という。

　問2．Yは選挙が行われた年が一定間隔ではないので，解散がある衆議院と考えられる。

　問3．Bはピクトグラムを使ってわかりやすく表現しているが，目の不自由な人にとっては役立たない。

　問5．出生数が増加している年もある。

　答　問1．内閣　問2．ウ　問3．イ　問4．文部科学(省)　問5．ア

8　問1．①　2019年の全世帯数は約5180万世帯で，そのうち「三世代世帯」の割合は約5％。よって，その数は，約5180万×0.05から約259万で，おおよそ260万世帯となる。

　問2．「約3倍」ではなく，約4.5倍が正しい。65歳以上の高齢者の数は(総人口)×(高齢化率)÷100で求められ，1950年は約400万人(約8000万人×0.05)，1995年は約1800万人(約12000万人×0.15)となる。

　答　問1．①ウ　②かく　問2．エ

9　(1)　エは，自己決定権や知る権利，プライバシーの権利などとともに「新しい人権」とよばれるもの。

　(2)　請求権には，請願権や刑事補償を求める権利などもふくまれる。

　(3)　国民主権・基本的人権の尊重・平和主義が日本国憲法の3つの基本原理となっている。

(5)　ウは内閣の役割。国会の役割には，条約を承認することがある。

答　(1) エ　(2) ア　(3) 主権　(4) イ　(5) ウ

10．国際社会　　　　　　　　　　　　　　　　　　　　　　　　　問題 P．133〜138

1　問1．中国は，1990 年代以降に急速な経済発展をとげており，日本にとって最大の貿易相手国となるなど，経済的な結びつきが非常に強くなっている。

問2．Ⅰ．極度の貧困状態で暮らしている総人数は 7 億 960 万人。

Ⅲ．極度の貧困状態で暮らしている 10—17 歳の子どもは合計で 1 億 3540 万人であり，日本の総人口 1 億 2471 万人（2020 年）より多い。

問3．ア．アフリカ地域へ派遣されている人数が，現在派遣中の人の過半数をしめている。

イ．北米・中南米地域へ派遣されている人の割合は，累計より現在派遣中の方が大幅に減少している。

エ．アフリカ・中東地域への派遣は累計の 39.3 ％をしめており，過半に満たない。

答　問1．中国　問2．エ　問3．ウ

2　問1．(1)　日本はイギリスとの日英同盟を理由に，連合国側で参戦した。

(2)　日本軍は，ハワイの真珠湾への奇襲攻撃とともに，イギリス領のマレー半島へ上陸した。

(3)　日本・ドイツ・イタリアなどの枢軸国と，アメリカ・イギリス・ソ連・中国などの連合国が戦った。

(4)　1945 年 8 月 6 日に広島，8 月 9 日に長崎に投下された。

(5)　アメリカのブッシュ大統領とソ連のゴルバチョフ共産党書記長により，1989 年のマルタ会談で冷戦の終結が宣言された。

問2．常任理事国は，アメリカ合衆国・イギリス・フランス・ロシア・中国の 5 か国。

問3．日本国憲法第 9 条では，憲法の三大原則の一つである「平和主義」を規定している。平和主義は，国際社会の戦争や紛争の解決を，武力を用いず外交交渉などの平和的な手段で進めようとする考え方。

答　問1．(1) 第一次世界大戦　(2) 12（月）8（日）　(3) 第二次世界大戦（または，太平洋戦争・大東亜戦争）(4) 原子爆弾（または，原爆・新型爆弾・核兵器）　(5) 冷戦

問2．核兵器（または，原爆・水爆）をもっている。（または，第二次世界大戦の戦勝国である。）（同意可）

問3．（例）武力による解決ではなく，〔当事者や国連などが〕話し合いやルールにのっとって解決する。

3　問1・問2．SDGs とは 2015 年に国際連合で採択された，2030 年までに持続可能でよりよい世界を目指す国際目標。地球上の「誰一人取り残さない」ことを誓っている。

問3．(Ⅰ)　「国民生活の保障・向上」と「経済の発展」を目指している。

(Ⅱ)　災害救助法は被害の大きさによって適用を判断される。

答　問1．ウ　問2．イ　問3．(Ⅰ) 厚生労働省　(Ⅱ) 災害救助法

4　(1)A．「ジャカルタ」「バリ島」がヒント。

B．「MLB」はメジャーリーグベースボール（大リーグ）の略。

C．イギリスは立憲君主制の国。

(2)　現在はエリザベス女王の長男であるチャールズ 3 世が君主となっている。

(3)　1989 年に，アメリカのブッシュ大統領と行ったマルタ会談で冷戦の終結を宣言した。

(4)　北京（ペキン）は中国の首都。

答　(1) A．インドネシア　B．アメリカ合衆国　C．イギリス　(2) エリザベス　(3) ゴルバチョフ

(4) ペキン

5　問1．日本は 80 番目の加盟国となり，これをきっかけに，本格的に国際社会へ復帰した。

問2．アはアメリカ，イは中国，エはドイツを示している。

問3．1990 年の温室効果ガスを基準として，2008 年〜2012 年の 5 年間に温室効果ガスを先進国全体で少な

くとも約 5 ％，日本は 6 ％減らすことを目標としていた。

問 4．ユネスコは国連教育科学文化機関の略称。アは IAEA（国際原子力機関），イは WHO（世界保健機関），ウは UNCTAD（国連貿易開発会議）について述べたもの。

問 5．A．非常任理事国の数は，5 か国ではなく 10 か国。

　　　　C．拒否権を持っているのは常任理事国のみ。

問 6．ODA は政府開発援助の略称。

🈮 問 1．(1) 国際連合　(2) ウ　問 2．ウ　問 3．京都議定書　問 4．エ　問 5．イ　問 6．ODA

11．公民総合　　　　　　　　　　　　　　　　　　　　　　　　　問題 P．139〜150

1 (1) 常任理事国であるアメリカ，イギリス，フランス，ロシア，中国が拒否権を持っている。

(2) 2014 年に集団的自衛権を容認する閣議決定がなされた。

(3) 日本は約 30 年ほど，平均賃金が横ばいとなっている。

(4) 買いたいと思う人（需要）が増えると，商品の価格は高くなる。

(5) フランスは他の国に比べ原子力発電が，ドイツは再生可能エネルギーによる発電がそれぞれ多くなっている。

(6) 2022 年にはエジプトで気候変動枠組条約第 27 回締約国会議が開かれた。

🈮 (1) 侵略行為に対する制裁を決定する安全保障理事会において，常任理事国は拒否権を有している。そして，当事国であるロシアが常任理事国の 1 つであるため拒否権を行使しうるから。（同意可）

(2) 集団的自衛権　(3) C　(4) 高くなる（または，上がる）　(5) イ　(6) パリ（協定）

2 問 1．(1) 2015 年に開かれた国連サミットで，加盟国の全会一致で「持続可能な開発目標（SDGs）」が採択された。

(2) 年齢や能力，状況などにかかわらず，できるだけ多くの人が使いやすいように製品や建物・環境をデザインすること。

(4) 温室効果ガスには，二酸化炭素のほか，メタンやフロンなどがある。これらには地表から放出された赤外線を吸収することで地球の気温を適度に保つ役割があるが，人々の活動や森林の減少などによって急激に大気中の温室効果ガスが増えたことが，地球温暖化の原因になったと考えられている。

(6) エのジュネーヴは国際連盟の本部があった都市。

問 2．選挙で投票することは，義務ではなく日本国憲法で認められている権利。

問 3．イは内閣の仕事。

問 4．条例は法律の範囲内で定められる。

🈮 問 1．(1) 持続可能　(2) ユニバーサルデザイン　(3) 厚生労働省　(4) 温室効果（ガス）　(5) ロシア　(6) ウ
問 2．ア　問 3．イ　問 4．条例

3 問 1．最高裁判所の裁判官が，その職にふさわしいかどうか国民が審査する制度。公職選挙法の規定によって海外在住の日本人は国政選挙の投票のみ可能となっている。

問 2．同年の 10 月にはさらに円安が進行し，一時，円相場は 1 ドル＝ 150 円を超えた。

問 3．金利が高いと預貯金の利息が増える。円が売られると円の価値が下がり，円安になる。

問 4．① 日本国憲法の施行は 1947 年 5 月 3 日で，5 月 3 日は憲法記念日となっている。あ は建国記念の日。う は山の日。え は文化の日で，日本国憲法が公布された日にちなんでいる。

② リコール（解職請求）のこと。あ は内閣総理大臣，い は天皇，え は国会の仕事。

③ 青年海外協力隊は ODA（政府開発援助）の事業の一つ。

④ い は政府開発援助，う は国連平和維持活動，え はアジア医師連絡協議会の略称。

⑤ a ）　衆議院には解散があり，4 年ごとに選挙が行われるとは限らない。また，参議院議員の任期は6 年だが，3 年ごとに半数改選されるので，選挙は 3 年ごとに行われる。

⑥　え は地方議会の仕事。

⑦　あ は裁判所，い は天皇，え は内閣の仕事。

答 問 1．え　問 2．え　問 3．い　問 4．①い　②う　③い　④あ　⑤う　⑥え　⑦う

4　問 1．(2)　ア は 2009 年に大統領に就任したバラク・オバマ，イ は 2021 年に副大統領に就任したカマラ・ハリス，ウ は 2021 年に大統領に就任したジョー・バイデン，エ は 2017 年に大統領に就任したドナルド・トランプ。

問 2．選挙のときに半数が改選されるのは参議院議員。

問 3．国民が選挙によって選んだ代表者を通じて，間接的に政治に参加することを間接民主制という。

問 4．イ．「法務省」ではなく，経済産業省が正しい。

　　　ウ．「経済産業省」ではなく，法務省が，「経済産業大臣」ではなく，法務大臣が正しい。

　　　エ．「外務省」ではなく，防衛省が正しい。

問 5．韓国とは「竹島」，ロシアとは「北方領土」をめぐる領土問題を抱えている。

問 6．(1)　持続可能な開発とは，将来の世代が必要とするものを損なうことなく，現在の世代の欲求を満たすような開発のこと。

　　　(2)　フェアトレードとは途上国の人々が生産した農産物や製品をその労働に見合う公正な価格で貿易すること。マイクロプラスチックとは海や河川の汚染の原因となる，一般に直径 5mm 以下の小さなプラスチックのこと。ユニバーサルデザインとは障がいの有無にかかわらずすべての人が利用しやすいように工夫されたデザインのこと。育児休業とは子を養育する労働者のための育児を目的とした休業のこと。

問 7．「教育を受ける義務」ではなく，子女に普通教育を受けさせる義務が正しい。

問 8．(1)　国の収入のうち，公債金の割合は 36.9 ％（2022 年度）。

　　　(2)　法律の改正は，新しい法律をつくったり，廃止したりする場合と同様に国会で行われる。

答 問 1．(1) 沖縄県　(2) ウ　問 2．イ

問 3．人口が多い国でも効率的に政治を進めることができる。（または，自分の意見を政治に反映させることができる。）（同意可）

問 4．ア　問 5．エ　問 6．(1) 持続可能な　(2) ウ　問 7．イ　問 8．(1) エ　(2) ア　問 9．グローバル

5　問 1．(ア)は 2011 年，(ウ)・(エ)は 1993 年に登録された。

問 3．「30 日以内」ではなく，10 日以内が正しい。

問 4．衆議院議員は，解散があると任期途中でも資格を失う。参議院議員は，3 年ごとに半数を改選する。

問 5．ODA の額が世界最大の国は，「日本」ではなく，アメリカ合衆国。

問 6．女子差別撤廃条約の内容を批准（ひじゅん）するために制定された。

問 7．(イ)は権力の集中をふせぐしくみ，(ウ)は障がい者や高齢者なども，障がいのない人と平等に生活する社会を実現すること，(エ)はだれにでも使いやすく設計すること。

問 8．高等裁判所は全国に 8 か所あり，他には，北海道，宮城県，東京都，大阪府に設置されている。

問 9．(ウ)は 2011 年のできごと。

問10．「裁判官」ではなく，検察官が正しい。

答 問 1．(イ)　問 2．ロシア〔連邦〕　問 3．(イ)　問 4．(ア)　問 5．(ア)　問 6．男女雇用機会均等（法）

問 7．(ア)　問 8．(イ)　問 9．(ウ)　問10．(エ)　問11．(ウ)

6　(1)　ア は，特に 65 歳以上の一人暮らし世帯の割合が増加しているので誤り。

　(2)　ア は国の行政制度，地方行財政，情報通信など国家の基本的仕組みに関わる仕事を担う。ウ は脱炭素社会の実現や廃棄物処理，資源循環など政府全体の環境対策に関する仕事を担う。エ は景気対策や地域経済

の活性化など産業の育成や振興に関わる仕事を担う。

(3) 自由権，平等権，社会権などが含まれる。

(4) Ⅰ．朝鮮戦争が起こった 1950 年に警察予備隊が発足し，1954 年に自衛隊と改められた。

　　Ⅱ．国会は「国権の最高機関であって，国の唯一の立法機関である」と憲法に規定されている。

(5) アはワンガリ・マータイ，ウはグレタ・トゥーンベリ，エはバラク・オバマについて述べた文。

(6) 天皇の国事行為には内閣の助言と承認が必要。

(7) 国際連合の活動費用の負担は，各国の経済力に応じた金額となっている。

(8) 非政府組織の略称。貧困や環境などの地球規模の問題に対して，政府に干渉されない立場から社会的な活動をする民間団体。

(9) 2012 年にロンドン，2016 年にリオデジャネイロ，2021 年に東京で夏季オリンピックが開催された。また，2024 年の夏季オリンピックはパリで開催される。

答 (1) ア　(2) イ　(3) 基本的人権　(4) Ⅰ．自衛隊　Ⅱ．国会　(5) イ　(6) 国事行為　(7) アメリカ〔合衆国〕
(8) NGO　(9) ウ

12．複合問題　　　　　　　　　　　　　　　　　　　　　　　　　　　　　　問題 P．151～168

1 (1) 国や地方公共団体が作成し，公開している。

(2) 近畿地方で都道府県名と県庁所在地名が異なるのは滋賀県，三重県，兵庫県。近畿地方で海に面していない都道府県は滋賀県と奈良県。

(3) 愛知県は豊田市を中心に自動車の生産がさかん。

(4) イは最北端，ウは最東端，エは最南端にある島。

(5) アは水俣病，イは四日市ぜんそく，エは新潟水俣病が起こった地域。

(6) A．冬の気温が低く，梅雨の時期に降水量が少ないことから北海道の気候。

　　B．1 年を通して気温が高く，夏の降水量が多いことから南西諸島の気候。

　　C．B より年間の平均気温が低く，夏の降水量が特に多いことから太平洋側の気候。

(10) ア．古墳の表面には埴輪などが置かれていた。

　　ウ．土偶は，縄文時代に作られた土製の人形で，豊作などをいのるためのものだと考えられている。

　　エ．古墳は住居とは別に築かれた。

(11) A は奈良時代，B は平安時代，C は飛鳥時代のできごと。

(13) A は平安時代，C は江戸時代後期の文化の説明。

(14) A は 1837 年，B は 1637 年，C は 1575 年のできごと。

(15) 地租改正により，納税方法が米から現金に変更された。

(17) その後 1911 年に小村寿太郎により，関税自主権が回復した。

(18) アは 1914 年～，イは 1904 年～，ウは 1894 年～，エは 1941 年～。

(19) 日本はソ連と国交が正常化された 1956 年に国際連合に加盟した。

(20) その後，自動車，クーラー，カラーテレビの「3C」が普及した。

(22) ウは国民の義務にあたる。

(24) 2015 年に選挙権が満 18 歳以上に引き下げられ，2016 年の選挙から適用された。

(25) リテラシーとは「読み書きする能力」という意味。情報リテラシーのうち，マスメディアの情報を適切にあつかう能力を特にメディアリテラシーと呼び分けることもある。

答 (1) ハザードマップ　(2) 滋賀県　(3) エ　(4) ア　(5) ウ　(6) カ　(7) 神社　(8) 太平洋　(9) イスラム教
(10) イ　(11) オ　(12) 北条(氏)　(13) エ　(14) カ　(15) ウ　(16) 大日本帝国(憲法)　(17) ウ　(18) イ　(19) イ　(20) エ
(21) 沖縄県　(22) ウ　(23) 内閣　(24) (満)18(歳)　(25) 情報リテラシー(または，メディアリテラシー)

2　問1．沖縄の日本復帰は1972年。

問2．(1)　アは1964年，イは1965年，エは1970年の出来事。

(2)　アは物理学賞，ウは化学賞，エは文学賞を受賞した人物。

問3．SDGsとは「持続可能な開発目標」のことで，Sustainable Development Goalsの頭文字をとったもの。

問6．イギリスで始まった運動で，日本では北海道の知床半島での運動などが知られている。

問7．LANは，Local Area Networkの頭文字をとったもの。比較的せまい場所でのコンピュータネットワークのこと。

問8．日本国憲法第9条第2項の一部。

問9．間伐などの手入れをしない場合，混み合った樹々がお互いの成長をさまたげ，適切に育たなくなる。

問10．澎湖諸島は，かつては日本が支配していた時期もあったが，第二次世界大戦後に返還された。

答　問1．50　問2．(1)ウ　(2)イ　問3．(国連)持続可能な開発(サミット)　問4．ア　問5．オ

問6．ナショナルトラスト(運動)　問7．(無線)LAN　問8．イ　問9．エ　問10．ウ

3　(1)1．江戸時代には大阪に諸藩の蔵屋敷が置かれ，全国からさまざまなものが集まった。

(2)　大阪，京都，神戸の各都市は政令指定都市に指定されている。

(4)イ．大阪は江戸時代に「食いだおれ」と呼ばれたが，それが天下の台所と呼ばれた理由ではない。

ウ．江戸時代には金貨，銀貨，銭貨の3種類の金属のお金があり，江戸や京都などで作られていた。

エ．貿易の窓口として開かれていたのは長崎。

(5)　豊臣秀吉の朝鮮出兵以降に関係が悪化していたが，対馬の宗氏の仲立ちで国交を回復した。

(6)　大阪では1970年に続いて2回目の開催となる。

(7)　エの銀閣は室町時代に第8代将軍の足利義政が建てた。

(8)　1858年に日米修好通商条約が結ばれて貿易が始まった。

(9)　伊藤博文は1885年に内閣制度を創設し，自らが初代内閣総理大臣となった。

答　(1)1．天下の台所　2．阪神〔・淡路〕　(2)区　(3)イ　(4)ア　(5)〔朝鮮〕通信使　(6)ウ　(7)エ　(8)ウ

(9)伊藤博文　(10)ヘイト

4　(1)　1971年に設置された環境庁が，環境問題の多様化などから環境省に格上げされた。

(2)　連合国軍最高司令官総司令部のこと。

(3)　秋分の日は9月23日ごろ，春分の日は3月20日ごろで，スポーツの日は10月の第2月曜日，敬老の日は9月の第3月曜日，憲法記念日は5月3日，昭和の日は4月29日。

(4)　イは人間以外の生物に関わる目標だが，ア・ウ・エはいずれも人間社会の中での目標。

(5)　1973年に起きた第4次中東戦争がきっかけとなった。

(6)　1889年（明治22年）2月11日に発布された。

(7)　国際連盟の発足当初，日本は常任理事国を務めていた。

(8)　文Ⅰの「明治維新」は文明開化が，文Ⅱの「25歳以上」は満20歳以上がそれぞれ正しい。

(9)　「ソ連」ではなく，イタリアが正しい。

(10)　アは肉用若鶏，ウは肉用牛，エは乳用牛。

(11)Ⅰ．沖縄が返還されることについては定められていなかった。

答　(1)環境　(2)GHQ　(3)ウ　(4)イ　(5)〔第1次〕石油危機(または，オイルショック)　(6)ア

(7)国際連盟　(8)キ　(9)エ　(10)イ　(11)ウ

5　問1．(2)　いずれの割合も3％未満となっている。

(3)　図1は昭和38年から，図2は昭和63年ごろから減少していることがわかる。

(4)　内陸県とよばれ，長野県，岐阜県，奈良県のほか，栃木県，群馬県，埼玉県，山梨県，滋賀県のあわせて8県。

(5)　漁船の燃料には，主に重油や軽油が使用されている。

(6)　日本海流は透明度が高く，青黒く見えることから黒潮ともよばれる。

(7)　将来の世代にも水産資源を残す取り組みがおこなわれている。

問2．(1)　Aは福井県，Bは愛媛県，Cは静岡県，Dは青森県。

(2)　地球温暖化により，海水温の上昇や気候変動などが引き起こされている。

問3．(1)①　1939年に第二次世界大戦が始まり，その2年後には太平洋戦争も始まった。

②　ア・イ・エは日本国憲法の内容。

(2)　終戦から約80年が経ち，戦争体験者の高齢化が進んでいる。

(3)ア．戦時中の労働力不足をおぎなうため，女性や学生たちが労働要員としてかり出されること。

イ．空襲をさけるため，都市部に住む学童らが農村部などに集団で移動すること。

ウ．戦後，空襲などで校舎がなくなった学校がおこなった野外授業のこと。

(4)　広島に原子爆弾（原爆）が落とされた日。

答 問1．(1) ようしょく　(2) イ　(3) イ　(4) 8　(5) 燃料の高とうにより船を遠くまで出せなくなった（同意可）　(6) 暖流　（海流名）日本海流（または，黒潮）　(7) ア

問2．(1) エ　(2)（例）地球温暖化

問3．(1)① 太平洋戦争（または，第二次世界大戦）　② ウ　(2)（例）戦争を体験した人たちの話を文章や映像にして残し，後世に伝える。(3) エ　(4) 8（月）6（日）

6 問1．ア．島川原町の南東に583.8mの標高が示されている。

イ・エ．地形図では建物の築年数や高さ，住んでいる人の年齢はわからない。

ウ．高山駅と櫻山八幡宮までの距離は，縮尺を使って約1300mとわかる。

問2．写真①では中央に川が写っているので地図中のⒷ，写真②には古い町並みが写っているので地図中のⒸ，写真③には鳥居と橋が写っているので地図中のⒶと考える。

問3．京都三大祭りの一つ。平安時代に疫病が流行したときにそれが収まるよう祈願したのが始まり。

問4．写真は「合掌造り」と呼ばれるつくりの家屋で，富山県の五箇山でも見られる。

問5．輪中は木曽三川が流れる濃尾平野で見られる。岐阜県は近畿地方の三重県・滋賀県と接している。

問6．東大寺に大仏づくりの命令を出した天皇でもある。

答 問1．ア　問2．エ　問3．エ　問4．イ　問5．ウ　問6．聖武(天皇)